Alexander Kords

BASTIAN SCHWEINSTEIGER

Alexander Kords

BASTIAN SCHWEINSTEIGER

Originalausgabe
1. Auflage 2015
© 2015 CBX Verlag, ein Imprint der Singer GmbH
Frankfurter Ring 150
80807 München
info@cbx-verlag.de

Alle Rechte vorbehalten. Das Werk darf in keinerlei Form – auch nicht auszugsweise – ohne schriftliche Genehmigung des Verlags reproduziert, vervielfältigt oder verbreitet werden.

Lektorat: Ulla Bucarey
Umschlaggestaltung: Nina Knollhuber
Umschlagabbildung: ddp images
Satz: Julia Swiersy
Illustrationen: Salome / Fotolia.com
Druck und Bindung: CPI books GmbH, Leck
Printed in Germany
ISBN: 978-3-9816801-4-0

Inhalt

1. Eine Kindheit zwischen Bergen und Fußballplatz — 7

2. Von Oberaudorf nach München: Bastians erste Schritte beim großen FC Bayern — 13

3. Gerland und Hitzfeld sei Dank: Schweinsteigers Sprung in den Profifußball — 23

4. Mit zwei Nationalmannschaften zur Europameisterschaft — 35

5. Schwere Zeiten unter Felix Magath — 52

6. Hungrig auf Titel ins WM-Jahr 2006 — 64

7. Die Weltmeisterschaft im eigenen Land — 71

8. Raus aus dem »Sommermärchen«, rein in die Krise — 78

9. Das Model und der Kicker: Bastian Schweinsteigers Beziehung mit Sarah Brandner — 86

10. Saison 2007/2008: Die Formkurve zeigt weiter nach unten — 92

11. Das Experiment Klinsmann — 104

12. Endlich angekommen – im defensiven Mittelfeld — 112

13.	Weltmeisterschaft 2010: Ein neuer Chef im deutschen Team	121
14.	Das Ende von Louis van Gaal bei den Bayern	131
15.	Niederlagen, Verletzungen, »Drama dahoam«: Die enttäuschende Saison 2011/2012	146
16.	Die beste Bayern-Saison aller Zeiten	166
17.	Verletzungssorgen unter Pep Guardiola	175
18.	Weltmeisterschaft 2014: »Krieger« Schweinsteiger krönt seine Karriere	183
19.	Gefeiert, verletzt, geehrt: Kapitän Schweinsteigers Jahresausklang 2014	195

Statistik 209

Quellennachweis 212

Bildnachweis 223

1. Eine Kindheit zwischen Bergen und Fußballplatz

Am 1. August 1984 kam im Krankenhaus der oberbayerischen Stadt Kolbermoor, etwa fünf Kilometer von Rosenheim entfernt, ein Junge zur Welt. Seine Eltern Alfred und Monika Schweinsteiger nannten ihn Bastian. Viele Jahre später, als er als Profifußballer seine ersten Schritte in der Bundesliga machte, sollte er von Reportern und Redakteuren zuweilen als Sebastian Schweinsteiger bezeichnet werden. Nein, so musste er stets klarstellen, sein Name sei Bastian.

Familie Schweinsteiger – Vater, Mutter, der kleine Bastian und sein eineinhalb Jahre älterer Bruder Tobias – lebte in Oberaudorf, etwa 30 Kilometer von Kolbermoor und Rosenheim entfernt, in einem Haus in der Sonneckstraße. Der Ort im Bayerischen Inntal, direkt an der österreichischen Grenze gelegen, hatte in seiner jahrhundertelangen Geschichte nie mehr als 5.000 Einwohner, bei Bastians Geburt waren es rund 4.300. Im September 1941 kam hier Edmund Stoiber, der spätere Ministerpräsident Bayerns, zur Welt, außerdem wurde im Januar 1884 im Oberaudorfer Stadtteil Mühlbach eine gewisse Maria Peintner geboren, deren Sohn Josef Ratzinger im Jahr 2005 zu Papst Benedikt XVI. werden sollte.

Das Bild von Oberaudorf ist geprägt von der Pfarrkirche zu Unserer Lieben Frau mit ihrer hellen Fassade, dem schwarzen Dach und dem hohen Turm, auf dem das Bildnis der Jungfrau Maria prangt. Zu den Sehenswürdigkeiten der Stadt zählen neben vielen historischen Flachsatteldachbauten auch das Schloss Urfahrn, das Kloster Reisach und die fast 300 Jahre alte Gaststätte »Weber an der Wand«, die direkt an einen Felsen gebaut wurde und über das älteste Gästebuch Bayerns verfügt. Umgeben ist die Stadt von zahlreichen Bergen und Felsen, die Touristen wie Einheimischen die Möglichkeit bieten, Wintersport zu betreiben.

In diesem Idyll wuchs Bastian Schweinsteiger auf. Sein Vater Alfred führte in der Innenstadt, unweit des Rathauses, das Fachgeschäft »Sport Schweinsteiger«, das noch heute in der Rosenheimer Straße 10 existiert. Allerdings hat Alfred Schweinsteiger den Laden, der weiterhin seinen Namen trägt, im Oktober 2006 veräußert. Regelmäßig kommen Touristen hierher und kaufen am liebsten Trikots von einem der bekanntesten Söhne der Stadt. In jungen Jahren spielte Vater Schweinsteiger Fußball in Österreich sowie für zwei Rosenheimer Vereine, außerdem war er – wie beinahe alle Mitglieder der Familie – leidenschaftlicher Skifahrer. Auch als Erwachsener fuhr er noch bei Rennen mit und kickte in der Bayernliga. Kein Wunder also, dass auch seine Söhne sich früh für den Sport interessierten. Bastian war gerade einmal drei Jahre alt, als er sich dem örtlichen Fußballverein FV Oberaudorf anschloss. Da der Verein keine anderen Spieler in seiner Altersklasse hatte, spielte er gleich bei den Sechsjährigen mit. Sein erster Trainer Hans Kurz stellte Bastian zunächst als Stürmer auf. In der Saison 1989/1990 wurde die F-Jugend des Clubs überlegen Meister – mit einer Tordifferenz von 111:3, wobei Bastian allein 45 Tore geschossen hat.

Hermann Völkl, der 20 Jahre lang die Jugendmannschaften des FV Oberaudorf koordiniert hat, fiel schon früh die Teamfähigkeit des kleinen Bastian auf. Stets war ihm daran gelegen, seine Mitspieler in Szene zu setzen, nie verlor er die Lust am Spielen, auch wenn seine Mitspieler längst nicht mehr mit ihm mithalten konnten. Mit seiner fröhlichen Art sorgte er zudem für gute Laune in der Mannschaft. Für Völkl, den eine Freundschaft mit Vater Schweinsteiger verbindet, hatten Bastians Eltern einen großen Anteil an seiner fußballerischen Entwicklung: Einerseits unterstützen sie ihre Kinder in allem, was diese gerne taten, andererseits erzogen sie sie dazu, sich selbstständig um ihre Aktivitäten zu kümmern.

Im Gegensatz zu anderen Eltern etwa trugen sie ihren Kindern nicht die Skier hinterher.[1]

Als Bastian sechs Jahre alt war, wurde er in der Grundschule von Oberaudorf eingeschult. Und weil ihm der örtliche Fußballverein keine Herausforderungen mehr bot, wechselte er 1992 zum TSV 1860 Rosenheim. Dem Verein, der für seine exzellente Nachwuchsarbeit bekannt war, gehörten etwa zur gleichen Zeit auch Spieler wie Thomas Broich, Florian Heller und Maximilian Nicu an, die später ebenfalls Profis wurden. Broich etwa, der Protagonist von Regisseur Aljoscha Pauses Fußballdoku »Tom meets Zizou – Kein Sommermärchen« von 2011, spielte für Borussia Mönchengladbach, den 1. FC Köln und den 1. FC Nürnberg in der Bundesliga und ist seit 2010 der Star des australischen Clubs Brisbane Roar. Und Heller, gut drei Jahre älter als Schweinsteiger, stieg 2009 unter Trainer Thomas Tuchel mit dem FSV Mainz 05 in die Bundesliga auf. Insgesamt sieben Spieler aus der D-Jugend-Mannschaft des Clubs, in der Bastian spielte, wurden später hauptberuflich Fußballspieler.

Auch Tobias, der seit 1988 beim FV Oberaudorf spielte, begleitete seinen kleinen Bruder zum größten Fußballverein der Region – wo die beiden ab und an in der gleichen Mannschaft spielten, weil Bastian einmal mehr in einer höheren Altersklasse eingesetzt wurde. Die Schweinsteigers bildeten Fahrgemeinschaften mit den Eltern anderer Fußballkinder, damit den Jungs der zeitraubende Spagat zwischen Wettbewerbsspielen, Training und Schule möglich wurde.

Wenn sie mal nicht zum Verein fuhren, ging es für die Schweinsteiger-Jungs gleich nach Schule, Mittagessen und den Hausaufgaben hinaus auf den eigenen Fußballplatz: eine Wiese neben ihrem Haus, auf der ein Nachbar die Schweinsteigers und ihre Freunde spielen ließ. Die Brüder hatten Linien ins Gras gemalt und zwei Tore aus Holz gebaut. Eins der Tore, das von Bastian, war rot angemalt, in der Farbe seines Lieblingsvereins FC Bayern München. Tobias, der es eher mit 1860 München hielt, gestaltete sein Tor in Blau. So wurde gespielt bis nach Sonnenuntergang, zusammen mit einem knappen Dutzend Nachbarskindern. Und wenn es zu dunkel wurde, holten sie einfach einen Flutlichtmast vom nahen Sessellift. Manchmal spielten sie auch Rollhockey oder Basketball auf der Straße – man hatte ja durch des Vaters Geschäft Zugriff auf die nötige Ausrüstung. Und in jeder Sportart gehörte Bastian zu den besten.

Weil er nicht nur im Fußball, sondern auch beim Skifahren außerordentliches Talent zeigte, wurde Bastian vom Bayerischen Skiverband gefördert. Bei Wettkämpfen teilte er sich regelmäßig ein Zimmer mit einem jungen Fahrer vom SC Partenkirchen: mit dem ein halbes Jahr jüngeren Felix Neureuther, Sohn der ehemaligen Weltklasse-Abfahrtsläufer Christian Neureuther und Rosi Mittermaier. Neureuther und Schweinsteiger schlossen Freundschaft, und da Neureuther auch ganz passabel Fußball spielte, kickten beide gemeinsam in der Bayern-Auswahl. Schweinsteigers Fähigkeiten auf der Skipiste kamen ohnehin auch seinen Fertigkeiten auf dem Rasen zugute: Hier wie dort benötigte er eine gute Koordination und musste sich möglichst beweglich zwischen Hindernissen hindurchschlängeln.

Auch mit der D-Jugend des TSV 1860 Rosenheim wurde Bastian Meister – ungeschlagen und diesmal sogar mit einer Tordifferenz von 172 zu 14. Dank seiner überragenden Technik und seiner Passstärke besetzte ihn Trainer Franz Garhammer mittlerweile nicht mehr als Stürmer, sondern als Spielmacher. Trotzdem trug sich Bastian auch hier nicht selten in die Liste der Torschützen ein. Und er bekam vom Fußball nicht genug: So wurde er öfter dabei erwischt, wie er in der Halle des Landratsamts kickte.

Im Sommer 1997 kam Bastian an die Dientzenhofer Realschule in Brannenburg, die fünf Jahre später auch die Zwillinge und späteren Bundesligaprofis Sven und Lars Bender besuchen sollten. Durch den täglichen Schulweg von rund 13 Kilometern wurde der organisatorische Kraftakt, Sport und Bildung unter einen Hut zu bringen, für Bastian und seine Eltern noch herausfordernder. Dass sich dies zwangsläufig auf die schulischen Leistungen des Jungen auswirken würde, lag auf der Hand. Eigenen Aussagen zufolge gehörte Schweinsteiger eher zu den schlechteren Schülern seiner Klasse. Seine Noten waren weder berauschend noch bedenklich, allerdings musste er hart um sie kämpfen.[2] Zu seinen Lieblingsfächern zählte Erdkunde, schließlich interessierte er sich dafür, woher der Schnee kommt, auf dem er jeden Winter tagtäglich den Berg hinabfuhr.

Bastians Lehrer nahmen ihn als freundlichen Schüler wahr, der zwar ab und an Flausen im Kopf hatte, aber dennoch nett und höflich war. Und auch in der Schule konnte er dank des Sportunterrichts seinen Bewegungsdrang ausleben. Neben Fußball zeigte er vor allem im Geräteturnen Talent. Außerdem – und das war auffällig für sein junges Alter – hatte er ein besonderes Verständnis für Fitness und Ernährung. So entwickelte er eigene Übungen, um sich vor Spielen aufzuwärmen. Und im Match selbst wusste er stets einzuschätzen, welchen Zweikampf er annehmen und welchem er lieber aus dem Weg gehen sollte. Auch seinen Lehrern war sehr daran gelegen, dass Bastian neben der Schule Leistungssport betreiben konnte.

Im Sommer 1998, wenige Monate vor seinem 14. Geburtstag, trat ein 50-jähriger Mann an Rosenheims Trainer Garhammer heran. Sein Name war Jan Pienta, und er beobachtete für den großen FC Bayern München Talente in den kleinen Vereinen der Umgebung. Bastian war ihm aufgefallen, weil er schnell war, laufbereit und technisch versiert, weil er Spielintelligenz besaß, und vor allem: weil er auf dem Platz so frech auftrat. Pienta fragte Garhammer, ob er mit den Eltern des Jungen reden und sie davon überzeugen könne, ihn zu den Bayern ins Training zu schicken. Weil die Eltern im Prinzip nichts dagegen hatten, stand Bastian plötzlich vor einer großen Entscheidung: Auf welche seiner beiden liebsten Sportarten sollte er sich fortan konzentrieren – Fußball oder Skifahren? Nach reiflichem Überlegen machten letztlich der Fußball, der FC Bayern und damit das regelmäßige Pendeln zum Training nach München das Rennen. Bastian entschied dabei ganz pragmatisch: Nicht nur war Fußball angesagter, er hatte auch einfach keine Lust mehr, früh aufzustehen, in die Kälte zu rauszugehen und auch noch seine Skier zu schleppen.

Somit sollte ein Rennen im Winter 1997 Schweinsteigers letztes bleiben. Jedoch war dies kein gewöhnliches Event, sondern das größte Kinderskirennen der Welt. Es fand in Brixen in Südtirol statt, Schirmherr war die italienische Ski-Legende Alberto Tomba, Schweinsteigers Freund Felix Neureuther war ebenfalls am Start. Bastian sollte das Rennen tatsächlich gewinnen, seinen Freund Felix hinter sich lassen – und ihn auch Jahrzehnte später mit dem Ausgang dieses letzten Ski-Duells aufziehen. Vor allem, weil Neureuther sich anschließend zur großen Alpin-Karriere aufmachte und bei der Weltmeisterschaft 2005 im Mannschaftswettbewerb mit Deutschland Gold sowie bei der WM 2013 im Slalom Silber gewann. Weiß Gott, wie weit es Bastian Schweinsteiger im Skisport gebracht hätte, wenn er sich nicht für den Fußball entschieden hätte.

Tobias Schweinsteiger stand vor der gleichen Entscheidung wie sein Bruder – Fußball oder Skifahren –, allerdings ohne den großen Verein im Hintergrund. Er entschied sich zunächst für die Piste, wurde drei Mal Deutscher Vizemeister der Junioren und gehörte lange der Nationalmannschaft an. Im Jahr 2002, als er 20 war und merkte, dass ihm im Skifahren keine große Karriere vergönnt war, beendete er seine Karriere und schlug doch den Berufsweg Fußballprofi ein. Bastian würde später sagen, dass sein Bruder wohl zu lange am Skisport festhielt und darüber den Anschluss an den Fußball verlor.[3] Doch bei ihm selbst, Bastian Schweinsteiger aus Oberaudorf, ging es nun so richtig los.

2. Von Oberaudorf nach München: Bastians erste Schritte beim großen FC Bayern

Da war er also angekommen: beim mitgliedsstärksten, erfolgreichsten, beliebtesten Fußballverein Deutschlands. Dort, wo so viele Profikicker einmal in ihrer Karriere spielen wollen. Und Bastian Schweinsteiger hatte sich den Traum bereits mit 14 Jahren erfüllt: So gut wie jeden Tag betrat er das Trainingsgelände des FC Bayern an der Säbener Straße in München, streifte sich das Trikot seines Lieblingsvereins über, zog sich die Stollenschuhe an und zeigte, was er in mehr als zehn Jahren Fußballtraining in Oberaudorf und Rosenheim gelernt hatte.

Drei Jahre zuvor, im Jahr 1995, hatte Bayern München seine Talenteschmiede unter dem Namen »junior team« neu formiert. Für die rund 170 Kinder und Jugendlichen zwischen neun und 19 Jahren, die in insgesamt zehn Mannschaften organisiert waren, sind dort seither etwa 25 Trainer zuständig, dazu stehen Physiotherapeuten und Mediziner zur Verfügung. Die Trainingsausstattung ist identisch zu der im Profibereich, für die Junioren gibt zudem eigene Räumlichkeiten für Teamsitzungen und einen Kraftraum. Von der D-Jugend an, also ab der Altersgruppe zwischen 11 und 13 Jahren, sind alle Mannschaften des junior teams an das gleiche Spielsystem gebunden. So gewöhnt sich jeder Spieler an seine Position und wird regelmäßig darauf eingesetzt.

In seiner Mannschaft, der C-Jugend, war Bastian umgeben von talentierten jungen Spieler seines Alters: Philipp Lahm etwa, der bereits 1995, mit elf Jahren, zu den Bayern kam. Oder Andreas Ottl, wie Lahm ein geborener Münchner und seit zwei Jahren bei den FCB-Junioren. Gleichzeitig mit Bastian stieg Christian Lell ins Bayern-Training ein, ein Jahr danach Piotr Trochowski, noch eines später Michael Rensing. Sie alle sollten einige Jahre später für das Münchner Bundesliga-Team auflaufen – erträumt hätte sich das damals keiner von ihnen. Zum besten Kumpel von Bastian wurde jedoch mit Florian Stegmann ein Teamkollege, der als einer der wenigen seines Jahrgangs nicht den Sprung in den Profi-Fußball schaffen sollte. In Stegmanns Elternhaus in München übernachtete Bastian häufig vor Meisterschaftsspielen.

Bastian wohnte weiterhin bei seinen Eltern in Oberaudorf und ging in Brannenburg zur Schule. Dadurch begann für ihn eine anstrengende Zeit – noch anstrengender als die Dreifachbelastung aus Fußball, Skifahren und Schule, die er aus den vorangegangenen Jahren gewohnt war. Wie üblich stand er jeden Morgen um sechs Uhr auf und nahm den Zug nach Brannenburg. Neu war, dass er nach dem Unterricht gleich in den Bus stieg und die 70 Kilometer bis nach München fuhr. Zuweilen brachte ihn auch Mutter Monika mit dem Auto hin. Zu Hause kam Bastian üblicherweise erst wieder gegen halb elf an – und am nächsten Morgen klingelte der Wecker erneut zu früher Stunde. Wie er sich seine knapp bemessene Zeit am besten einteilte, hatte er sich bei seinem ebenfalls vielbeschäftigen Vater abgeschaut.

Auch am Wochenende hatte Bastian selten frei, schließlich fanden dann die Spiele seiner C-Jugend-Mannschaft statt. Für die Partys, die seine Altersgenossen immer häufiger besuchten, fand er so gut wie nie Zeit. Obwohl: Im Anschluss an eine der wenigen Feiern, die er dann doch mal besuchen konnte, verlor er im Alter von 14 Jahren seine Unschuld – wie er Jahre später in einem Interview freigiebig mitteilte. »War ein schönes, heftiges, aber leider zu kurzes Erlebnis«, ließ er die interessierte Öffentlichkeit wissen.[4]

Auch wenn er keine große Sache daraus machte, dass er für die Bayern spielte, und Trikots und andere Kleidungsstücke seines Vereins nie außerhalb des Fußballplatzes trug, verbreiteten sich Informationen über den angehenden Fußball-Star in seiner Schule wie ein Lauffeuer. Besonders bei der weiblichen Schülerschaft erfreute sich Bastian steigender Beliebtheit. So meinte Wolfgang Lagler, Schulfreund und ehemaliger Teamkollege von Bastian beim TSV 1860 Rosenheim, im Jahr 2012 in einem Interview mit der »Welt«: »Vor allem die älteren Mädchen sagten oft: ›Der Bastian ist süß!‹«.[5] Von Arroganz war beim Nachwuchskicker dennoch nichts zu spüren.

Was sich jedoch in dieser Zeit immer weiter ausprägte, war Bastians unbedingter Wille, jedes Spiel zu gewinnen. Was für die Profis des FC Bayern von jeher galt, traf schließlich genauso für seine Jugendmannschaften zu: In jede Partie gingen die Roten als Favoriten und hatten sich bis in die Haarspitzen motivierten Gegnern zu erwehren. Bastian lernte das sprichwörtliche Bayern-Gen kennen und wurde davon infiziert. Außerdem, ganz nebenbei, verlor er so langsam seinen oberbayerischen Dialekt, wie Lehrer und Mitschüler feststellten. Das geschah zwangsläufig, weil Bastians Teamkollegen bei den Bayern aus allen Teilen Deutschlands stammten und er sich mit ihnen allen in bestem Hochdeutsch verständigen wollte.

Selbst wenn Bastian mal nicht zum Training nach München fuhr, war er ständig bestrebt, seine Technik zu verbessern. Mit Vater Alfred legte er Einheiten ein, in denen er den Ball immer wieder mit seinem schwächeren linken Fuß spielte. So lange, bis er in beiden Beinen beinahe die gleiche Schusskraft besaß. Überhaupt waren Bastians Oberschenkel für sein Alter ungewöhnlich kräftig – eine weitere positive Nachwirkung der langen Zeit auf Skiern. Auch seine Gesundheit war ihm nach wie vor besonders wichtig:

Während seine Freunde längst auf Geburtstagspartys am einen oder anderen Bier nippten, trank Bastian nichts weiter als Wasser oder Apfelschorle.

Im Sommer 2000, nach zwei Jahren, endete für Bastian das tägliche Pendeln nach München, da er in der Realschule in Brannenburg seine Mittlere Reife gemacht hatte. Vor allem sein letztes Schuljahr hatte ihn stark unter Druck gesetzt, wie er später verriet: «Ich wusste, dass ich den Abschluss unbedingt schaffen muss, damit ich bei den Amateuren trainieren kann.»[6]

Der FC Bayern nahm ihn nun, da er 15 Jahre alt war, im vereinseigenen Jugendhaus an der Säbener Straße auf. Die Altersgrenze zählt nach wie vor zu den Prinzipien im Jugendbereich des Clubs, um die Talente nicht allzu früh ihrer gewohnten Umgebung zu entreißen. Maximal 13 Bayern-Junioren, für die der tägliche Weg zum Training nach München zu weit ist, beherbergt das Jugendhaus. Jeder von ihnen hat seinen 30 Quadratmeter großen Wohnbereich mit eigener Kochnische. Im ersten Stock gibt es außerdem einen Aufenthaltsraum, von dem aus man den Trainingsplatz der Profimannschaft im Blick hat. Spätestens um 22 Uhr müssen die Nachwuchskicker zurück im Haus sein, die Nachtruhe beginnt eine Stunde später. Wer am Wochenende zu seinen Eltern fahren will, muss sich in eine Liste eintragen.

Im Jugendinternat hatte Bastian häufiger Kontakt mit Uli Hoeneß, zu dem er mit der Zeit ein besonderes Verhältnis entwickelte. Hoeneß war damals noch Manager des FC Bayern München, ab 2002 war er außerdem als stellvertretender Vorstandsvorsitzender der Aktiengesellschaft für das junior team zuständig. Entgegen dem Bild als Provokateur und Wortführer der »Abteilung Attacke« des Vereins, das von Hoeneß in der Öffentlichkeit vorherrschte, lernte Bastian auch dessen menschliche Seite kennen – und schätzen. Kurz nachdem Hoeneß Ende 2009 zum Präsidenten des Vereins gewählt wurde, erinnerte sich Bastian in einem Interview mit dem Online-Sportmagazin »Spox« an eine Begebenheit aus seiner Zeit im Bayern-Internat. Da wurden Bastian und die anderen Jungs aus dem Jugendhaus gebeten, den Trainingsplatz der Profimannschaft vom Schnee zu befreien. »Irgendwann kam Uli Hoeneß und hat selbst Hand angelegt. Ohne Winterjacke«, berichtete Bastian. »Später hat er uns in sein Büro gerufen und uns Taschengeld gegeben.« Für die Bayern-Junioren hatte Hoeneß immer ein offenes Ohr.[7]

Zu Bastians Trainern bei den Bayern gehörten bereits in der C-Jugend ehemalige Fußballprofis, darunter Björn Andersson, der früher für die Bayern und die schwedische Nationalmannschaft gespielt hatte, sowie Hermann Hummels. Dessen Sohn Mats, der bereits seit 1995 in der Bayern-Jugend war, allerdings vier Jahre jünger war als Bastian, spielte später mit ihm in der Nationalelf. Nach zwei Jahren bei den Bayern, im Sommer 2000, stieg Bastian altersbedingt in die B-Jugend auf – und bekam es dort mit einem Trainer mit einem großen Namen zu tun. Beckenbauer hieß er, war allerdings nicht der allgegenwärtige Franz, der zu jener Zeit gerade Präsident des Vereins war, sondern dessen 1968 geborener Sohn Stephan.

Beckenbauer, der als Aktiver unter anderem für den damaligen Bundesligisten 1. FC Saarbrücken sowie die Amateure der Bayern spielte und bereits mit 29 Jahren seine Fußballerkarriere wegen einer Knieverletzung beenden musste, trainierte die Münchner U17-Mannschaft seit 1999. Gleich in seiner ersten Saison erreichte er mit seinem Team das Finale um die Deutsche Meisterschaft, verlor es allerdings im Sommer 2000 mit 0:1 gegen Hertha BSC Berlin. Auch in Bastians erster Spielzeit mit den B-Junioren sahen die Aussichten auf einen Titel vielversprechend aus. Die Bayern hatten sich als Meister der Regionalliga Süd für das Finalturnier um die Deutsche B-Junioren-Meisterschaft qualifiziert, wo sie im Viertelfinale den Hamburger SV und im Halbfinale den VfB Stuttgart ausschalteten. Die Bayern verloren dabei jeweils das Hinspiel zu Hause und gewannen anschließend deutlich an des Gegners Spielstätte.

So stand Bastian am 30. Juni 2001 mit dem Münchner B-Junioren-Team in seinem ersten Finale um eine Deutsche Meisterschaft. Der Gegner im Sportpark Aschheim war die Jugend von Borussia Dortmund, bei der mit Markus Brzenska, Sahr Senesie und David Odonkor drei Spieler zum Einsatz kamen, die später den Sprung in die Bundesligamannschaft des BVB schafften. Odonkor stand sogar im Kader der deutschen Nationalelf bei der WM 2006 und der EM 2008 – wie auch Bastian Schweinsteiger. Doch vor den 2.000 Zuschauern in Aschheim sahen Odonkor und seine Mitspieler kein Land gegen Stephan Beckenbauers Team.

Serkan Atak schoss bereits in der 4. Minute das 1:0 für die Bayern, sein Sturmkollege Erdal Kılıçaslan erhöhte knapp zehn Minuten vor der Pause auf 2:0. Atak und Kılıçaslan sollten 2005 gemeinsam von den Amateuren der Bayern zum türkischen Club Gaziantepspor gehen und fortan ausschließlich für Vereine in der Türkei spielen. Auch Bastian Schweinsteiger durfte sich an diesem Sonntagvormittag im Sommer 2001 in die Torschützenliste eintragen, als er in der 75. Minute das 3:0 erzielte. Den Schlusspunkt setzte Kılıçaslan mit seinem zweiten Treffer des Tages zum 4:0-Endstand.

Der Meistertitel der jungen Bayern-Kicker sorgte beim deutschlandweiten Fachpublikum für Aufsehen. Ein Bundesligist interessierte sich besonders für Bastian, wie dieser Ende 2012 in einem Interview mit dem »Bayern Magazin« erzählte. »Nachdem ich mit der B-Jugend deutscher Meister geworden war, habe ich ein sehr verlockendes Angebot vom Hamburger SV bekommen«, so Schweinsteiger in der Retrospektive. Vor allem die »klare Aussicht darauf, in den Profikader aufzurücken« übte durchaus einen Reiz auf den 16-Jährigen aus. Dass sich der HSV doch nicht mit dem Bayern-Juwel verstärken konnte, war Trainer Beckenbauer zu verdanken, der Bastian davon überzeugte, beim FCB zu bleiben und die Schule des Vereins bis zum Schluss zu durchlaufen.[8]

Beckenbauer wusste vor allem Bastians Charakterstärke zu schätzen, wie er Jahre später in Interviews erzählen sollte. In einem Gespräch mit »Spox« im Jahr 2011 meinte der Jugendtrainer über Bastian: »Er war im Alter von 15, 16, 17 Jahren ein guter Fußballer, aber wir hatten in den vergangenen Jahren schon wesentlich bessere.« Was letztlich dazu führte, dass Bastian im Gegensatz zu vielen anderen talentierten Nachwuchskickern den fußballerischen Durchbruch schaffte, waren laut Beckenbauer Eigenschaften wie Fleiß, Wille, Leidenschaft und harte Arbeit – »und das jeden Tag«. Dass Schweinsteiger der Sprung von der Jugend in den Profibereich gelingen würde, war Beckenbauer bewusst, nur: »Dass er es so schnell packt, war nicht vorhersehbar«, so der damalige Trainer, der seit 2012 als Scout für die Bayern auf Talentejagd geht.[9]

Dass Bastian Schweinsteigers gute Leistungen bei den »kleinen Bayern« auch von den Jugendtrainern des DFB nicht unentdeckt blieben, hatte sich bereits im Jahr 2000 gezeigt, als er in einem Länderspiel der deutschen U16-Nationalmannschaft zum Einsatz kam. Seinem Alter gemäß stand er nach der Saison 2000/2001 dem U18-Team zur Verfügung. Das hatte gerade – als amtierender Europameisterschaftsdritter von 2000 – die Qualifikation zur EM 2001 verpasst und absolvierte im Spätsommer mehrere Freundschaftsspiele, um neue Talente zu integrieren – darunter auch Bastian. Am 31. Juli 2001, also ziemlich genau einen Monat nach dem gewonnenen B-Junioren-Finale, feierte Bastian seine Premiere in der U18-Mannschaft. Der Gegner beim ungefährdeten 5:0 in Leinfelden war Trinidad und Tobago.

Auch in den Testspielen, die in den darauffolgenden Wochen stattfanden, kam Bastian zum Einsatz. Bei einem Mini-Turnier im tschechischen Nymburk am 11. und 12. September 2001 erzielte

Bastian sogar zwei Tore: eins beim 3:0 gegen Polen und eins tags darauf gegen die Slowakei, welche die deutsche Mannschaft letztlich mit dem gleichen Ergebnis besiegte. Bis zum Sommer 2002, in dem er der U18-Nationalmannschaft entwuchs, absolvierte Bastian insgesamt elf Spiele für das Team.

Bei den B-Junioren der Bayern war Bastians Zeit nach bereits einem Jahr wieder beendet, vor der Saison 2001/2002 stieg er zu den A-Junioren auf. Die waren ebenfalls amtierende Deutsche Meister, hatten sie doch am Tag nach dem B-Junioren-Finale 2001 den Nachwuchs von Bayer 04 Leverkusen in dessen eigener BayArena mit 3:2 besiegt. Der Trainer der 17- bis 19-jährigen FCB-Spieler war Kurt Niedermayer, so wie Stephan Beckenbauer ein ehemaliger Bayern- und Bundesligaspieler. Der 1955 geborene Badener Niedermayer holte in den 1980er Jahren mit den Münchnern zwei und dem VfB Stuttgart eine Meisterschaft und stand 1982 mit den Bayern im Finale des Europapokals der Landesmeister. Genauso wie Bastian Schweinsteiger stieß er 2001 zur U19 der Bayern.

Mit der A-Jugend schaffte es Bastian – wie schon im Jahr zuvor mit dem B-Team –, den Meistertitel in der Regionalliga Süd zu holen, der zur Teilnahme am Endrundenturnier um die Deutsche Meisterschaft berechtigte. Dort gewannen die Bayern-Junioren ungefährdet ihr Viertelfinale gegen den 1. FC Kaiserslautern – allerdings ohne Bastian Schweinsteiger. Dessen Engagement im Training fand Trainer Niedermayer wohl nicht ausreichend, weshalb er Bastian gegen Kaiserslautern auf die Bank setzte. Doch der ehrgeizige Nachwuchskicker drängte sich mit guter Leistung geradezu auf und half seinem Team im Halbfinale dabei, die A-Junioren von Borussia Dortmund im Elfmeterschießen zu bezwingen.

Bastian Schweinsteiger stand also am 7. Juli 2002 im zweiten Jahr hintereinander im Endspiel um eine Deutsche Meisterschaft. Und das A-Junioren-Finale gegen den VfB Stuttgart sorgte für noch mehr Aufmerksamkeit als das Endspiel im Jahr zuvor, schließlich mischte sich unter die 2.500 Zuschauer im Stadion Am Sportpark in Unterhaching die geballte Fußballprominenz: Nicht nur die Bayern-Führung, bestehend aus Franz Beckenbauer, Karl-Heinz Rummenigge und Uli Hoeneß, sowie Ottmar Hitzfeld, der damalige Trainer des Bundesliga-Teams, ließen sich das Spiel ihrer Nachwuchsmannschaft nicht entgehen. Auch die DFB-Jugendtrainer Horst Hrubesch, Uli Stielike und Paul Schomann waren vor Ort.

Das Team der Bayern war besetzt mit A-Jugend-Meistern des vergangenen Jahres wie Philipp Lahm, Piotr Trochowski und Barbaros Barut, aber auch mit Spielern, die wie Bastian frisch aus der B-Jugend gekommen waren, wie Andreas Ottl, Christian Lell, Michael Rensing sowie Serkan Atak und Erdal Kılıçaslan, die beiden Torschützen aus dem B-Jugend-Finale von 2001. Und

Kılıçaslan machte auch in Unterhaching das erste Tor. Zwar waren die Stuttgarter in der Anfangsphase die bessere Mannschaft, aber eine technisch ausgereifte Vorbereitung von Bastian Schweinsteiger nutzte Kılıçaslan in der 19. Minute für die 1:0-Führung der Bayern. Trochowski legte per Elfmeter noch vor der Pause das 2:0 nach, in der zweiten Hälfte schossen Trochowski und Lahm den deutlichen 4:0-Sieg ihres Teams heraus.

Trainer Niedermayer war nach dem Spiel voll des Lobs für seine Mannschaft und meinte, dass der Sieg durchaus noch höher hätte ausfallen können. Mit seinen konstant guten Leistungen empfahl sich Bastian für einen Platz im Amateurteam der Bayern – obwohl er mit seinen 17 Jahren noch weiter für die A-Jugend hätte spielen können. Sein rasanter Aufstieg ließ sich schließlich nicht an Altersgrenzen festmachen.

3. Gerland und Hitzfeld sei Dank: Schweinsteigers Sprung in den Profifußball

Bereits als Bastian Schweinsteiger in der Saison 2001/2002 noch voll in den Spielbetrieb der A-Junioren eingebunden war, standen er und einige seiner Teamkollegen unter besonderer Beobachtung. Hermann Gerland, der Trainer der Bayern-Amateure, war regelmäßig bei den Übungseinheiten und Spielen der A-Jugend zugegen, um einschätzen zu können, welcher der Jungspunde das Zeug hatte, auch in seiner eigenen Mannschaft zu bestehen. Auch das B-Junioren-Finale von 2001 hatte er gesehen und Bastians gute Leistung in diesem Spiel zur Kenntnis genommen.

Der 1954 in Bochum geborene Hermann Gerland – Spitzname: »der Tiger« – hatte als Fußballprofi in den 1970er und 1980er Jahren ausschließlich für den VfL Bochum in der Bundesliga gespielt, nach seinem Karriereende 1984 war sein Heimatverein auch seine erste Station als Trainer. Bereits zwischen 1990 und 1995 stand Gerland an der Seitenlinie der Bayern-Amateure, nachdem er anschließend mehrfach den Verein gewechselt hatte, landete er 2001 erneut bei der zweiten Mannschaft der Münchner. Schnell hatte er sich einen Ruf als »harter Hund« erworben, da er seinen Schützlingen im Training einiges abverlangte.

Das bekam bald auch Bastian zu spüren. Bereits am 2. März 2002 hatte ihn Gerland im Spiel gegen die SpVgg Ansbach erstmals bei Bayern II eingesetzt. Die Münchner befanden sich in dieser Phase der Saison im gesicherten Mittelfeld der Regionalliga Süd, Experimente mit dem eigenen Nachwuchs boten sich also an. Gerland schickte Bastian in der vorletzten Minute beim Stand von 0:0 für

Barbaros Barut, seinen Teamkollegen aus der A-Jugend, aufs Feld. Viel geschah nicht mehr in der Partie, allerdings hatte sich Bastian seine ersten Sporen in der damals dritthöchsten deutschen Spielklasse verdient.

Zwei Monate später, am 8. Mai, nahm Gerland Bastian mit zum Spiel bei Jahn Regensburg. Obwohl Bastian an Tag zuvor in einer Partie seiner A-Junioren über 90 Minuten im Einsatz war, sollte er auch gegen die Regensburger von Beginn an spielen. Bastian machte ein herausragendes Spiel, merkte aber schon in der Halbzeitpause, dass seine Kräfte allmählich schwanden. Nach einer Stunde – die Bayern führten mit 2:0 – signalisierte Bastian dem Trainer durch Handzeichen, dass er gerne ausgewechselt werden möchte. Doch Gerland sprang von seiner Bank auf, lief wutentbrannt auf den Platz und auf Bastian zu. Sämtliche Zuschauer im Stadion verstummten auf einen Schlag und hörten, wie Gerland in Richtung seines Spielers brüllte: »Schweinsteiger! Wie alt bist du?« Auch wenn er der Meinung war, dass Bastian die Energie hätte aufbringen müssen, um die Partie zu Ende zu bringen, hatte der »Tiger« ein Einsehen und nahm den 17-Jährigen vom Feld.

In den letzten beiden Spielen der Saison 2001/2002, bei der 1:3-Niederlage bei Rot-Weiß Erfurt und beim 2:2 im eigenen Stadion an der Grünwalder Straße gegen die TSG 1899 Hoffenheim, spielte Bastian erneut für die Bayern-Amateure, im letzten Match gegen die Hoffenheimer reichte es erstmals auch für die vollen 90 Minuten. Bastian hatte sich in Gerlands Team bewährt und gehörte in der Spielzeit 2002/2003 endgültig dem Kader von Bayern München II an.

Einige von Bastians Mitspieler aus der A-Jugend begleiteten ihn zu den Amateuren. Michael Rensing wurde zum neuen Torhüter der Mannschaft, in der Abwehr stand mit Philipp Lahm »der beste Spieler, den ich mit 17 je hatte«[10], wie sich Hermann Gerland später festlegte. Auch Christian Lell und Andreas Ottl gelang der Sprung in den Regionalliga-Kader. Gerland wusste Bastians spielerische Qualitäten zu schätzen – und vor allem, dass dieser permanent an sich arbeitete. »Auch wenn mittwochs trainingsfrei war, stand er selbst im Winter mit Pudelmütze auf dem Platz und hat trainiert«[11], berichtete Gerland dem Magazin »11 Freunde« im August 2010.

Vor allem wies Bastian für einen kreativen Mittelfeldspieler außergewöhnliche Fähigkeiten in der Defensive auf. »Er war ein Kämpfer«, brachte es Gerland auf den Punkt. Bastian ließ sich auf dem Platz nichts gefallen und teilte, wenn es nötig war, auch mal aus. Während andere Spieler nach einem Zweikampf auf dem Boden lagen, setzte Bastian sich zur Wehr. Allerdings stellte Gerland auch fest, dass sein Spieler »noch ein paar Flausen im Kopf hatte« – weshalb er ihn weniger häufig spielen ließ als die anderen Frischlinge im Team.[12] Dennoch kam Bastian zu Beginn der Saison in jeder Partie zum Einsatz, wenn auch oft als Ein- oder Auswechselspieler.

Einige Anekdoten über den jungen Bastian Schweinsteiger gibt Hermann Gerland noch immer gerne zum Besten, wenn ihn Pressevertreter danach fragen. Beispielsweise die vom 17-jährigen Bastian, der eines Morgens mit schwarz gefärbten Haaren im Bayern-Jugendhaus am Frühstückstisch saß. Gerland sagte nur zu ihm: »Schweini, ich lasse dich laufen, bis die Haare wieder blond sind.« Auch dass Bastian auf dem Feld seine Socken »wie Strapse« bis über die Knie zog, missfiel dem »Tiger«. Allerdings brachte Gerland auch Verständnis für seinen Schützling auf. »Wenn er mal Mist gebaut hat, hat er von mir einen drauf gekriegt, und ich bin nach Hause gefahren und habe mich kaputtgelacht«[13], erinnerte sich der Coach im Oktober 2013 in der »Süddeutschen Zeitung«.

Wenn sich ein Mitglied der Führungsetage von Bayern München allerdings mal kritisch zu Bastian Schweinsteigers Verhalten abseits des Platzes äußerte, stellte sich Gerland schützend vor seinen Spieler. »Seid ihr früher mit dem Gebetbuch in der Hand rumgelaufen?«, fragte er dann rhetorisch. Als Trainer, der viel mit jungen Spielern zu tun hatte, musste Gerland sich und anderen stets vor Augen führen, dass ein wenig Nonkonformismus in dem Alter normal ist. Außerdem, wie er betonte: »Beim Basti war nie was Böses dabei, es war immer irgendwie charmant.«[14]

Auch für den DFB war Bastian Schweinsteiger weiterhin ein Thema. Inzwischen war er im Alter für das U19-Team, für welches ihn Trainer Uli Stielike erstmals im August 2002 nominierte. Am 29. August feierte Bastian im Freundschaftsspiel gegen Österreichs U19 in Weismain sein Debüt. Er und seine Bayern-Teamkollegen Christian Lell und Erdal Kılıçaslan wurden zur Halbzeit beim Stand von 1:1 ausgewechselt und konnten so nichts mehr dagegen tun, dass das deutsche Team mit 1:2 verlor. Auch bei den EM-Qualifikationsspielen am 3. und 5. Oktober gegen San Marino und Aserbaidschan, die Deutschland überlegen mit 10:0 und 7:0 gewann, war Bastian im Einsatz. Weitere zwei Tage später, am 7. Oktober, gelang ihm beim 4:1 im Qualifikationsspiel gegen Israel sogar sein erstes Tor für die U19.

In der jüngeren Geschichte der Bundesliga gab es kaum eine Saison, in die der FC Bayern München nicht mit dem besten Kader aller Mannschaften und somit als Favorit auf die Meisterschaft an den Start ging. Wenn es dann mit dem Gewinn der Schale doch nicht geklappt hatte, lag es entweder an einem überraschend starken Kontrahenten oder vielleicht auch daran, dass nach vielen Titeln der Hunger auf Triumphe vorerst gestillt war. Im Herbst 2002 war letzteres der Fall: Der FCB hatte zwischen 1999 und 2001 dreimal in Folge die Deutsche Meisterschaft geholt, im Sommer 2001 kam außerdem der Sieg in der Champions League gegen den FC Valencia dazu. In der anschließenden Saison 2001/2002 wurden die Bayern hinter Borussia Dortmund und Bayer Leverkusen nur Dritter der Bundesliga und schieden in der Champions

League im Viertelfinale gegen Real Madrid sowie im DFB-Pokal im Halbfinale gegen den FC Schalke 04 aus.

Wie es bei den Bayern üblich war, kaufte man im Anschluss an die titellose Spielzeit neue hochkarätige Spieler. Im Sommer 2002 kamen Michael Ballack und Zé Roberto aus Leverkusen, zudem wurde mit Sebastian Deisler von Hertha BSC Berlin ein Mittelfeldspieler verpflichtet, der seinerzeit als einer der talentiertesten deutschen Kicker auf seiner Position galt. Trotz der – für ihre Verhältnisse – erfolglosen vergangenen Spielzeit hielten die Bayern an ihrem Trainer fest, und Ottmar Hitzfeld ging in seine fünfte Saison in München.

Der 1949 geborene ehemalige Fußballer, der unter anderem beim FC Basel und beim VfB Stuttgart aktiv war, wurde 1983 im Anschluss an seine Spielerkarriere Trainer in der zweiten Schweizer Liga. Nachdem er 1990 und 1991 mit den Grasshoppers Zürich Schweizer Meister wurde, wechselte er zur Borussia Dortmund in die Bundesliga. Auch dort war Hitzfeld schnell erfolgreich und gewann 1995 und 1996 die Deutsche Meisterschaft sowie 1997 die Champions League. Im Sommer 1998 schließlich trat er sein Amt bei Bayern München an. Durch die fünf Meisterschaften, die Hitzfeld bis 2002 mit Dortmund und den Bayern gewann, war er der zweiterfolgreichste Bundesligatrainer aller Zeiten; einzig Udo Lattek holte mit acht Meistertiteln mehr als Hitzfeld.

In der Saison 2002/2003 war es also die Aufgabe des Bayern-Trainers, aus vorhandenen und neuen Stars eine Mannschaft zu formen, die ihrer Favoritenrolle einmal mehr gerecht wurde. In der Bundesliga gelang dies auf beeindruckende Weise – die Bayern führten die Tabelle ab dem vierten Spieltag an und holten sich mit sechs Punkten Vorsprung souverän die Herbstmeisterschaft –, lediglich in der Champions League zeigte sich das Team ungewohnt schwach.

Von den ersten fünf Spielen in der Vorrunde gewannen die Bayern kein einziges, die vier Partien gegen Deportivo La Coruña und den AC Mailand gingen sogar verloren. Mit nur einem Punkt auf dem Konto hatte München bereits vor dem abschließenden Gruppenspiel keine Chance mehr, sich für das Achtelfinale des europäischen Wettbewerbs zu qualifizieren. Ottmar Hitzfeld konnte sich daher am 13. November 2002 gegen den RC Lens unbeschadet ein paar personelle Umstellungen erlauben. So schonte der Bayern-Coach beinahe seine gesamte Stammbesetzung und ließ mit dem 20-jährigen Markus Feulner einen Spieler von Anfang an spielen, der lange mit Bastian Schweinsteiger im Bayern-Jugendhaus gewohnt hatte und eigentlich noch bei den Amateuren spielte, allerdings schon ein Jahr zuvor bei ein paar Partien der Profis auf dem Platz stand.

Doch Feulner war nicht der einzige Schützling von Hermann Gerland, den Hitzfeld für das unbedeutende Spiel gegen Lens in seinen Kader aufnahm. Philipp Lahm und Bastian Schweinsteiger durften gegen die Franzosen zum ersten Mal bei den Profis auf der Bank Platz nehmen. Schweinsteiger, der bei den Amateuren zuvor vier Spiele hintereinander über 90 Minuten absolviert hatte, war am 2. November, wenige Tage vor dem Spiel gegen Lens, beim 2:0 gegen den SC Pfullendorf zu seinem ersten Torerfolg für Bayerns zweite Mannschaft gekommen. Das sorgte unter anderem dafür, dass Gerland bei Hitzfeld ein gutes Wort für Schweinsteiger einlegte.

Gegen den RC Lens entwickelte sich ein munteres Spiel, in dem die Bayern schnell mit 2:0 in Führung gingen und die Franzosen neun Minuten nach der Pause zum 2:2 ausglichen. In der 76. Minute schlug Bastian Schweinsteigers große Stunde: Ottmar Hitzfeld holte Mehmet Scholl vom Feld und sorgte für das Profidebüt des 18-Jährigen, der vom Alter her noch für die A-Jugend spielberechtigt gewesen wäre. Und Schweinsteiger beteiligte sich fleißig an den Offensivbemühungen des Teams, dem er nun erstmals angehörte. Seine Flanke in der 87. Minute köpfte Giovane Elber an die Latte, den Abpraller verwertete Markus Feulner zum 3:2. Lens gelang in der 90. Minute erneut der Ausgleich, und in der zweiten Minute der Nachspielzeit durfte auch der für Feulner eingewechselte Philipp Lahm erste Fußballprofi-Luft schnuppern.

Vier Tage nach dem Champions-League-Spiel standen Schweinsteiger und Lahm wieder für die Bayern-Amateure gegen den 1. FC Saarbrücken auf dem Platz. Doch Ottmar Hitzfeld schien gefallen zu haben, wie Schweinsteiger sich in der Schlussviertelstunde gegen Lens präsentiert hatte. Schnell wurde der junge Mann mit einem Profivertrag bis zum Sommer 2005 ausgestattet, und am 7. Dezember, dreieinhalb Wochen nach seinem Profi-Debüt, stand Schweinsteiger erneut im Bayern-Kader, diesmal für das Bundesligaspiel beim VfB Stuttgart. Dort führten die Bayern bereits mit 3:0, als Schweinsteiger in der 82. Minute für Niko Kovač eingewechselt wurde. Seine Premiere in der höchsten deutschen Spielklasse war damit auch perfekt.

Dass Ottmar Hitzfeld überhaupt auf Spieler aus der eigenen Jugend zurückgriff, war zumindest ungewöhnlich. Der Trainer war nicht gerade als Förderer junger Spieler bekannt, deren Karriere erst am Anfang stand. »Hitzfeld wollte nur Weltklasse-Spieler haben, am besten noch mit einer gewissen Erfahrung«, sagte Hermann Gerland später der Zeitschrift »11 Freunde«. Und der Amateur-Coach fügte an: »Den hat die Jugendabteilung eigentlich nie interessiert.«[15] Generell schienen die Bayern in dieser Zeit ihren eigenen Nachwuchs ziemlich aus den Augen verloren zu haben. Außer Feulner standen am Anfang der Spielzeit 2002/2003 mit dem Verteidiger Samuel Kuffour und dem Mittelfeldspieler Owen Hargreaves nur zwei weitere Fußballer im Münchner Kader, die den Sprung aus den Jugendmannschaften der Bayern geschafft hatten. Nur zwei von ihnen, nämlich Feulner und Hargreaves, wurden von Ottmar Hitzfeld nach oben gezogen.

In der Bayern-Kabine saß Schweinsteiger seit seinem Aufstieg in die Profimannschaft neben Oliver Kahn, dem seit der Weltmeisterschaft 2002 als »Titan« bezeichneten Torhüter des deutschen Nationalteams. Angesichts von Kahns unbedingtem Siegeswillen tat die Platzverteilung der sportlichen Entwicklung seinem jungen Sitznachbarn durchaus gut. Vor allem bewunderte Schweinsteiger Kahns Ehrgeiz. »Es ist nicht immer leicht, wenn du der beste Torwart bist und jeder von dir erwartet, dass du regelmäßig unmögliche Bälle hältst«, sagte Schweinsteiger viele Jahre später in der Sendung »Audi Star Talk« über Kahn, der 2008 seine aktive Karriere beendet hat. »Einmal top zu spielen, das kann man mal schaffen, aber das hohe Niveau über Jahre zu halten, davor habe ich großen Respekt.«[16]

Umgekehrt musste sich Schweinsteiger allerdings erst die Aufmerksamkeit von Kahn, der Ende 2002 zum dritten Mal zum Welttorhüter des Jahres gewählt wurde, verdienen. »Das erste Mal, dass er mit mir gesprochen hat, war 2005«, erzählte Schweinsteiger im »Audi Star Talk« lachend. Eine Anekdote aus der gemeinsamen Zeit mit Kahn blieb ihm dabei besonders in Erinnerung. »Bei uns hat jeder Spieler ein Handtuch, nur war komischerweise bei mir nie eins da«, so berichtete er. »Und neben mir sehe ich den Oli, wie er sich seine Haare macht und seine Handschuhe poliert – und er hat zwei Handtücher. Ich habe mich damals natürlich nicht so getraut, zu sagen: Jetzt lass mal mein Handtuch da.«[17]

Beim Abschlussspiel der Bundesliga-Hinrunde, dem 0:0 gegen Schalke 04 am 14. Dezember, stand Schweinsteiger erneut im Bayern-Kader und wurde in der 71. Minute für Niko Kovač eingewechselt. Und auch gegen Borussia Mönchengladbach am 26. Januar 2003 kam er am Ende des Spiels zu zwei Minuten Einsatzzeit. Einen großen Schritt in Richtung Stammkraft machte er, als er am 1. Februar bei Arminia Bielefeld den gelbgesperrten Michael Ballack in der Startaufstellung vertrat. Der »Kicker« beurteilte Schweinsteigers Leistung allerdings eher negativ: »Dem

Mittelfeld des FCB fehlte die ordnende Hand von Ballack, den der erst 18-jährige Schweinsteiger nicht annähernd ersetzen konnte.« Das Fachmagazin gab dem Youngster, der in der 74. Minute durch Markus Feulner ersetzt wurde, nur die Note 4,5.[18]

Bereits am 31. August 2002 konnte Bastian Schweinsteiger sein Debüt im DFB-Pokal feiern, als er beim Erstrundenmatch der Bayern-Amateure gegen den FC Schalke 04 in der 54. Minute eingewechselt wurde. Erwartungsgemäß, aber überraschend knapp verlor der Dritt- gegen den Erstligisten mit 1:2 und schied aus dem Wettbewerb aus. Kurioserweise kam Schweinsteiger in der gleichen Saison zu einem weiteren DFB-Pokal-Einsatz – für die Profis der Bayern. Die hatten im Achtelfinale ihre Amateure gerächt, indem sie Schalke nach Elfmeterschießen besiegten, und traten am 4. Februar 2003 im Viertelfinale gegen den 1. FC Köln an. Schweinsteiger spielte von Beginn an und erzielte in der 31. Minute mit dem 3:0 sein erstes Tor für den FC Bayern München.

Überschwänglich holte er nach dem Treffer einen Glücksbringer aus einem seiner Handschuhe, die er wegen der winterlichen Kälte trug, und zeigte ihn den Fans und den Fernsehkameras. Dafür musste er sich in der Halbzeitpause einen Rüffel von Uli Hoeneß abholen. »So einen Schmarrn soll er lassen«, meinte der Manager verärgert. »Er ist Fußballspieler und kein Schauspieler.«[19] Als Schweinsteiger sechs Minuten nach dem Seitenwechsel nach Vorlage von Zé Roberto sein zweites Tor als Bayern-Profi erzielte, hielt er sich mit seinem Jubel zurück. In der 64. Minute räumte Schweinsteiger seinen Platz für Mehmet Scholl, die Bayern gewannen am Ende mit 8:0.

Obwohl Michael Ballack am 9. Februar 2003 gegen den Hamburger SV wegen einer Grippe nicht einsatzfähig war, erhielt Mehmet Scholl den Vorzug gegenüber Bastian Schweinsteiger. Letzterer erlebte nach vier Bundesliga-Einsätzen in Folge den Abpfiff von der Auswechselbank aus. Beim Stadtderby gegen 1860 München eine Woche später stand Schweinsteiger jedoch wieder in der Anfangsformation. Diesmal allerdings spielte er nicht in der Mitte, sondern auf der rechten Seite. Überhaupt war er in dieser Zeit eine Art Allzweckwaffe im Mittelfeld: Mal spielte er zentral, mal links, mal rechts – je nachdem, wo Ottmar Hitzfeld einen Spieler ersetzen musste oder die Fähigkeiten seines Neulings auf die Probe stellen wollte. Wenn er auch später zuweilen auf anderen Positionen aushelfen musste, wurde die rechte Außenbahn mit der Zeit zu Schweinsteigers Stammposition.

Als die Bundesliga Ende März 2003 eine Länderspielpause einlegte, spielte Schweinsteiger erstmals nach fast vier Monaten wieder für die Amateure der Bayern. Am 25. März war der SV Elversberg der Gegner – und prompt gelang Schweinsteiger sein zweites Saisontor in der Regionalliga Süd. Bei dieser Ausbeute blieb es auch, vier Tage später absolvierte er bei Jahn Regensburg sein 23. und letztes Saisonspiel für die zweite Bayern-Mannschaft, die am Ende der Spielzeit den vierten Platz in der Tabelle erreichte. Da Schweinsteiger mittlerweile regelmäßig für die Profis im Einsatz war, mussten die Amateure immer häufiger auf ihn verzichten.

Philipp Lahm, sein Teamkollege bei der zweiten Mannschaft, hatte übrigens nicht das gleiche Glück wie Bastian Schweinsteiger und wurde nach dem Spiel gegen den RC Lens nicht noch einmal in den Profikader berufen. Das Team hatte mit Bixente Lizarazu und Willy Sagnol zwei sehr gute Außenverteidiger, an eine Integration von Lahm dachte Ottmar Hitzfeld angesichts dessen nicht. Somit trennten sich nach der Saison 2002/2003 vorerst die Wege von Schweinsteiger und Lahm, da letzterer für zwei Spielzeiten an den VfB Stuttgart ausgeliehen wurde.

Am 19. April 2003 reisten die Bayern nach Dortmund, um sich im Bundesliga-Spitzenspiel mit der Borussia zu messen. Bastian Schweinsteiger verbrachte die komplette Partie auf der Bank – und das aus gutem Grund. Nur zwei Tage zuvor hatte er den vom

Verein auferlegten Zapfenstreich erheblich überzogen und war um halb vier Uhr morgens in der Münchner Disco »Pacha« gesehen worden. Für den nächtlichen Ausflug wurde Schweinsteiger von Trainer Hitzfeld vor versammelter Mannschaft kritisiert, Co-Trainer Michael Henke sagte anschließend, dass der Jungprofi von nun an unter genauer Beobachtung stünde.

Schweinsteiger bezeichnete die Aktion als »einmaligen Ausrutscher«, hatte allerdings auch eine Erklärung dafür: »Ich war nicht fünf Stunden dort, sondern schaute nur kurz vorbei. Ich musste jemanden treffen. Eine private Angelegenheit.«[20] Dieser »Jemand« war eine 17-Jährige Dame namens Daniela Aumeier, die Schweinsteiger kurz zuvor kennengelernt hatte und die wenig später seine Freundin wurde. Die Strafe in Höhe von 15.000 Euro, die ihm der Verein auferlegte und die seinem damaligen Monatsgehalt entsprach, betrachtete Schweinsteiger angesichts dessen durchaus als gute Investition.

Obwohl die Bayern das Spiel gegen Dortmund mit 0:1 verloren, wurden sie bereits am 26. April, nach einem 2:0-Sieg beim VfL Wolfsburg am 30. Spieltag, Deutscher Meister – und mit ihnen auch Bastian Schweinsteiger. Beim 6:3 bei Hertha BSC Berlin am 10. Mai stand er erstmals für die Bayern-Profis über die vollen 90 Minuten auf dem Platz und holte sich zudem seine erste gelbe Karte in der Bundesliga ab.

Am Ende seiner ersten Saison kam Schweinsteiger auf 14 Einsätze in der obersten deutschen Spielklasse, von den 17 Partien der Rückrunde hatte er gerade einmal fünf verpasst – darunter das letzte Saisonspiel gegen Schalke. Auf das musste er verzichten, weil er im Mai erneut zur U19-Nationalmannschaft eingeladen wurde. Die bestritt das finale Qualifikationsturnier für die Europameisterschaft, die im Juli in Liechtenstein stattfand. In der ersten Partie des Turniers, die die Deutschen am 19. Mai in Plauen gegen Belgien bestritten, gelang Schweinsteiger in der 61. Minute die

2:1-Führung. Allerdings konnten die Belgier neun Minuten vor Spielende noch ausgleichen. Weil die deutsche Mannschaft zwei Tage später in Aue gegen die Tschechische Republik mit 1:2 verlor, verspielte sie die Möglichkeit, den ersten Platz in der Tabelle zu erreichen, der für die Qualifikation zur EM nötig gewesen wäre. Beim unbedeutenden Abschlussspiel des Turniers gegen die Slowakei stand Schweinsteiger nicht mehr im Kader, die Partie gegen die Tschechen blieb somit seine letzte für Deutschlands U19.

Auch im DFB-Pokal kam Schweinsteiger nicht mehr zum Einsatz. Sowohl im Halbfinale gegen Bayer Leverkusen als auch im Finale, das die Bayern am 31. Mai mit 3:1 gegen den 1. FC Kaiserslautern gewannen, saß er auf der Bank. Dennoch gehörte er – nicht zuletzt durch seine aktive Teilnahme am Viertelfinale – dem siegreichen Team an. In seiner ersten Saison als Profi hatte Bastian Schweinsteiger somit gleich zwei Titel gewonnen und sich einen festen Platz im Kader des Double-Gewinners erspielt. Die Karriere des erst 18 Jahre alten Fußballers nahm immer mehr Fahrt auf.

4. Mit zwei Nationalmannschaften zur Europameisterschaft

Noch bevor die erste vollständige Saison von Bastian Schweinsteiger beim FC Bayern begann, machte er zunächst wieder einmal außerhalb des Fußballfelds Schlagzeilen. Im Juni 2003 – sein nächtlicher Discobesuch war gerade einmal zwei Monate her – wurde er im Audi, den ihm der Verein zur Verfügung gestellt hatte, mit einer Geschwindigkeit von 150 Kilometern pro Stunde auf einer Strecke geblitzt, auf der nur 80 km/h erlaubt waren. Zur Strafe musste Schweinsteiger das Fahrzeug wieder abgeben.

Für deutlich mehr medialen Wirbel sorgte jedoch eine Aktion, die sich bereits im Februar 2003 abspielte, allerdings erst im Sommer publik wurde. Bevor er seine Freundin Daniela kennengelernt hatte, wollte Schweinsteiger einer jungen Dame die Umkleidekabine der Bayern zeigen – um zwei Uhr nachts. Mit seiner Schlüsselkarte verschaffte sich der Kicker Zutritt zum Trainingsgelände an der Säbener Straße. Als der Rundgang beendet war, machten es sich Schweinsteiger und seine Begleiterin im Whirlpool bequem. Dumm nur, dass gerade in dem Moment die Alarmanlage losging und kurz darauf das herangerufene Sicherheitspersonal vor den beiden stand. Es sei nur seine Cousine gewesen, versuchte sich Schweinsteiger aus der etwas pikanten Episode herauszureden. Trainer Ottmar Hitzfeld verzichtete diesmal auf eine Strafe, musste seinem Spieler aber erneut klarmachen, dass dieser als Bayern-Profi eine gewisse Vorbildfunktion hat.

Im sportlichen Bereich blieb Schweinsteiger zunächst die Möglichkeit der Rehabilitation für seine nächtlichen Ausflüge verwehrt. Beim Saisonauftakt, zu dem der FCB am 1. August 2003 die Eintracht aus Frankfurt empfing, verbrachte Schweinsteiger die vollen 90 Minuten auf der Bank. So hatte er jedoch die Energie, am nächsten Tag für die Amateure auf dem Platz zu stehen und ihnen dabei zu helfen, den FC Rot-Weiß Erfurt mit 2:0 zu besiegen. Bei Bayern II spielte er erneut mit einigen Jungs zusammen, mit denen er im Jugendbereich des Vereins viele Jahre verbracht hatte und die ihrerseits auf dem Sprung in die Profimannschaft waren. Christian Lell etwa, der Ende September erstmals in der Bundesliga auf der Bank saß. Oder Michael Rensing, der zu Beginn der Spielzeit 2003/2004 zum zweiten Torhüter der Bayern hinter Oliver Kahn aufstieg. Oder Piotr Trochowski, der schon zum Ende der vorangegangenen Saison zu drei Kurzeinsätzen in der obersten deutschen Liga gekommen war.

Am zweiten Spieltag der Bundesliga, als die Bayern bei Hannover 96 gastierten, saß Schweinsteiger erneut auf der Bank, wurde diesmal aber zur Halbzeit für Sebastian Deisler eingewechselt. Da lagen die Bayern mit 1:3 zurück, die Hereinnahme seines jüngsten Spielers brachte dem Team allerdings einen sichtbaren Schub. Nur vier Minuten nach dem Seitenwechsel schoss Schweinsteiger aus 14 Metern auf Hannovers Tor, die Abwehr von 96-Torwart Gerhard Tremmel verwertete Claudio Pizarro zum 2:3-Anschlusstreffer. In der Nachspielzeit rettete ein direkt verwandelter Freistoß von Owen Hargreaves den Bayern einen Punkt.

Nach den zwei anschließenden Partien, in denen Schweinsteiger erst in der letzten Viertelstunde eingewechselt wurde und nach denen er jeweils tags darauf wieder für die zweite Mannschaft in der Regionalliga Süd auflief, stand er am 13. September beim Bundesliga-Auswärtsspiel gegen den VfL Wolfsburg erstmals in der Saison in der Startaufstellung. In der ersten Hälfte blieb er noch blass, erst nach der Pause taute er auf. In der 49. Minute setzte er sich auf der rechten Seite gegen zwei Wolfsburger durch, dribbelte nach innen und schoss den Ball mit links von der Strafraumgrenze ins Tor. Genau um 16:34 Uhr hatte sich Bastian Schweinsteiger zum ersten Mal in seiner noch jungen Karriere in die lange Liste der Bundesliga-Torschützen eingetragen. Zehn Minuten später erzielte Roy Makaay, den die Bayern vor der Saison für die damalige Rekordsumme von 19,75 Millionen Euro von Deportivo La Coruña geholt hatten, die Führung für sein Team, das allerdings durch zwei Gegentore in den letzten sechs Minuten mit 2:3 verlor.

Während die Bayern nicht so richtig ins Rollen kommen wollten, stellte der junge und unbeschwerte Bastian Schweinsteiger eines der Glanzlichter in der Mannschaft dar. Der mittlerweile 19-Jährige mit dem von Aknenarben gezeichneten Gesicht und dem stets eine Nummer zu groß wirkenden Trikot mit der Rückennummer 31 brachte frischen Wind in ein Bayern-Team, das nach dem vorjährigen Gewinn von Meisterschaft und Pokal einmal mehr satt wirkte. Dennoch konnte Schweinsteiger noch nicht in die übergroßen Fußstapfen von Michael Ballack treten, wenn er ihn vertreten sollte. Der offensive Mittelfeldspieler, der 2002 zum besten deutschen Fußballer des Jahres gewählt und bei der Weltmeisterschaft 2002 von der FIFA ins All-Star-Team des Turniers berufen wurde, war zu dieser Zeit der kreative Kopf bei den Münchnern und in der Nationalmannschaft.

Wenn Ballack allerdings im Zentrum und Schweinsteiger auf seiner angestammten Position auf der rechten Außenbahn zum Einsatz kamen, trieb das Duo das Spiel des FCB an. Am 4. Oktober 2003 etwa, als Hertha BSC Berlin im Münchner Olympiastadion zu Gast war, erzielte Ballack in der Nachspielzeit der ersten Hälfte das 2:0 und brachte Schweinsteiger in der 58. Minute durch einen Pass aus dem Mittelfeld in eine aussichtsreiche Position. Schweinsteiger sah, dass Roy Makaay mitgelaufen war, aber auch, dass die Berliner durch geschicktes Positionsspiel ein Zuspiel auf den Niederländer verhinderten. So startete Schweinsteiger selbst durch, lief auf Herthas Torhüter Gábor Király zu und schloss aus 13 Metern ab. Der herangeeilte Arne Friedrich fälschte den Ball noch leicht ab, der somit unhaltbar für Király ins Tor ging.

Die Freude über sein zweites Bundesligator hielt bei Schweinsteiger jedoch nicht lange an. Denn kurz nach dem Spiel gegen Berlin zwangen ihn Probleme mit dem rechten Sprunggelenk dazu, eine vierwöchige Pause einzulegen. Am 15. November war er wieder einsatzfähig und spielte zunächst für Bayerns Amateure gegen die zweite Mannschaft von Mainz 05. Die Partie blieb auch seine letzte für das Team in der Saison 2003/2004. Dennoch war Schweinsteiger mit seinen vier Einsätzen an einem Titel beteiligt: Bayern München II gewann nämlich am Ende der Saison mit neun Punkten Vorsprung vor Rot-Weiß Erfurt die Meisterschaft in der Regionalliga Süd.

Bevor es für die Bayern in die Schlussphase der Hinrunde ging, erschütterte ein Krankheitsfall das Team. Sebastian Deisler, der erst zu Beginn der vorangegangenen Saison für 9,2 Millionen Euro von Hertha BSC Berlin zu den Bayern gewechselt war, litt unter Depressionen und musste sich von November an in psychiatrische Behandlung begeben. Der damals 22 Jahre alte Mittelfeldspieler hatte in seiner erst fünfjährigen Profikarriere bereits 15 schwerere Verletzungen erlitten und musste sich fünf Operationen unterziehen. Für die Bayern hatte er bis dato lediglich drei Spiele über 90 Minuten absolviert. »Wir sind alle ein bisschen geschockt«, äußerte sich Bastian Schweinsteiger über die Erkrankung seines drei Jahre älteren Teamkollegen. »Man muss schon irgendwie Mitleid haben. Erst war er immer verletzt, und dann das.«[21]

Im Januar 2007 beendete Deisler im Alter von 27 Jahren seine Karriere. In den fünf Jahren, in denen er bei den Bayern unter Vertrag stand, hatte er nur 62 Spiele absolviert. Nach seinem Rückzug war Deisler mehr als zwei Jahre lang nicht in der Öffentlichkeit präsent und gab im Herbst 2009, anlässlich der Veröffentlichung seines Buchs »Sebastian Deisler. Zurück ins Leben«, der »Zeit« ein Interview. Darin gab er seinen ehemaligen Teamkollegen beim FC Bayern eine Mitschuld an seiner Depression. »Einige haben mich hinter vorgehaltener Hand ›die Deislerin‹ genannt. Die konnten mich nicht mehr ertragen«[22], sagte Deisler unter anderem, ohne jedoch Namen zu nennen. Gegenüber dem Magazin »Bunte« kommentierten einige frühere Weggefährten von Deisler die Vorwürfe. Bastian Schweinsteiger etwa meinte: »Das ist völliger Schwachsinn, darüber kann ich nur lachen.«[23] Dennoch bezeichnete Schweinsteiger Deislers Depression als einen der bedrückendsten Momente seiner Zeit im Fußballgeschäft. »Beim FC Bayern hatten wir sicherlich schon viele schwere Niederlagen. Die Zeit mit Sebastian Deisler hat mich aber besonders traurig gemacht«[24], sagte Schweinsteiger im Jahr 2013.

Nachdem Bastian Schweinsteiger den Härtetest bei den Amateuren bestanden hatte, saß er im Derby gegen 1860 München am 22. November 2003 wieder auf der Bayern-Bank, wurde aber erst in der Nachspielzeit eingewechselt. Auch in den letzten vier Partien der Hinrunde fungiert er als Ersatzspieler. Am 13. Dezember kam es dabei zu einer besonderen Begegnung: Die Bayern hatten den VfB Stuttgart zu Gast, bei dem sich Philipp Lahm binnen kürzester Zeit einen Stammplatz erspielt hatte. Schweinsteiger wurde in der 73. Minute für Hasan Salihamidžić ein-, Philipp Lahm in der 77. für Serge Branco ausgewechselt. So standen sich die beiden Bayern-Eigengewächse, die von der Jugend an im gleichen Team gespielt hatten, zumindest für vier Minuten als Widersacher gegenüber.

Auch in der Champions League hielten sich Schweinsteigers Einsatzzeiten in Grenzen, in lediglich zwei von sechs Spielen der Vorrunde wurde er eingewechselt. Dennoch erreichte er nach der Blamage des Vorjahrs erstmals mit den Bayern das Achtelfinale der Königsklasse. Auch in der Bundesliga waren die Bayern vor der Winterpause noch in Schlagweite: Zwar führte Werder Bremen die Tabelle an, mit drei Punkten Rückstand lauerten jedoch München sowie die punktgleichen Teams aus Leverkusen und Stuttgart.

Zum Start der Rückrunde am 31. Januar 2004 erreichten die Bayern nur ein 1:1 beim Tabellenletzten Eintracht Frankfurt, eine knappe Woche später schieden sie nach einem 1:2 beim Zweitligisten Alemannia Aachen aus dem DFB-Pokal aus. Auch das dritte Auswärtsspiel des Jahres, zu dem der FCB am 14. Februar beim VfL Bochum antrat, ging mit 0:1 verloren. Im Duell mit den Bochumern, das Michael Ballack wegen einer Sperre verpasste, zeigte sich einmal mehr, dass es Bastian Schweinsteiger schwerfiel, im zentralen Mittelfeld die Fäden zu ziehen. Da Werder Bremen mit drei Siegen in die Rückrunde gestartet war, baute das Team aus dem hohen Norden seine Tabellenführung auf neun Punkte aus. Binnen kurzer Zeit hatten die Bayern ihre Chancen auf die Meisterschaft erheblich reduziert.

Da Bastian Schweinsteiger inzwischen zu alt für die deutsche U19-Nationalmannschaft war, sah der nächste Schritt innerhalb der DFB-Jugendteams vor, dass er sich der U21 anschloss. Nominiert wurde er dafür von einem alten Bekannten: Uli Stielike, der schon eineinhalb Jahre zuvor bei der U19 Schweinsteigers Trainer war. Stielike war erst ein Jahr vorher zur U21 gewechselt und hatte mit dem Team die Qualifikation für die Europameisterschaft geschafft, die im Sommer 2004 in Deutschland stattfand. Zuvor testete Stielike in mehreren Freundschaftsspielen die optimale Formation für das anstehende Turnier vor heimischem Publikum. Bastian Schweinsteiger berief er erstmals für die Partie gegen die U21 der Schweiz am 17. Februar 2004 in den Kader.

Dem Team gehörte nicht nur Philipp Lahm an, sondern auch eine Reihe von Spielern, mit denen Schweinsteiger später auch in der A-Nationalmannschaft zusammenspielen sollte. Zu einem der wichtigsten sollte der 18 Jahre alte Lukas Podolski werden, der wenige Monate zuvor beim 1. FC Köln seinen ersten Profivertrag unterschrieben hatte. Schweinsteiger und Podolski waren es denn auch, die in der SchücoArena von Bielefeld den Sieg gegen die Schweizer sicherstellten. Bereits in der elften Minute passte

Podolski auf Schweinsteiger, der das 1:0 erzielte. Dabei blieb es dann auch, Podolski wurde in der 61. Minute, Schweinsteiger in der 80. Minute ausgewechselt.

Am 21. Februar 2004, drei Tage nach seinem Debüt bei der U21-Nationalmannschaft, absolvierte Bastian Schweinsteiger beim 1:0-Sieg gegen den Hamburger SV sein erstes Saisonspiel bei den Bayern über 90 Minuten, weitere drei Tage später kam der amtierende spanische Meister Real Madrid zum Achtelfinal-Hinspiel der Champions League ins Münchner Olympiastadion. Bei den Madrilenen spielten zu dieser Zeit Weltstars wie der Franzose Zinédine Zidane, der Portugiese Luiz Figo, der Engländer David Beckham und der Brasilianer Ronaldo, was dem Team den Beinamen »Los Galácticos« einbrachte. Dennoch hielten die Bayern, bei denen Bastian Schweinsteiger das komplette Spiel auf der Bank verbrachte, gegen das Star-Ensemble gut mit.

München ging sogar in der 75. Minute durch Roy Makaay in Führung, musste aber acht Minuten später den bitteren Ausgleich hinnehmen: Reals Verteidiger Roberto Carlos schoss aus 30 Metern auf Oliver Kahns Tor, der Bayern-Keeper konnte den Ball nicht festhalten und ließ ihn unter seinem Körper ins Tor rollen. Kahns Fehler brachte die Münchner nicht nur um ihren hochverdienten Sieg, er sorgte auch für eine denkbar schlechte Ausgangsposition für das Rückspiel.

Im Alltag der Bundesliga, am 28. Februar 2004 gegen den VfL Wolfsburg, war Schweinsteiger wieder erste Wahl und stand in der Anfangsformation. In der 76. Minute gewann Bayerns rechter Außenverteidiger Willy Sagnol den Ball in der eigenen Hälfte und legte den gesamten Weg bis in Wolfsburgs Strafraum zurück. Dort passte er mit viel Übersicht auf Schweinsteiger, der mit Leichtigkeit seinen dritten Saisontreffer erzielte. Bayerns Mittelfeldmann war in der Partie, die sein Team mit 2:0 gewann, neben dem zweiten Torschützen Roy Makaay bester Mann auf dem Feld.

Mit 75.000 Zuschauern war das Estadio Bernabéu in Madrid am 10. März 2004 restlos ausverkauft. Das Achtelfinal-Rückspiel der Hausherren gegen die Bayern stand auf dem Spielplan. Reals Trainer Carlos Queiros musste auf den gesperrten Roberto Carlos und den verletzten Ronaldo verzichten, bei den Bayern saß Bastian Schweinsteiger erneut auf der Ersatzbank. Wie auch beim Hinspiel waren die Münchner das optisch überlegene Team, das Tor fiel allerdings auf der Gegenseite: Zinédine Zidane kam nach einem schweren Fehler der Bayern-Abwehr aus kürzester Distanz zum Schuss und hatte keine Mühe, das 1:0 zu erzielen. Zur Pause tauschte Ottmar Hitzfeld und brachte Schweinsteiger für Owen Hargreaves.

Somit stand der Youngster erstmals seinem Idol auf dem Platz gegenüber: Zinédine Zidane, der mit der französischen Nationalmannschaft 1998 den Welt- und 2000 den Europameistertitel geholt hatte. Noch im Herbst 2007, mehr als ein Jahr nach Zidanes Rücktritt nach der WM 2006, drückte Schweinsteiger seine Bewunderung für den dreifachen Weltfußballer des Jahres aus: »Zidane gibt es nur einmal, aber auf dem Platz zu sein und zu spielen wie er, das ist mein Ziel.«[25] Schweinsteiger war vor allem davon fasziniert, wie Zidane seine Rolle als Führungsspieler interpretierte. »Er musste nicht reden, er hat gezeigt: Du kannst deine Mitspieler führen durch die Art und Weise, wie du dich verhältst und spielst«[26], beschrieb Schweinsteiger sein großes Vorbild.

Doch zunächst galt es, in jenem Spiel den »Galaktischen« Einhalt zu gebieten, ihre offenkundigen Abwehrschwächen auszunutzen und doch noch das Viertelfinale der Champions League zu erreichen. Dabei tat sich vor allem Schweinsteiger besonders hervor, der ungeachtet der überwältigenden Kulisse mit viel Schwung aufspielte, allerdings nur wenig Unterstützung von seinen Teamkollegen erfuhr. Jegliches Anrennen brachte zwar nichts ein, trotzdem hatte Schweinsteiger fünf Minuten vor Abpfiff die große Chance, den Ausgleich und somit eine Verlängerung zu erzwingen. Doch sein Schuss wurde abgefälscht und ging knapp am Tor vorbei.

Neben Oliver Kahn zählte Schweinsteiger gegen Real Madrid zu den besten Spielern seines Teams und wurde von der Presse hoch gelobt, konnte allerdings nicht verhindern, dass seine Bayern nach dem DFB-Pokal-Aus die nächste Möglichkeit vergaben, einen Titel zu holen. Und in der Bundesliga zeigte Werder Bremen keine Anzeichen von Schwäche und hielt seinen Vorsprung auch am 7. März 2004, nach dem 23. Spieltag, konstant bei sieben Punkten.

Angesichts der schwindenden Hoffnungen auf die Meisterschaft hatte der FC Bayern Gelegenheit, sich mit Schweinsteiger über seinen Vertrag zu unterhalten. Der lief nämlich im Sommer 2005 aus – und dem Verein lag viel daran, den jungen Mann, der inzwischen als eines der vielversprechendsten deutschen Talente galt, weiter an sich zu binden. So legten die Bayern dem Spieler ein Arbeitspapier zu verbesserten Konditionen und mit einer Laufzeit bis 2007 vor, das Schweinsteiger gern unterzeichnete. »Ich freue mich, dass es geklappt hat«, teilte er der Presse mit. »Ich weiß, dass ich hier beim FC Bayern am besten aufgehoben bin.«[27]

Zudem konnte Schweinsteiger sich ein wenig Gedanken über seinen Spitznamen machen. Wie selbstverständlich nannte jeder – Mitspieler, Gegner, Presse – den 19-Jährigen »Schweini«. Doch mit dieser Verniedlichung seines Nachnamens war Schweinsteiger nicht mehr einverstanden – und ließ über seinen Anwalt eine Erklärung verbreiten, in der er sich den »Schweini« verbat. »Gerade bei Auswärtsspielen könnte dies gegnerische Fans dazu animieren, meinen Mandanten durch Verwendung dieses Wortes in Sprechchören zu verunsichern«[28], lautete die Begründung für den ungewöhnlichen Schritt. Selbstverständlich stellte die Erklärung eine willkommene Steilvorlage für die Anhängerschaft der bayerischen Ligakonkurrenten dar, die fortan umso lauter ihr »Schweini« durchs Stadion schallen ließen.

Während die Bayern in der Bundesliga weiter Werder Bremen jagten, kam Bastian Schweinsteiger am 30. März bei 2:2 gegen Georgien und am 27. April beim 1:2 gegen Griechenland erneut für das deutsche U21-Nationalteam zum Einsatz. Danach stand fest: Bastian Schweinsteiger durfte mit zur U21-Europameisterschaft, Uli Stielike berief ihn in den 22 Mann starken Kader. Doch zunächst musste die Saison zu Ende gespielt werden. Am 1. Mai 2004 kam Schweinsteiger beim 1. FC Köln erst in der 73. Minute in die Partie und erzielte kurze Zeit später mit dem 2:1 sein viertes Tor in der laufenden Spielzeit. Da Bremen an den beiden Spieltagen zuvor jeweils nur ein 0:0 geholt hatte, war der Vorsprung der Norddeutschen auf sechs Punkte geschmolzen – und am 8. Mai musste Werder in München antreten. Ein Sieg gegen Bremen war die einzige Chance für die Bayern, sich im Meisterschaftsrennen zu halten.

Doch ausgerechnet im Spitzenspiel versagten dem FCB die Nerven. Nach nur 35 Minuten führte Werder mit 3:0, Roy Makaay gelang in der 56. Minute nur der Ehrentreffer zum Endstand von 3:1. Bastian Schweinsteiger, der von Beginn an gespielt hatte, musste schon zur Halbzeitpause für Roque Santa Cruz Platz machen. In der Spielbewertung gab der »Kicker« ihm und sechs seiner Teamkollegen die Note 5, kein Bayern-Akteur erreichte eine bessere Bewertung als 3,5.[29] Durch den Sieg sicherte sich Werder Bremen bereits am 32. Spieltag die Meisterschaft, die Bayern hatten nun endgültig Gewissheit: Die Saison 2003/2004 endete für sie ohne Titel.

Das vorletzte Bundesligaspiel am 15. Mai 2004 beim VfB Stuttgart verpasste Bastian Schweinsteiger wegen einer Muskelquetschung, zum Saisonabschluss eine Woche später gegen den SC Freiburg wurde er zur Halbzeitpause für Sebastian Deisler, der gegen die Stuttgarter sein Comeback gegeben hatte, eingewechselt. Auch wenn die Saison alles andere als zufriedenstellend für die Bayern verlaufen war, mit Bastian Schweinsteiger hatte sie einen großen Sieger. In 26 Bundesligaspielen war er zum Einsatz gekommen, hatte vier Tore erzielt und fünf vorbereitet. Und zur Belohnung für seine Leistungen durfte er mit zur U21-EM.

Unter den jungen deutschen Männern, die Trainer Uli Stielike für das kontinentale Turnier nominiert hatte, war neben Bastian Schweinsteiger nur noch ein weiterer Spieler vom FC Bayern München: Torwart Michael Rensing, der in der U21 gemeinsam mit Timo Ochs den Ersatz für Stammkeeper Tim Wiese bildete. Mit Markus Feulner traf Schweinsteiger auf einen alten Bekannten aus Bayern-Jugendzeiten, der ein halbes Jahr zuvor vom FCB zum 1. FC Köln gewechselt war. Die Rheinländern stellten auch Lukas Podolski ab, der in seiner ersten Profisaison einen Rekord aufgestellt hatte: Noch nie zuvor war es einem 18 Jahre alten Spieler in der Bundesligageschichte gelungen, in einer Spielzeit zehn Tore zu erzielen. Ein junger Kicker, der immerhin drei Qualifikationsspiele absolviert hatte, stand allerdings nicht im Kader: Philipp Lahm. Verantwortlich hierfür waren seine guten Leistungen beim VfB Stuttgart, die dafür gesorgt hatten, dass er bereits am 18. Februar 2004 sein Debüt für die A-Nationalmannschaft gefeiert hatte und mit dieser zur »großen« Europameisterschaft nach Portugal reisen durfte.

Bastian Schweinsteiger trug bei der U21-Europameisterschaft die Rückennummer 13 – also die umgekehrte Zahlenfolge, die er beim FC Bayern trug. Zum Auftakt wartete am 28. Mai 2004 im Mainzer Bruchwegstadion die Schweiz. Schweinsteiger spielte von Beginn an, im Gegensatz zu Ottmar Hitzfeld stellte Uli Stielike ihn im zentralen Mittelfeld auf, wo er neben Hanno Balitsch von Bayer 04 Leverkusen agierte. Die deutsche Elf ging in der 21. Minute durch Benjamin Auer in Führung, am 2:0 in der 63. Minute war Bastian Schweinsteiger beteiligt, als er Thomas Hitzlsperger freispielte, der nach einem Dribbling aus geringer Distanz einschoss. Spannend wurde das Spiel noch mal, als die Schweiz in der 75. Minute zum Anschlusstreffer kam, zumal Schweinsteiger kurz darauf aus kurzer Entfernung scheiterte. Dennoch blieb es beim 2:1 für die deutsche U21.

Unter den gut 12.000 Zuschauern des Spiels gegen die Schweiz befand sich auch Michael Skibbe, der zusammen mit Rudi Völler das Trainerduo der deutschen A-Nationalmannschaft bildete. Skibbe beobachtete das Nachwuchsteam, weil einige der U21-Spieler auch für den EM-Kader der A-Elf in Frage kamen. Zwar war nur noch ein Platz in der Mannschaft zu vergeben, allerdings hatte sich tags zuvor der Mittelfeldspieler Paul Freier vom VfL Bochum beim Freundschaftsspiel gegen Malta das Innenband des linken Knies angerissen. Da sein Einsatz bei der EM mehr als fraglich war, taten Skibbe und Völler gut daran, über Alternativen nachzudenken. Einer der Kandidaten war Bastian Schweinsteiger.

Bereits zwei Tage nach dem Spiel gegen die Schweiz trat die Stielike-Elf im Carl-Benz-Stadion von Mannheim gegen Schweden an. Diesmal saß Schweinsteiger zu Beginn auf der Bank und wurde Zeuge, wie sein Team nach rund einer Stunde mit 0:2 in Rückstand geriet. Wenig später kam er für David Odonkor in die Partie, Benjamin Auer gelang in der 84. Minute allerdings nur noch der Anschlusstreffer. Trotz der Niederlage hatte Deutschland im abschließenden Gruppenspiel gegen das bis dahin sieglose Portugal noch beste Chancen, ins Halbfinale einzuziehen.

Erneut war das mit knapp 14.000 Zuschauern ausverkaufte Bruchwegstadion in Mainz der Schauplatz für das Spiel am 2. Juni 2004. Podolski, der zu Beginn des Turniers mit Problemen an der Leiste zu kämpfen hatte, und Schweinsteiger standen erstmals bei der EM gemeinsam in der Startformation. Nachdem Portugals Hugo Almeida sein Team in der 23. Minute in Führung gebracht hatte, war es kurz vor der Halbzeitpause an Bastian Schweinsteiger, den Ausgleich zu erzielen. Per Doppelpass mit Benjamin Auer verschaffte er sich Freiraum und traf zum 1:1. Aufgrund der Tabellenkonstellation hätte Deutschland das Unentschieden zum

Erreichen der Vorschlussrunde genügt, allerdings schlugen die Portugiesen erneut zu: Zwölf Minuten vor dem Schlusspfiff erzielte Luís Lourenço das 2:1 für die Südeuropäer, das zugleich den Endstand markierte. Durch die Niederlage scheiterte die deutsche U21-Nationalmannschaft bereits in der Vorrunde, Portugal verlor im Halbfinale gegen den späteren Europameister Italien.

Für Bastian Schweinsteiger war die Saison mit dem Aus bei der Junioren-EM noch immer nicht zu Ende. Paul Freier konnte definitiv nicht an der Europameisterschaft, die am 12. Juni 2004 begann, teilnehmen, weshalb Rudi Völler und Michael Skibbe ihren schon Ende Mai verkündeten vorläufigen Kader um zwei Spieler ergänzen mussten. Und wie von den Medien erwartet, durften Bastian Schweinsteiger und Lukas Podolski mit nach Portugal reisen – und das, obwohl die beiden Jüngsten im Team noch kein einziges A-Länderspiel vorzuweisen hatten.

Schweinsteiger und Podolski setzten sich sofort, nachdem ihre Nominierung bekannt wurde, ins Auto und fuhren nach Winden im Elztal, wo sich die deutsche Elf auf das EM-Turnier vorbereitete. Viel Zeit zum Eingewöhnen ins Team blieb ihnen dort jedoch nicht, denn nur zwei Tage später, am 6. Juni 2004, stand das letzte Testspiel vor dem kontinentalen Kräftemessen auf dem Programm. Unter dem Motto »50 Jahre Wunder von Bern« war die von Lothar Matthäus betreute ungarische Nationalmannschaft Gegner des DFB-Teams. Und völlig unerwartet gingen die Osteuropäer im vollbesetzten Fritz-Walter-Stadion von Kaiserslautern in Führung. Ungarns Stürmer Sándor Torghelle erzielte in der 7. Minute erst das 1:0, um nach einer halben Stunde auf 2:0 zu erhöhen.

In der Halbzeitpause wechselte Rudi Völler den unsicher spielenden Andreas Hinkel aus und brachte für ihn den 25. Debütanten seiner Amtszeit: Bastian Schweinsteiger. Der Teamchef machte den 19-jährigen Bayern damit zum insgesamt 828. Fußballer, der für die deutsche Nationalmannschaft auflief. Doch weder

Schweinsteiger noch Lukas Podolski, der ab der 74. Minute zu seinem ersten Länderspiel kam, konnten die Partie noch herumreißen – auch wenn Schweinsteiger knapp vor dem Abpfiff eine Großchance ausließ. Wie ein Vorbote für das, was das deutsche Team in Portugal erwarten würde, verlor es gegen die stark ersatzgeschwächten Ungarn mit 0:2. Der »Kicker« bewertete Schweinsteigers Debüt in der A-Nationalmannschaft mit der Note 3, wobei das Fachblatt einzig Philipp Lahm mit 2,5 ein besseres Zeugnis ausstellte.[30] DFB-Präsident Gerhard Mayer-Vorfelder hob nach der Partie die Leistung der beiden Jungnationalspieler besonders hervor, als er Schweinsteiger als »einzig befriedigenden Spieler neben Philipp Lahm«[31] bezeichnete.

Bei Schweinsteigers Länderspieldebüt war Rudi Völler fast vier Jahre lang Teamchef der deutschen Nationalmannschaft. Im Juli 2000 hatte er das Amt übernommen, nachdem Deutschland unter Erich Ribbeck bei der Europameisterschaft 2000 sieglos in der Vorrunde ausgeschieden war. Da Völler, der als Spieler mit Deutschland 1990 Weltmeister geworden war, keinen Trainerschein hatte, stellte ihm der DFB den ausgebildeten Fußballlehrer Michael Skibbe zur Seite.

Bei der Weltmeisterschaft 2002 führte das Duo Völler/Skibbe die DFB-Elf überraschend bis ins Finale, wo sie an Brasilien scheiterte. Unerwartet war der zweite Platz bei der WM deshalb, weil die deutsche Mannschaft seit Jahren kaum eine Entwicklung gezeigt hatte. Einzig von Michael Ballack gingen kreative Impulse aus, der überwiegende Rest des Teams bestand aus eher kämpferischen Fußballern wie Jens Jeremies, Christian Ziege und Dietmar Hamann. Vor allem aber fassten kaum junge Spieler in der Mannschaft Fuß – obwohl Völler reihenweise Nachwuchskicker testete.

Als Bastian Schweinsteiger zur Nationalmannschaft stieß, war die Rückennummer 13, die er bei der U21 trug, bereits an Michael Ballack vergeben. Also entschied sich der Neuling für die 7, die fortan sein Trikot mit dem Bundesadler zierte. So auch beim ersten Gruppenspiel der EM, das Deutschland am 15. Juni 2004 im Estádio Dragão in Porto gegen die Niederlande bestritt und bei dem Schweinsteiger zunächst auf der Ersatzbank Platz nahm. Für einen vielversprechenden Start in Spiel und Turnier sorgte Thorsten Frings von Borussia Dortmund nach exakt einer halben Stunde, indem er einen direkten Freistoß zur deutschen 1:0-Führung verwandelte.

Nachdem die DFB-Elf das Spiel auch nach der Pause klar im Griff hatte, kamen die Niederländer Mitte des zweiten Abschnitts deutlich besser in Schwung und pressten das Völler-Team in seine eigene Hälfte. Erst als in der 68. Minute Bastian Schweinsteiger für Bernd Schneider in die Partie kam, konnte sich Deutschland wieder befreien. Dennoch gelang es der niederländischen Mannschaft in der 81. Minute, den Ausgleich zu erzielen: Obwohl er von Christian Wörns in enge Manndeckung genommen wurde, verwertete Ruud van Niestelrooy, der Stürmerstar von Manchester United, eine Flanke von Andy van der Meyde aus kurzer Entfernung. Bis zum Ende der Partie waren die Niederländer dem Siegtreffer näher als die Deutschen, dennoch blieb es beim 1:1-Unentschieden.

Zwar fehlte es dem Trio aus Schweinsteiger, Lahm und Podolski noch an Erfahrung, allerdings brachte es merklich Schwung in die festgefahrene Spielweise der deutschen Mannschaft. »Sie sind erfrischend anders«, sagte etwa Michael Skibbe, angesprochen auf die drei Jung-Nationalspieler, und ergänzt: »Sie zeigen Eigenschaften, die man nicht immer mit dem deutschen Fußball verbindet.« Gemeint waren Spielwitz und Spaß, auch abseits des Platzes. Für Skibbe zeichnete sich die junge DFB-Garde vor allem durch »eine Kombination aus überdurchschnittlichem Talent und gesunder Selbsteinschätzung«[32] aus.

Gegen Lettland wollte es die deutsche Mannschaft vor allem in Sachen Chancenverwertung besser machen als gegen die Niederlande. Doch die Balten widersetzten sich am 19. Juni 2004 im Estádio do Bessa in Porto dem Offensivspiel des Teams von Rudi Völler und erreichten durch gute Defensivarbeit ein 0:0. Erneut ersetzte Bastian Schweinsteiger Bernd Schneider – diesmal bereits zur Halbzeit –, erneut brachte die Einwechslung des jungen Mittelfeldspielers mehr Tempo in die Partie, aber auch im zweiten EM-Spiel mangelte es an Durchsetzungskraft und Entschlossenheit.

»Wir haben das Endspiel, von dem wir alle geträumt haben«[33], meinte Rudi Völler, bevor sein Team am 23. Juni 2004 im Lissaboner Estádio José Alvalade XXI auf Tschechien traf. Die Osteuropäer standen dank zweier Siege bereits als Viertelfinalteilnehmer fest, ihr Trainer Karel Brückner ließ gegen Deutschland hauptsächlich Spieler ran, die in den vorherigen Partien nicht im Einsatz waren, weshalb das Team von der deutschen Presse etwas abschätzig als »B-Elf« bezeichnet wurde. Beim DFB stand Bastian Schweinsteiger in seinem vierten Länderspiel erstmals in der Startaufstellung. Nach vorsichtigem Start des deutschen Teams passte Bernd Schneider in der 21. Minute auf den knapp vor dem tschechischen Strafraum platzierten Schweinsteiger. Der ließ den Ball für Michael Ballack abprallen – und schon stand es 1:0 für Deutschland. Im Parallelspiel gingen kurz darauf die mit Völlers Elf punktgleichen Niederlande gegen Lettland in Führung, weshalb das deutsche Team dringend Tore benötigte. Doch dann erzielte der Tscheche Marek Heinz in der 30. Minute den Ausgleich – und die deutsche Mannschaft stand plötzlich mit dem Rücken zur Wand.

In der zweiten Hälfte vergaben vor allem Ballack und Schneider beste Tormöglichkeiten, und in der 77. Minute kam, was kommen musste: Der eingewechselte Milan Baroš dribbelte sich durch die deutsche Verteidigung und schoss seine Tschechen mit 2:1 in Führung. Deutschland rannte zwar noch gegen das drohende Aus an, hatte aber nichts mehr entgegenzusetzen. Zum zweiten Mal in Folge gehörte die DFB-Elf nicht zu den besten acht Mannschaften Europas. »Die Enttäuschung ist natürlich riesengroß«, gab

Rudi Völler, der tags darauf seinen Rücktritt als Teamchef erklärte, nach der Partie zu Protokoll. »Das ist zwar nicht so dramatisch wie vor vier Jahren«, relativierte Völler das Ausscheiden und nannte auch gleich den Grund dafür: »Diesmal sind ein paar jüngere Spieler mit Perspektive dabei.«[34] Gemeint waren vor allem Lahm, Podolski und Schweinsteiger – die die deutsche Mannschaft in den nachfolgenden Jahren ordentlich wachrütteln sollten.

5. Schwere Zeiten unter Felix Magath

Noch bevor die Saison 2003/2004 abgeschlossen war, schienen beim FC Bayern München die üblichen Mechanismen zu greifen: Der Vorstand des Vereins, der unzufrieden war mit der titellosen Spielzeit, löste den bis 2005 datierten Vertrag mit Ottmar Hitzfeld vorzeitig zum Sommer 2004 auf. Doch lange sah es danach aus, dass das Ende von Hitzfeld als Bayern-Trainer nicht das Aus für die Zusammenarbeit zwischen ihm und Bastian Schweinsteiger bedeutete. Hitzfeld galt nämlich als bester Kandidat für die Nachfolge von Rudi Völler als Bundestrainer. DFB-Präsident Gerhard Mayer-Vorfelder hatte sich mit Hitzfeld bereits zu Gesprächen getroffen und dem Trainer Bedenkzeit gegeben.

Letztlich entschied sich Hitzfeld gegen den Posten als Coach der deutschen Nationalmannschaft und legte eine mehr als zweijährige Pause ein, in der er ausschließlich als TV-Experte arbeitete. Erst im September 2011 verriet Hitzfeld, dass er 2004, nach sechs Jahren bei Bayern München,»auf dem besten Weg zum Burnout«[35] war.»Es war eine Erlösung für mich, als Bayern gesagt hat, wir beenden das Arbeitsverhältnis. Denn ich selbst habe nicht mehr die Kraft dazu gehabt, von mir aus aufzuhören«[36], sagte Hitzfeld rückblickend.

Als neuen Trainer für die Saison 2004/2005 verpflichtete der FCB Felix Magath. Der war als Spieler mit der deutschen Nationalmannschaft 1980 Europameister geworden und hatte mit dem Hamburger SV drei Deutsche Meisterschaften und zwei Europapokale gewonnen. Als Trainer war er unter anderem 1998 mit dem 1. FC Nürnberg in die Bundesliga aufgestiegen und hatte 1999 mit Werder Bremen das DFB-Pokal-Finale erreicht. Bevor er vom FC Bayern unter Vertrag genommen wurde, war Magath zwischen 2001 und 2004 beim VfB Stuttgart, den er 2003 zum Vizemeister gemacht hatte. Im gleichen Jahr wurde Magath zum deutschen Fußballtrainer des Jahres gewählt. Wegen der hohen körperlichen Anforderungen seiner Trainingsmethoden versah ihn die deutsche Presse schnell mit dem Spitznamen »Quälix«.

Auch bediente sich Magath gerne psychologischer Tricks – und das bekam Bastian Schweinsteiger schon kurz nach Amtsantritt des neuen Trainers zu spüren. Der Jungnationalspieler wollte bei Magath einen guten Eindruck machen und kam einen Tag früher aus der Sommerpause zurück. Doch statt den 19-Jährigen, der sich bei der Europameisterschaft einen Namen gemacht hatte, zu begrüßen, fragte Magath nur: »Und, wer bist du?«[37] Als wäre er ein Unbekannter, musste Schweinsteiger sich dem Übungsleiter erst vorstellen.

Doch damit war die Lehrstunde noch nicht beendet: Noch bevor die Saison begann, musste sich Schweinsteiger einer Operation am Meniskus unterziehen und konnte zehn Tage lang nicht am Mannschaftstraining teilnehmen. Als er sich bei Magath wieder einsatzfähig melden wollte, schaute ihn dieser verwundert an und sagte erneut: »Wer bist du?« Erst im Nachhinein erkannte Schweinsteiger, dass Magath ihn mit der gespielten Gedächtnisschwäche nur aus der Reserve locken wollte.[38]

Obwohl Schweinsteigers Knie nach der Operation zum Saisonstart voll belastbar war, verzichtete Magath darauf, den Spieler in den Kader für die Partie am 7. August 2004 beim Hamburger SV aufzunehmen. Stattdessen stand Schweinsteiger am nächsten Tag für die Bayern-Amateure gegen den SC Pfullendorf auf dem Platz. Zwar hatte die Mannschaft in der vorangegangenen Saison die Meisterschaft in der Regionalliga Süd und damit einen Aufstiegsplatz erreicht. Allerdings waren Amateurteams von Profivereinen nicht zum Aufstieg in die Zweite Bundesliga berechtigt, weshalb Bayern II weiterhin in der drittklassigen Regionalliga spielte.

Weil Schweinsteiger auch im zweiten Saisonspiel der Profis gegen Hertha BSC Berlin nicht berücksichtigt wurde, kamen in der deutschen Presse schnell Wechselgerüchte auf. Konkret beschäftigte sich Bayer 04 Leverkusen mit dem Gedanken, Schweinsteiger leihweise unter Vertrag zu nehmen, und bot den Bayern ein Geschäft an: Leverkusens brasilianischer Abwehrspieler Lúcio, den der FCB unbedingt kaufen wollte, sollte für eine geringere Ablösesumme als vereinbart nach München gehen, und im Gegenzug sollte der junge Bayern-Spieler für eine begrenzte Zeit am Rhein kicken.

Die Bayern jedoch zahlten lieber den vollen Preis von zwölf Millionen Euro für Lúcio und behielten Schweinsteiger in ihren Reihen. Karl-Heinz Rummenigge, der Vorstandsvorsitzende des FC Bayern, erteilte den Gerüchten höchstpersönlich eine Absage. »Nur weil der jetzt zweimal nicht gespielt hat, gibt es doch keinen Grund. Er bleibt definitiv«[39], so Rummenigge. Und Schweinsteiger selbst, der sich bei Leverkusen mehr Einsatzzeit erhoffte, gab zu Protokoll: »Die Bayern-Bosse sagten, dass ich bleiben muss. Thema erledigt. Ich muss akzeptieren, wie es ist. Ich will mich hier durchsetzen.«[40]

War Schweinsteiger am 15. August noch mit den Bayern-Amateuren in der Regionalliga Süd gegen den VfR Aalen aktiv, wartete drei Tage später das komplette Kontrastprogramm auf ihn: Er durfte mit nach Wien, zum ersten Länderspiel nach der Europameisterschaft, einer freundschaftlichen Partie gegen Österreich. Inzwischen hatte der DFB einen neuen Bundestrainer gefunden: den ehemaligen Nationalspieler Jürgen Klinsmann, der zusammen mit seinem Vorgänger Rudi Völler 1990 Weltmeister geworden war. Klinsmann hatte erst im Jahr 2000 seine Trainerlizenz erworben, das Engagement beim DFB war sein erstes als Coach.

Zu seinem Assistenten machte Klinsmann den seit 1994 als Trainer tätigen Joachim Löw. Die bis dahin erfolgreichste Station von Löw war der VfB Stuttgart, mit dem er 1997 den DFB-Pokal gewann und 1998 das Finale des Europapokals der Pokalsieger erreichte. Kurz bevor er vom DFB angestellt wurde, stand Löw für ein knappes Jahr bei Austria Wien unter Vertrag und wurde dort im März 2004 trotz Tabellenführung entlassen. Das neue Trio an der Spitze der deutschen Nationalelf vervollständigte Oliver Bierhoff, für den eigens die Position des Teammanagers geschaffen wurde, die beim DFB bis dato nicht existierte. Bierhoff hatte bei der Europameisterschaft 1996 im Finale gegen Tschechien zwei Tore und Deutschland damit zum Titel geschossen, erst ein Jahr vor Antritt seiner Stelle beim DFB hatte er seine Karriere als Fußballer beendet.

Dass Jürgen Klinsmann es sich zum Ziel gesetzt hatte, die deutsche Nationalmannschaft grundlegend zu erneuern, zeigte sich bereits an der Aufstellung für sein erstes Länderspiel. Gegen Österreich am 18. August 2004 ließ er den Debütanten Frank Fahrenhorst von Beginn an spielen, auch andere junge Kicker wie Bastian Schweinsteiger, Philipp Lahm, Tim Borowski und Kevin Kurányi standen in der Startformation. Während Schweinsteiger beim deutschen 3:1-Sieg blass blieb, wurde Kurányi mit drei Toren zum Matchwinner. Dennoch hatte Schweinsteiger Grund zur Freude: In seinem vierten Länderspiel konnte er endlich den ersten Sieg im DFB-Trikot feiern.

Zurück bei den Bayern durfte Bastian Schweinsteiger am dritten Bundesliga-Spieltag, einer 1:4-Niederlage bei Bayer 04 Leverkusen am 28. August 2004, zumindest auf der Reservebank Platz nehmen, auch wenn ihn Felix Magath noch immer nicht zum Einsatz kommen ließ. Im Jahr 2012, als Magath die Bayern längst verlassen hatte, blickte der Trainer in einem Interview mit dem »Focus« auf seine Anfangszeit mit Bastian Schweinsteiger zurück. Magath gefiel die Einstellung seines Spielers nicht – und das ließ er ihn unmissverständlich wissen. »Ich habe ihm gesagt, so funktioniert das nicht«, so Magath. »Weil er weiter rumgurkte, habe ich ihn zu den Amateuren geschickt.«[41]

Als Ende August 2004 die erste Runde im DFB-Pokal anstand, spielte Schweinsteiger nicht mit den Profis beim TSV Völpke, sondern mit den Amateuren gegen Borussia Mönchengladbach. So war er allerdings hautnah bei einer Überraschung dabei. Denn wider Erwarten gab nicht der Bundes-, sondern der Drittligist den Ton an und ging in der 34. Minute durch einen von Daniel Jungwirth getretenen Elfmeter in Führung. Erst fünf Minuten vor Schluss gelang Mönchengladbach der Ausgleich, der die Verlängerung erzwang. In der 103. Minute wurde Schweinsteiger ausgewechselt und musste sich das Elfmeterschießen, in dem die Partie entschieden werden musste, von draußen anschauen. Nach mehreren Fehlschüssen auf beiden Seiten hielt Michael Rensing, der zweite Torwart der Bayern-Profis, der ebenfalls zu den Amateuren abgestellt wurde, den insgesamt 18. geschossenen Elfmeter und machte somit den 7:6-Sieg für die Außenseiter perfekt.

Bei Schweinsteiger selbst lief es allerdings noch immer nicht rund. Schuld daran war seiner Meinung nach die Meniskusoperation, die er in der Sommerpause vornehmen lassen musste und wegen der er einen Teil der Saisonvorbereitung verpasst hatte. »Ich bin jetzt bei 90 Prozent«, ließ Schweinsteiger Anfang September wissen. »Was ich brauche, ist noch Wettkampfpraxis im Verein.«[42] Dass auch Jürgen Klinsmann der Meinung war, dass Schweinsteiger noch nicht ganz fit war, zeigte sich daran, dass der Bundestrainer den Bayern-Spieler am 7. September 2004 zur Partie der U21 gegen Serbien und Montenegro schickte – und das, obwohl die A-Nationalmannschaft am nächsten Tag in Berlin gegen Brasilien spielte.

Zwar lieferte Schweinsteiger in seinem siebenten und letzten Spiel für das deutsche U21-Team eine ordentliche Leistung – beim 5:3-Sieg bereitete er das 1:0 durch Mike Hanke vor –, dennoch trauerte er dem verpassten Duell mit dem amtierenden Weltmeister nach. »Man hat nicht oft die Chance, im Berliner Olympiastadion gegen Brasilien zu spielen, da wäre man schon gern dabei«, so Schweinsteiger etwas wehmütig. Allerdings musste er auch zugeben, dass es für ihn und seine Form »vielleicht besser so war.«[43] Da er gleich nach der U21-Partie vom Spielort Dessau nach Berlin fuhr, konnte Schweinsteiger gegen die Brasilianer zumindest auf der Ersatzbank Platz nehmen.

»Für meinen Aufbau waren die Spiele hilfreich«, sagte Bastian Schweinsteiger nach der Länderspielpause zu seinen insgesamt vier Einsätzen für die Bayern-Amateure. Und kämpferisch fügte er hinzu: »Jetzt fühle ich mich fit: für die Bundesliga, nicht für die Regionalliga.« Von Trainer Felix Magath erhoffte er sich eine faire Chance, denn: »Sonst hätte ich ein Problem«[44].

Zu einem solchen kam es allerdings nicht, denn am 11. September 2004 begann endlich auch für Schweinsteiger die Saison bei den Bayern-Profis. Im Heimspiel gegen Arminia Bielefeld wechselte ihn Felix Magath in der 62. Minute ein, auch vier Tage später, im ersten Gruppenspiel der Champions League bei Maccabi Tel Aviv, kam der Mittelfeldspieler von der Bank in die Partie. Und mit den Einsatzzeiten stieg auch seine Formkurve an. Bei Borussia Dortmund am 18. September 2004, als Magath den erkälteten Michael Ballack schonte und auf das Spielmacher-Duo Zé Roberto/Schweinsteiger setzte, konnte der 20-Jährige noch nicht überzeugen. Eine Woche später allerdings bereitete er gegen den SC Freiburg einen Treffer vor, weitere sieben Tage später schoss er gegen Werder Bremen das entscheidende 2:0 und war einer der besten Bayern-Akteure.

So wie es auch schon bei Ottmar Hitzfeld der Fall war, hatte Schweinsteiger bei Magath keine feste Position. Erneut spielte er mal auf der rechten und mal auf der linken Außenbahn, dann gab er wieder den zentralen Spielmacher, und in einem Spiel der Champions-League-Vorrunde, der Auswärtspartie gegen Juventus Turin, lief er sogar als linker Außenstürmer auf.

Nachdem er nun für die Bayern regelmäßig spielte, kam auch Jürgen Klinsmann nicht mehr um Bastian Schweinsteiger herum. Beim Freundschaftsspiel gegen den Iran am 9. Oktober wechselte der Bundestrainer Schweinsteiger, der nach Lukas Podolski und dem Debütanten Per Mertesacker der jüngste deutsche Spieler war, zwar erst drei Minuten vor Spielschluss ein. Die anschließende Partie am 17. November gegen Kamerun war allerdings das erste Länderspiel, das Schweinsteiger über die kompletten 90 Minuten absolvieren durfte.

Doch weil die gesamte Saison ein einziges Auf und Ab war, erlebte Schweinsteiger nur sechs Tage später einen rabenschwarzen Tag. Der Gegner war Maccabi Tel Aviv, mit einem Sieg gegen die Israelis konnten die Bayern das Erreichen des Champions-League-Achtelfinales sicherstellen. Zwar durfte Schweinsteiger von Beginn an spielen, allerdings holte ihn Felix Magath bereits nach 29 Minuten wieder vom Platz – und das, obwohl München da schon mit 1:0 führte. Das Offensivspiel der Bayern benötigte in den Augen des Trainers eine Erfrischung, die sie in Form von Mehmet Scholl auch bekam. Was Schweinsteiger bekam, war ein Spruch von Uli Hoeneß.

Dem Manager sagte nämlich die Frisur des Youngsters nicht zu, was er ihm noch auf der Bank in unmissverständlichen Worten mitteilte. »Du gehst jetzt zum Friseur und lässt dir vernünftig die Haare schneiden!«[45], raunte Hoeneß dem durch die frühe Auswechslung ohnehin schon gedemütigten Spieler zu. Der hatte sich, ganz im Sinne seiner Haar-Experimente dieser Zeit, die Haare an den Seiten kurz schneiden und einen gelockten Irokesenschnitt stehen lassen, den er sich noch dazu hatte blond färben lassen.

Die Bayern gewannen die Partie gegen Tel Aviv mit 5:1, beim anschließenden Bundesligaspiel gegen den FSV Mainz 05 musste Schweinsteiger wegen einem Magen-Darm-Virus passen. In den beiden noch ausstehenden Spielen vor der Winterpause konnte er jedoch wieder mitwirken. Da diese Partien – eine beim 1. FC Nürnberg, eine in München gegen den VfB Stuttgart – jeweils 2:2 ausgingen, verspielten die Bayern ihren bis dahin herausgespielten Vorsprung in der Bundesligatabelle, wurden aber aufgrund der besseren Tordifferenz vor dem punktgleichen FC Schalke 04 Herbstmeister. Auch in Champions League und DFB-Pokal überwinterte der FCB, was ihm und seinem neuen Trainer die Chance auf alle drei Titel offenließ.

Das Jahr 2005 startete vielversprechend für Bastian Schweinsteiger – auch wenn es erst nicht danach aussah. In der ersten Partie des Jahres, dem Heimspiel gegen den Hamburger SV am 21. Januar, saß er zu Beginn auf der Bank, wurde aber nach nur acht Minuten für den verletzten Bixente Lizarazu eingewechselt. Nach einem Foul an Schweinsteiger in der 21. Minute schoss Mehmet Scholl den fälligen Freistoß auf den Kopf von Claudio Pizarro, der zum 1:0 einköpfte. Und wenige Minuten nach dem Seitenwechsel traf Schweinsteiger selbst: Im Doppelpass mit Roy Makaay brachte er sich in eine gute Position und überwand HSV-Torhüter Martin Pieckenhagen.

In den anschließenden Spielen gegen Hertha BSC Berlin und Bayer 04 Leverkusen stand Schweinsteiger jeweils in der Startformation, konnte aber nicht überzeugen. Dadurch und wegen einer Erkältung, die ihn das Auswärtsspiel gegen Arminia Bielefeld am 13. Februar verpassen ließ, verlor Schweinsteiger seinen Stammplatz. Gegen Borussia Dortmund am 19. Februar wurde erst nach einer Stunde eingewechselt, drei Tage später, beim Hinspiel im Champions-League-Achtelfinale gegen den FC Arsenal, musste er sogar das gesamte Spiel, das die Bayern mit 3:1 gewannen, auf der Bank verbringen. Auch im anschließenden Bundesligaspiel gegen den SC Freiburg brachte Magath Schweinsteiger nicht.

Erst am 2. März 2005, im DFB-Pokalspiel beim SC Freiburg, stand er wieder von Beginn an auf dem Feld und überzeugte beim

7:0-Sieg seines Teams mit einer guten Leistung. Am 9. März, als die Bayern durch ein knappes 0:1 bei Arsenal das Viertelfinale der Champions League erreichten, ließ Magath Schweinsteiger erneut nicht spielen. Und so pendelte der Spieler regelmäßig zwischen Startaufstellung und Auswechselbank. Als die Bayern am 13. März durch ein 0:1 beim FC Schalke 04 ihre Tabellenführung verloren, kam Schweinsteiger in der zweiten Halbzeit in die Partie, auch eine Woche später, als München durch ein 3:1 gegen Hansa Rostock wieder an die Spitze rückte, spielte er erst nach 45 Minuten mit. Nachdem er in der 58. Minute nach dem Versuch, durch eine Schwalbe einen Elfmeter zu schinden, eine gelbe Karte gesehen hatte, bereitete Schweinsteiger sieben Minuten später Pizarros Tor zum 2:1 vor.

Gegen den VfL Wolfsburg, bei dem die Bayern am 2. April antraten, machte Schweinsteiger eines seiner besten Saisonspiele: Nicht nur erzielte er nach einer halben Stunde das 1:0, er bereitete auch das 3:0 durch Torsten Frings vor. Nach dem Wolfsburg-Spiel gewannen die Bayern auch die restlichen sieben Bundesliga-Partien der Saison und holten sich schon am 31. Spieltag die Meisterschaft. Im DFB-Pokal erreichten sie durch ein 2:0 bei Arminia Bielefeld das Finale, einzig in der Champions League musste sich der FCB erneut früh geschlagen geben: Im Viertelfinale verloren sie am 6. April beim FC Chelsea mit 2:4, wobei Bastian Schweinsteiger das zwischenzeitliche 1:1 erzielte, im Rückspiel kamen die Bayern zwar zu einem 3:2-Sieg, der allerdings nicht zum Weiterkommen reichte. Schweinsteiger, den der »Kicker« mit dem Attribut des »frechsten Spielers auf dem Platz«[46] versah, bereitete das 2:2 durch Paolo Guerrero vor.

Ausgerechnet am 14. Mai, im Heimspiel gegen den 1. FC Nürnberg, saß Schweinsteiger nach längerer Zeit wieder 90 Minuten lang auf der Bank. Die Partie war nämlich eine ganz besondere: Sie stellte das letzte Pflichtspiel der Bayern im Olympiastadion dar. Seit Oktober 2002 wurde im Münchner Stadtteil Fröttmaning an der neuen Allianz Arena gebaut, die ab der Saison 2005/2006 die neue Heimstätte des FC Bayern und von 1860 München werden sollte. Ihren Abschied vom Olympiastadion konnten die Münchner mit der Meisterschale feiern.

Ein anderes Olympiastadion, nämlich das in Berlin, stellte den Schauplatz für die letzte Bayern-Partie der Saison dar. Der Gegner beim DFB-Pokalfinale am 28. Mai war der FC Schalke 04, der mit 14 Punkten Rückstand auf München Vizemeister geworden war. Gegen die Gelsenkirchener stand Schweinsteiger erstmals für die Bayern in einem Endspiel, konnte allerdings keine Glanzpunkte setzen. In der 75. Minute, beim Stand von 1:1, wurde er gegen Hasan Salihamidžić ausgetauscht, der nur wenig später den Siegtreffer für den FCB erzielte.

Mit seinen 20 Jahren gewann Bastian Schweinsteiger 2005 bereits zum zweiten Mal das Double aus Meisterschaft und Pokal, mit insgesamt 38 Saisonspielen stellte er zudem eine neue persönliche Bestmarke auf. Kein Wunder, dass der FC Bayern langfristig mit ihm planen wollte. Nachdem Schweinsteiger erst im Jahr zuvor einen neuen Vertrag bis 2007 unterschrieben hatte, wurde die Laufzeit sofort nach Saisonende um zwei weitere Jahre bis 2009 verlängert. Spekulationen zufolge belief sich sein jährliches Gehalt fortan auf drei Millionen Euro.

Zu den Spielen mit den Bayern-Profis kamen vier Partien für die Amateure sowie acht für die Nationalmannschaft – zu denen sich im Sommer noch weitere gesellen sollten. Als Gastgeber der Weltmeisterschaft 2006 nahm Deutschland nämlich am Confederations Cup 2005 teil – und Bundestrainer Klinsmann berief Bastian Schweinsteiger in seinen Kader für das Turnier.

Zur Vorbereitung auf den Confed Cup absolvierte die deutsche Elf Anfang Juni zwei Freundschaftsspiele. Beim 4:1 gegen Nordirland am 4. Juni kam Schweinsteiger nach der Pause ins Match, gegen Russland vier Tage später durfte er von Beginn an spielen. Und es sollte seine bis dahin beste Partie im DFB-Dress werden. Nachdem Deutschland in der 26. Minute in Rückstand geraten war, erzielte Schweinsteiger vier Minuten später nach Vorlage von Lukas Podolski den Ausgleich. In seinem 14. Länderspiel war dies sein erstes Tor – und es sollte ein weiteres folgen. In der 69. Minute bekam Schweinsteiger den Ball auf der linken Außenbahn, umspielte zwei Russen und schloss von der Strafraumgrenze zum 2:1 ab. Der »Kicker« gab ihm die Note 1 und lobte ihn als »technisch stark, gewitzt und spielfreudig«[47]. Und auch von Jürgen Klinsmann gab es warme Worte. »Er hat sich zielstrebig nach oben gearbeitet und sich positioniert. Wir sind mit seiner Entwicklung sehr zufrieden«[48], meinte der Bundestrainer nach dem Russland-Spiel.

So war es selbstverständlich, dass sich Schweinsteiger auch beim ersten Spiel des Confed Cup am 15. Juni gegen Australien in der Startaufstellung befand. Im Frankfurter Waldstadion sorgte der Mittelfeldspieler mit einigen Schüssen für Torgefahr, zog allerdings auch den Unmut der Australier auf sich. Nach einem Foul in der 57. Minute, für das Schweinsteiger die gelbe Karte kassierte, musste Tony Popovic verletzt vom Platz getragen werden. Im Anschluss an die Partie, die Deutschland mit 4:3 gewann, reichte der australische Verband eine offizielle Beschwerde gegen Schweinsteigers Verhalten ein, die allerdings keine Konsequenzen für den Bayern nach sich zog.

Beim zweiten Spiel des Turniers, dem 3:0 gegen Tunesien am 18. Juni, schoss Schweinsteiger mit dem 2:0 sein erstes Pflichtspieltor für die deutsche Nationalmannschaft, einmal mehr leistete Lukas Podolski die Vorarbeit. Nach der enttäuschenden EM im Vorjahr entwickelte sich das Duo »Poldi und Schweini« immer mehr zu den Hoffnungsträgern einer ganzen Nation. Mit Fußball einer neuen Generation, aber auch mit Witz und guter Laune außerhalb des Spielfelds eroberten die beiden 20-Jährigen die Herzen der deutschen Fans und ließen sie vom WM-Titel 2006 träumen.

Durch ein 2:2 gegen Argentinien am 21. Juni sicherte sich Deutschland den Gruppensieg und zog ins Halbfinale des Confederations Cups ein. Dort war Bastian Schweinsteiger allerdings nicht spielberechtigt, da er sich gegen die Argentinier kurz nach der Halbzeitpause die zweite gelbe Karte des Turniers abgeholt hatte. Somit musste er sich am 25. Juni die Partie gegen Brasilien, die Deutschland mit 2:3 verlor, von der Tribüne aus ansehen. Im Spiel um Platz drei, das die DFB-Elf vier Tage später gegen Mexiko austrug, kehrte Schweinsteiger ins Team zurück – und wirbelte zusammen mit Lukas Podolski durch die Abwehrreihen der Mittelamerikaner.

Auf einen Pass von Schweinsteiger erzielte Podolski in der 37. Minute das 1:0, und nachdem die Mexikaner drei Minuten später ausgeglichen hatten, war es Schweinsteiger, der nur 60 Sekunden später zur erneuten deutschen Führung traf. Eine Ecke von Schweinsteiger führte über Umwege zum 3:2 durch Robert Huth, wenig später wurde der Bayern-Spieler ausgewechselt. Deutschland kassierte fünf Minuten vor Schluss noch den Ausgleich, gewann aber letztlich durch einen verwandelten Freistoß von Michael Ballack mit 4:3 nach Verlängerung. Somit war die Generalprobe für die Heim-WM geglückt. Vor allem aber bereitete Jürgen Klinsmanns junge Mannschaft um Schweinsteiger und Podolski viel Freude und Hoffnung auf ein gutes Abschneiden beim Weltturnier.

6. Hungrig auf Titel ins WM-Jahr 2006

Im Sommer 2005 tat sich im Kader der Bayern nicht besonders viel. Torsten Frings, der erst ein Jahr zuvor von Borussia Dortmund gekommen war, zog weiter zu Werder Bremen, und mit Samuel Kuffour verließ ein Spieler den Verein, der wie Bastian Schweinsteiger das Bayern-Jugendinternat besucht hatte. Im Gegenzug schaffte Andreas Ottl, Schweinsteigers Kollege aus der Jugend, den Sprung in den Profikader. Und es kam zu einem anderen Wiedersehen: Philipp Lahm kehrte nach zwei Jahren vom VfB Stuttgart zu den Bayern zurück, wodurch er erstmals mit Schweinsteiger bei den FCB-Profis spielte.

Das Debüt des Duos musste allerdings etwas auf sich warten lassen, da beide Spieler verletzt waren: Lahm kam mit einem Kreuzbandriss aus Stuttgart zurück, und Schweinsteiger klagte zum Saisonauftakt über Achillessehnenprobleme. Dadurch verpasste er die ersten drei Bundesligaspiele, und auch beim ersten Länderspiel nach dem Confederations Cup, einem 2:2 in den Niederlanden am 17. August 2005, verzichtete Bundestrainer Jürgen Klinsmann auf Schweinsteiger. Somit kam er erst am 21. August beim Erstrundenmatch im DFB-Pokal beim MSV 1919 Neuruppin zu seinem ersten Saisonspiel.

Der Confederations Cup verhalf Bastian Schweinsteiger zu einem erheblichen Popularitätsschub, der sich auch auf seinen Marktwert in der Werbebranche auswirkte. Bereits kurz nach dem Turnier hatte er einen Vertrag mit Zewa unterschrieben und sollte als Teil der »Zewa Womanizer«, denen außer ihm noch sein Nationalmannschaftskollege Patrick Owomoyela sowie der Österreicher Andreas Ivanschitz und der Schweizer Johan Vonlanthen angehörten, für Fußballbegeisterung bei der weiblichen Zielgruppe sorgen.

Mit BiFi machte sich im Herbst eine weitere Marke Schweinsteigers Beliebtheit zunutze und zeigte ab Oktober einen Werbespot[49] mit dem Kicker, der durchaus für Aufsehen sorgte. Man sah darin einen ländlichen Fußballplatz – laut Einblendung in Schweinsteigers Heimatgemeinde Oberaudorf gelegen –, auf dem eine Reihe technisch limitierter Herren ihr Spiel zu verfeinern suchten. Kurz darauf betrat Schweinsteiger, betont lässig und mit blond gefärbtem Irokesenschnitt, die Szenerie – in der Hand selbstverständlich ein Produkt der zu bewerbenden Marke. Man spielte den Ball zu ihm, er nahm ihn mit der Brust an und schoss ihn über den Amateur-Torhüter hinweg wuchtig in den Winkel. Jubelnd drehte Schweinsteiger ab – und setzte zum Ententanz an, bei dem sofort auch die anderen Spieler mitmachten.

Und auch die große TV-Unterhaltung begann, sich für den jungen Nationalspieler zu interessieren. So waren Schweinsteiger und Lukas Podolski am 1. Oktober 2005 in der Show »Wetten dass...?« zu Gast. In T-Shirt und Jeans saßen die beiden Fußballer mit Hollywood-Stars wie Catherine Zeta-Jones und Antonio Banderas auf der Couch und plauderten entspannt mit Thomas Gottschalk über die anstehende Weltmeisterschaft. Weil Schweini und Poldi als Paten ihre Wette falsch einschätzten, mussten sie eine fußballtypische Aufgabe erfüllen: Mit einer Auswechseltafel zeigten sie Gottschalk gegen Ende der Sendung an, um wie viele Minuten er bereits überzogen hatte.

War Schweinsteiger in den vergangenen Jahren hauptsächlich im Mittelfeld zum Einsatz gekommen, so ließ ihn Bayern-Trainer Felix Magath im Oktober über mehrere Spiele als linken Außenverteidiger spielen. Auf der Position ersetzte er den an einem Muskelfaserriss leidenden Bixente Lizarazu. Am 15. Oktober foulte er im Auswärtsspiel gegen den FC Schalke 04 seinen Gegenspieler Søren Larsen im Strafraum, wodurch Schalke in der Nachspielzeit per Elfmeter zum 1:1-Ausgleich kam. Der Punktverlust sorgte dafür, dass Werder Bremen am neunten Spieltag an den Bayern, die die Tabelle seit dem zweiten Spieltag angeführt hatten, vorbeizog. Durch ein 4:0 gegen den MSV Duisburg und ein gleichzeitiges Unentschieden der Bremer eroberte München jedoch am darauffolgenden Wochenende wieder die Tabellenspitze.

Am 29. Oktober 2005 spielte Schweinsteiger erstmals nach dem Confederations Cup wieder gegen seinen Kumpel Podolski, als die Bayern beim 1. FC Köln antraten. Überraschend gingen die Rheinländer, die in der vergangenen Saison den Wiederaufstieg aus der Zweiten Liga geschafft hatten, nach einer halben Stunde in Führung, ein Freistoß von Bastian Schweinsteiger bereitete zehn Minuten nach der Pause Bayerns Ausgleich durch Lúcio vor. Als Schweinsteiger bereits durch Mehmet Scholl ersetzt worden war, köpfte Michael Ballack den 2:1-Siegtreffer für München.

In die Champions League waren die Bayern mit drei Siegen gegen Rapid Wien, den FC Brügge und Juventus Turin gestartet, wodurch sie im Rückspiel bei den Italienern am 2. November die große Chance hatten, vorzeitig das Achtelfinale zu erreichen. Jedoch verlor München mit 1:2, und Turin eroberte seinerseits die Tabellenführung in der Gruppe. Das nächste Spitzenspiel wartete nur drei Tage später, als Werder Bremen in der Allianz Arena zu Gast war.

Nach nur 40 Sekunden führten die Norddeutschen durch ein Tor von Miroslav Klose, der sich bei seinem Kopfball gegen Schweinsteiger durchsetzen konnte. Der hatte zwei Minuten später Glück, als Bremens Verteidiger Leon Andreasen ihn mit einem kapitalen Fehlpass direkt anspielte. Schweinsteiger musste nur noch abziehen und traf aus 25 Metern zum Ausgleich. Auch am Münchner Führungstor war er beteiligt, indem er in der 34. Minute Zé Roberto bediente, der den Ball auf Pizarro weiterleitete. Der ehemalige Bremer traf zum 2:1, und noch vor der Pause erhöhte Roy Makaay auf 3:1 für die Bayern. Da dies den Endstand markierte, führte der FCB die Tabelle am zwölften Spieltag mit fünf Punkten an.

Am 19. November 2005 war es endlich soweit: Philipp Lahm hatte seinen Kreuzbandriss auskuriert und wurde gegen Arminia Bielefeld in der 67. Minute für den ebenfalls wiedergenesenen Bixente Lizarazu eingewechselt. Somit kam er zu seinem ersten Bundesligaeinsatz für die Bayern. Weil aber Bastian Schweinsteiger, den Felix Magath aus der Verteidigung zurück ins Mittelfeld beorderte, einen rabenschwarzen Tag erwischt hatte und schon zur Halbzeit ausgewechselt wurde, standen er und Lahm noch immer nicht zur gleichen Zeit auf dem Platz.

Das geschah erst drei Tage später, als die Bayern in der Champions League Rapid Wien empfingen. Schweinsteiger kam zur zweiten Halbzeit für Zé Roberto in die Partie und bereitete neun Minuten später per Eckball das 2:0 durch Ali Karimi vor. In der 63. Minute wurde Philipp Lahm eingewechselt und machte das Bayern-Jugend-Duo wieder komplett. Ein kluger Pass von Schweinsteiger auf Roy Makaay sorgte zehn Minuten später für das 3:0, der Niederländer erhöhte kurz darauf noch zum 4:0-Endstand.

Durch den Sieg gegen Wien erreichten die Bayern das Achtelfinale der europäischen Königsklasse, und auch im DFB-Pokal überwinterte der FCB unter den besten 16 Teams. In der Bundesliga, wo sich die Bayern souverän die Herbstmeisterschaft sichern konnten, war ihr Vorsprung auf sechs Punkte angewachsen, erster Verfolger war mittlerweile der Hamburger SV, der Werder Bremen überholen konnte.

Das Fußballjahr 2006 hatte gerade erst begonnen, als ein mediales Ereignis die Szene in Aufruhr versetzte. Erst ein Jahr war es her, dass einer der größten Skandale der Bundesligageschichte aufgedeckt wurde: Die Schiedsrichter Robert Hoyzer und Dominik Marks hatten im Auftrag der kroatischen Brüder Šapina mehrere Spiele der Zweiten Bundesliga, der Regionalliga sowie des DFB-Pokals manipuliert, um Gewinne aus Sportwetten zu erzielen. Sowohl Hoyzer als auch der Drahtzieher Ante Šapina wurden im November 2005 zu Gefängnisstrafen verurteilt, Marks und Šapinas Brüder erhielten Bewährungsstrafen. Bundesligaspielern konnte keine Beteiligung am Wettskandal nachgewiesen werden.

Allerdings tauchte am 16. März 2006 in der Münchner Tageszeitung »tz« der Name eines prominenten Kickers auf, der in die Affäre verwickelt gewesen sein sollte: Bastian Schweinsteiger. Gegen ihn und die beiden Profis Paul Agostino und Quido Lanzaat, die beim Zweitligisten 1860 München unter Vertrag standen, ermittelte laut »tz« die Justiz, weil, wie die Zeitung aus »sicherer Quelle« erfahren haben wollte, ein »sogenannter Wettpate« die drei Fußballer »offenbar belastet«[50].

Obwohl im Artikel geschrieben stand, dass »nichts bewiesen«[51] war, titelte die »tz« mit »Wett-Skandal: Schweini & Agostino zum Polizei-Verhör«[52] – was die gesamte Führungsriege des deutschen Fußballs auf die Palme brachte. »Das ist erstunken und erlogen«, meinte etwa DFB-Präsident Theo Zwanziger. Bundestrainer Jürgen Klinsmann bezeichnete die Berichterstattung als »unverantwortlich«, und Team-Manager Oliver Bierhoff sprach gar von »Rufmord an unseren Nationalspielern«. Während Anton Winkler, Oberstaatsanwalt in München, umgehend dementierte, dass überhaupt gegen einen Fußballer wegen des Verdachts auf Wettmanipulation ermittelt wurde, sprach Uli Hoeneß auf einer eigens einberufenen Pressekonferenz von den rechtlichen Konsequenzen, die die Tageszeitung aufgrund der offenbaren Falschmeldung erwarten würde. »Wir werden eine Schadensersatzklage wegen Rufmord gegen die ›tz‹ anstrengen, wie es sie noch nicht gegeben hat im deutschen Sport«[53], kündigte der Bayern-Manager gegenüber der »Süddeutschen Zeitung« an.

Besonders pikant war, dass einer der beiden Redakteure, die für die Geschichte verantwortlich waren, einen beim FCB wohlbekannten Namen trug: Max Breitner, der 25-jährige Sohn des Ex-Bayern-Profis Paul Breitner, hatte den Artikel zusammen mit dem stellvertretenden »tz«-Chefredakteur Gerald Selch geschrieben. Allerdings vermuteten die Bayern eher den 36-jährigen Selch hinter dem Text, da dieser im Sommer 2003 als Chefreporter der »Bild«-Zeitung zur »tz« gewechselt war, um vor der anstehenden Weltmeisterschaft im eigenen Land für mediale Stimmung zu sorgen.

Bereits am 17. März 2006, also nur 24 Stunden nach den aufsehenerregenden Behauptungen, druckte die »tz« auf ihrer Titelseite einen Widerruf und eine Gegendarstellung ab. Eine Woche später folgte eine Entschuldigung an die drei Fußballer sowie die Mitteilung, dass Gerald Selch als unmittelbare Folge der Affäre die Redaktion verlassen hatte. Auch Breitner verlor seinen Job bei der »tz« und ging – Ironie des Schicksals – im April 2007 als Mitarbeiter der Abteilung Medien und Kommunikation zum FC Bayern München. Schweinsteiger, dem die Anschuldigungen selbstverständlich zusetzten, sprach wenige Monate später über die Ereignisse rund um den Vorfall. »Da kamen die Kamerateams und belästigten meine Eltern«, so der Nationalspieler. »So etwas wünsche ich keinem.«[54]

In der Bundesliga ließen die Bayern im Frühjahr 2006 nichts mehr anbrennen: An allen 17 Spieltagen der Rückrunde standen sie an der Tabellenspitze und sicherten sich am vorletzten Spieltag die Meisterschaft. Bastian Schweinsteiger steuerte in den beiden letzten Heimspielen der Saison gegen den VfB Stuttgart und Borussia Dortmund jeweils ein Tor bei und kam somit in der gesamten Spielzeit auf drei Bundesligatreffer. Allerdings traf er auch erstmals in seiner Profikarriere ins eigene Tor: Beim Auswärtsspiel gegen Werder Bremen am 8. April, das die Bayern mit 0:3 verloren, köpfte er in der 33. Minute nach Flanke des Bremer Stürmers Miroslav Klose den Ball zum 0:1 an Oliver Kahn vorbei.

In der Champions League schieden die Bayern diesmal bereits im Achtelfinale aus: Der AC Mailand wurde zum Stolperstein, wobei Schweinsteiger beim 1:1 im Heimspiel am 21. Februar 2006 auf der Bank verblieb und im zwei Wochen später stattfindenden Rückspiel, das die Bayern chancenlos mit 1:4 verloren, zumindest die Vorlage zum Ehrentreffer lieferte.

Im DFB-Pokal lieferten sich die Münchner im Viertelfinale am 24. Januar ein spannendes Duell mit dem von Jürgen Klopp trainierten FSV Mainz 05. Nach der regulären Spielzeit stand es 1:1, in der Verlängerung sorgte nach vier Minuten Paolo Guerrero nach wunderbarer Vorarbeit von Schweinsteiger für die Bayern-Führung, die die Mainzer aber nach 106 Minuten erneut ausgleichen konnten. Erst fünf Minuten vor Schluss machte Claudio Pizarro den 3:2-Sieg für sein Team klar. Im Halbfinale setzte sich der FCB ungefährdet mit 3:0 beim FC St. Pauli durch und zog zum zweiten Mal hintereinander ins Pokalfinale ein.

Dort war am 29. April 2006 die Eintracht aus Frankfurt der Gegner. Weil Felix Magath ihn nicht zum Einsatz kommen ließ, sah Bastian Schweinsteiger vom Spielfeldrand aus den 1:0-Sieg seiner Mannschaft. Wutentbrannt warf er nach dem Warmlaufen sein Ersatzspieler-Trikot hinter die Trainerbank und drückte so seinen Missmut gegen Felix Magaths Entscheidung aus, ihn nicht einzuwechseln. Nichtsdestotrotz konnte Schweinsteiger nach der dritten Meisterschaft seiner Karriere auch den dritten Pokalsieg feiern. Und wie zu erwarten, wurde er am 15. Mai in den Kader für die Weltmeisterschaft 2006 berufen und durfte somit an seinem ersten globalen Turnier teilnehmen.

7. Die Weltmeisterschaft im eigenen Land

Nachdem Deutschland bei den Europameisterschaften 2000 und 2004 bereits in der Vorrunde gescheitert war und bei der WM 2002 eher zufällig und dank der individuellen Leistungen von Oliver Kahn und Michael Ballack ins Finale vorgedrungen war, galt das DFB-Team bei der Weltmeisterschaft 2006 nun als einer der Favoriten. Einer der Gründe war das Heimrecht, das Deutschland genoss, als viel wichtiger stellte sich aber die Arbeit heraus, die die Trainer Jürgen Klinsmann und Joachim Löw geleistet hatten. Beispielsweise setzten die beiden auf eine hohe Laufleistung und Kondition ihrer Spieler, weshalb sie trotz anfänglicher Skepsis des DFB den US-amerikanischen Fitnesstrainer Mark Verstegen in ihr Betreuerteam holten.

Vor allem aber revolutionierten Klinsmann und Löw die Spielweise der deutschen Mannschaft: Frech, selbstbewusst, risikobereit und flexibel agierten die jungen Kicker – allen voran Lukas Podolski, Philipp Lahm und Bastian Schweinsteiger, die schnell als Gesichter einer neuen Ära galten. Durchmischt mit erfahrenen Spielern wie Kapitän Ballack, Torjäger Miroslav Klose sowie den Torhütern Oliver Kahn und Jens Lehmann, die sich im Vorfeld der WM einen erbitterten Zweikampf um den Platz zwischen den Pfosten lieferten, ergab sich endlich wieder ein konkurrenzfähiges deutsches Team.

Ein weiterer kluger Schachzug von Jürgen Klinsmann war es, das »Schlosshotel im Grunewald« in Berlin zum WM-Quartier der deutschen Mannschaft zu machen. Die mit 54 Zimmern verhältnismäßig kleine Unterkunft glänzte durch ihre ruhige Lage, war zugleich aber nicht weit vom Zentrum der Hauptstadt entfernt – wo das WM-Fieber mit jedem Tag anstieg.

Mitte Mai 2006 absolvierte die deutsche Elf ihr Trainingslager im Urlaubsressort »Forte Village« auf Sardinien, außerdem standen bis zum Start des Turniers am 9. Juni noch drei Testspiele an. Bastian Schweinsteiger, der einige Wochen zuvor gegen die USA sein 25. Länderspiel gemacht hatte, spielte beim 7:0 gegen Luxemburg am 27. Mai als einer der wenigen deutschen Spieler durch und stand auch drei Tage später gegen Japan von Beginn an auf dem Feld. Gegen die Asiaten war er neben Torwart Lehmann der beste Spieler auf dem Feld, leistete sich allerdings auch einen Aussetzer: In der 39. Minute grätschte er den japanischen Verteidiger Akira Kaji, gegen den er zuvor einige Zweikämpfe verloren hatte, von hinten um. Kaji musste daraufhin verletzt ausgewechselt werden. Schweinsteiger, der wenig später wegen eines neuerlichen Fouls mit einer gelben Karte verwarnt wurde, bereitete in der 75. Minute per Freistoß das 1:2 durch Klose vor und köpfte fünf Minuten später selbst zum 2:2-Endstand ein.

Auch bei der WM-Generalprobe, dem 3:0 gegen Kolumbien am 2. Juni, war Schweinsteiger der überragende Mann auf dem Platz. In der 20. Minute flankte er auf Michael Ballack, der mit dem Kopf zum 1:0 traf, und knapp vor der Halbzeit verwandelte Schweinsteiger einen Freistoß aus 25 Metern zum 2:0. Nach dem Tor sauste der Mittelfeldspieler über den ganzen Platz und fiel dem auf der Bank schmorenden Oliver Kahn um den Hals. »Tausend Mal« habe er den Schuss im Training mit Kahn geübt, verriet Schweinsteiger anschließend. »Oliver hat zu mir vor dem Spiel gesagt: Schweini, schieß doch, trau dich doch!«[55], so der 21-Jährige.

Der »Kicker« attestierte nach dem Spiel, Schweinsteiger »strotzt vor Selbstvertrauen und Spielwitz« und sei »ein Muster an Effektivität«[56]. Und auch Joachim Löw fand lobende Worte für die Leistungen, die Schweinsteiger in der Nationalmannschaft zeigte. Für Klinsmanns Assistenten sei der Bayern-Spieler »immer wichtiger«, zudem hoffte Löw, dass er bis zur WM »seine Form halten«[57] könne. Überhaupt war es kaum zu übersehen, dass Schweinsteiger bei der Nationalmannschaft aufblühte, nachdem er beim Verein erneut ein Dasein als Ersatzspieler fristete.

Als Gastgeber der Weltmeisterschaft bestritt Deutschland am 9. Juni 2006 das Eröffnungsspiel, der Gegner in der Münchner Allianz Arena war Costa Rica. Schweinsteiger, Lahm und Podolski standen in der Startformation – und es war an Lahm, das erste Tor des Turniers zu schießen. In der sechsten Minute dribbelte er sich von links in den Strafraum und erzielte das 1:0. Überraschend kamen die Mittelamerikaner nur sechs Minuten später zum Ausgleich, aber nach weiteren fünf Minuten führte Deutschland schon wieder: Bastian Schweinsteiger bediente Miroslav Klose mit einem scharf geschossenen Pass, der Stürmer musste nur noch den Fuß hinhalten.

Schweinsteiger war auch am letzten Tor des Spiels beteiligt: Drei Minuten vor dem Abpfiff legte er einen Freistoß quer auf Torsten Frings, der mit einem satten Schuss zum 4:2 traf. Allerdings konnte Schweinsteiger im zweiten Gruppenspiel gegen Polen am 14. Juni nicht an seine gute Leistung anknüpfen. Er wirkte müde und wurde in der 77. Minute gegen Tim Borowski ausgetauscht. Sein Kumpel Lukas Podolski musste bereits sieben Minuten vorher den Rasen des Dortmunder Westfalenstadions verlassen – was sich als taktisch kluge Entscheidung von Jürgen Klinsmann herausstellte. Denn Podolskis Ersatzmann Oliver Neuville erzielte nach einem Flankenlauf von David Odonkor in der Nachspielzeit den 1:0-Siegtreffer für Deutschland.

Weil das DFB-Team praktisch sicher im Achtelfinale stand, war das abschließende Gruppenspiel am 20. Juni gegen Ecuador nicht viel mehr als eine Formsache. Beim 3:0 glänzte Schweinsteiger, der zu den besten deutschen Spielern gehörte, unter anderem mit der Vorbereitung des ersten Tors. Als Gruppensieger zog die deutsche Mannschaft in die K.o.-Runde ein, wo am 24. Juni Schweden auf sie wartete. Wie zum WM-Auftakt hatten Schweinsteiger und seine Bayern-Kollegen Kahn, Lahm und Ballack ein Heimspiel, bis auf den Torwart standen alle in der Münchner Allianz Arena von Beginn an auf dem Platz. Schweinsteiger hielt sich diesmal im Hintergrund, für den 2:0-Sieg sorgte Lukas Podolski, dessen beide Treffer sein Sturmpartner Klose vorbereitete.

Im Viertelfinale traf Deutschland am 30. Juni auf Argentinien – und die 72.000 Zuschauer im Berliner Olympiastadion sollten ein hitziges Duell erleben. Deutschland spielte zwar etwas ungenau, glich dies aber durch Zweikampfstärke aus. Dennoch gelang es den Argentiniern, kurz nach der Halbzeit durch Roberto Ayala in Führung zu gehen. Eine Viertelstunde vor Schluss musste Schweinsteiger Tim Borowski weichen, und wieder bewies Jürgen Klinsmann damit ein gutes Händchen. Der Bremer war es nämlich, der nur vier Minuten nach seiner Einwechslung seinen Vereinskollegen Miroslav Klose per Kopf bediente. Klose nickte überlegt zum 1:1-Ausgleich ein, an der Seitenlinie lagen sich Schweinsteiger und Klinsmann in den Armen.

Zehn Minuten später ging die Partie in die Verlängerung, in der jedoch keine Tore mehr fielen. Also musste das Elfmeterschießen entscheiden – und in dem kam ein inzwischen berühmter Notizzettel zum Einsatz. Auf einem Stück Papier aus dem »Schlosshotel im Grunewald« hatte Torwarttrainer Andreas Köpke Informationen darüber notiert, wie welcher argentinischer Spieler üblicherweise seine Elfmeter schoss. Bevor jeder der gegnerischen Schützen zum Punkt lief, warf Jens Lehmann einen Blick auf den ominösen Zettel. Auch wenn er später zugab, dass die Notizen ihm nicht allzu viel gebracht hätten und er sich eher auf seine Intuition verlassen hatte, hielt Lehmann zwei argentinische Elfmeter und brachte Deutschland somit ins WM-Halbfinale. Der Zettel wurde später für einen guten Zweck versteigert, der Erlös lag bei einer Million Euro.

Nach der Partie gingen mehrere argentinische Spieler auf den deutschen Team-Manager Oliver Bierhoff los, woraus sich eine handgreifliche Auseinandersetzung zwischen den beiden Teams entwickelte. Der Südamerikaner Leandro Cufré kassierte für einen Fußtritt gegen Per Mertesacker noch nach Spielende die rote Karte, Bastian Schweinsteiger wurde von Maxi Rodríguez auf den Hinterkopf geschlagen, wofür dieser eine Sperre von zwei Länderspielen erhielt. Auch auf deutscher Seite griff die FIFA durch und sperrte Torsten Frings, Deutschlands besten Spieler gegen Argentinien, für das Halbfinale. Brisant dabei war, dass die Fernsehbilder, die eine Tätlichkeit von Frings nachwiesen, nicht von den Südamerikanern ins Feld geführt wurden, sondern von den Italienern – Deutschlands Gegner in der Runde der besten Vier.

Wegen der Sperre von Frings musste Klinsmann das deutsche Mittelfeld umbauen – und setzte Schweinsteiger im Halbfinale gegen Italien am 4. Juli 2006 erstmals bei der Weltmeisterschaft auf die Bank; seinen Platz auf der linken Außenbahn übernahm Tim Borowski. In der 73. Minute, als im Dortmunder Westfalenstadion noch immer kein Tor gefallen war, kam Schweinsteiger für Borowski in die Partie. Doch der Bayer, der einen schlechten Tag erwischt hatte und zu den schlechtesten deutschen Spielern zählte, konnte keine offensiven Impulse setzen. Nach 90 torlosen Minuten ging das Spiel in die Verlängerung, und auch dort blieb die zähe und hart umkämpfte Partie lange ohne Treffer.

Als sich die Zuschauer im Stadion, vor den Fernsehgeräten und an den vielen Public-Viewing-Plätzen in ganz Deutschland bereits auf ein neuerliches Elfmeterschießen eingestellt hatten, trafen die Italiener in der 119. Minute mitten ins deutsche Herz: Nach einer Ecke fand Andrea Pirlo eine Lücke zwischen Bastian Schweinsteiger und Christoph Metzelder und passte auf Fabio Grosso. Der schoss den Ball an zwei Verteidigern und Jens Lehmann vorbei ins deutsche Tor. Die DFB-Elf warf alles nach vorne, wurde aber zwei Minuten später ausgekontert. Nach einem Ballverlust von Lukas Podolski schloss Alessandro Del Piero zum 2:0-Endstand ab.

Wie viele seiner Teamkollegen kniete Bastian Schweinsteiger nach Schlusspfiff auf dem Dortmunder Rasen und weinte der einmaligen Chance nach, im eigenen Land ins Finale der Weltmeisterschaft einzuziehen. Doch das Turnier war noch nicht vorbei, am 8. Juli konnte sich Deutschland im Spiel um Platz drei versöhnlich von der WM verabschieden. Und Bastian Schweinsteiger lieferte im Stuttgarter Gottlieb-Daimler-Stadion gegen Portugal eine Galavorstellung ab.

Schweinsteiger war wieder in die Startformation gerutscht und gab das deutsche Tempo vor. Dennoch dauerte es bis zur 56. Minute, bis die deutschen Bemühungen letztlich fruchteten. Schweinsteiger dribbelte von der linken Außenbahn nach innen, ließ dabei zwei Portugiesen stehen und traf anschließend aus 25 Metern. Jubelnd lief er zu Jürgen Klinsmann, der seinen Spieler in die Arme schloss. Bevor er auf den Platz zurückkam, zog sich Schweinsteiger erst wieder die Stutzen über die Knie.

Es sollte keine fünf Minuten dauern, bis der Ball erneut im portugiesischen Netz lag. Schweinsteiger schoss einen Freistoß aus 30 Metern, den Petit zum deutschen 2:0 ablenkte. Und auch am dritten Tor des DFB-Teams war Schweinsteiger wesentlich beteiligt. In der 79. Minute kopierte er praktisch seinen ersten Treffer, zog sich das Trikot über den Kopf, wofür er die gelbe Karte kassierte, und wurde kurz darauf von Jürgen Klinsmann ausgewechselt. Die FIFA kürte Schweinsteiger anschließend zum »Player of the Match«.

Die Euphorie, die die Weltmeisterschaft in Deutschland auslöste, manifestierte sich vor allem in den Bildern von der Fanmeile in Berlin, die auf der Straße des 17. Juni, zwischen Brandenburger Tor und Siegessäule, eingerichtet wurde. Schon das Eröffnungsspiel verfolgten rund 300.000 Menschen, und als sich die deutsche Mannschaft am Tag nach dem Portugal-Spiel auf der Fanmeile zeigte, um sich von ihren Anhängern feiern zu lassen, kamen mehr als eine halbe Million begeisterte Fans.

Als die Band Sportfreunde Stiller auf der Bühne vor dem Brandenburger Tor ihre inoffizielle WM-Hymne »'54, '74, '90, 2006« – in leicht abgewandelter Form mit der Jahreszahl 2010 – anstimmte, spielte Bastian Schweinsteiger, die Augen hinter einer dicken Sonnenbrille versteckt, das Schlagzeug, während Lukas Podolski den Frontmann Peter Brugger gesanglich unterstützte. Die Mannschaft wurde als »Weltmeister der Herzen« bejubelt, und ganz Deutschland war sich einig: Da hatte sich eine goldene Generation formiert, die in naher Zukunft einen Titel holen wird.

8. Raus aus dem »Sommermärchen«, rein in die Krise

Die Euphorie nach der Heim-Weltmeisterschaft war kaum abgeebbt, da kehrte in Deutschland wieder der Bundesliga-Alltag ein. Die Bayern hatten sich in der Sommerpause mit dem Belgier Daniel Van Buyten vom Hamburger SV und dem Niederländer Mark van Bommel vom FC Barcelona verstärkt, jedoch sorgte der Transfer von Lukas Podolski, der für zehn Millionen Euro vom 1. FC Köln kam, für das weitaus größere mediale Interesse. Somit spielte Bastian Schweinsteiger fortan auch im Club mit seinem Kumpel aus der Nationalmannschaft zusammen. Dass Trainer Felix Magath einen 18-Jährigen namens Mats Hummels aus der eigenen Amateurmannschaft in den Profikader aufnahm, machte hingegen kaum Schlagzeilen.

Auf der anderen Seite ließen die Bayern gegen Magaths Empfehlung die beiden ehemaligen Leverkusener Michael Ballack und Zé Roberto ziehen. Manager Hoeneß verzichtete darauf, für viel Geld einen Ersatz für Ballack zu holen und setzte eher darauf, die entstandene Lücke mit Hilfe der vorhandenen Spieler zu schließen. Dabei dachte er wohl zunächst an Bastian Schweinsteiger – und der Plan ging zumindest beim Eröffnungsspiel der Saison 2006/2007 auf. Darin empfing der FCB am 11. August 2006 die Borussia aus Dortmund. Auch dank einer überzeugenden Vorstellung von Schweinsteiger gewann Bayern mit 2:0, wobei der diesmal im linken Mittelfeld aufgebotene WM-Held zehn Minuten nach dem Seitenwechsel das zweite Tor seines Teams erzielte.

Fünf Tage später fand in der Veltins-Arena von Gelsenkirchen Deutschlands erstes Länderspiel nach der Weltmeisterschaft statt. Die Partie gegen Schweden markierte zugleich den Beginn der Ära Löw. Jürgen Klinsmann war nämlich am 11. Juli, drei Tage nach der WM-Partie gegen Portugal, als Nationaltrainer zurückgetreten und hatte den Posten seinem bisherigen Assistenten Joachim Löw überlassen. Als Grund für seinen Rücktritt gab Klinsmann an, dass er das Gefühl hatte, nach zwei Jahren intensiver Arbeit mit der Nationalmannschaft ausgebrannt zu sein.

Beim Wiedersehen mit den Schweden, gegen die Deutschland nur zwei Wochen vorher im WM-Achtelfinale mit 2:0 gewonnen hatte, stand Schweinsteiger von Beginn an auf dem Feld. Und nach nur acht Minuten leuchtete schon wieder ein 2:0 auf der Anzeigetafel auf. Bernd Schneider, der den verletzten Michael Ballack als Kapitän vertrat, und Miroslav Klose hatten die deutsche Mannschaft in Führung geschossen, und kurz vor der Pause sorgte Klose nach einer Flanke von Bastian Schweinsteiger für das 3:0, das auch den Endstand darstellte.

Schon in der Anfangsphase der Saison machte sich bemerkbar, dass Schweinsteiger noch immer nicht in der Lage war, die Rolle von Michael Ballack zu übernehmen. Dies lag vor allem daran, dass ihn Felix Magath weiterhin in beinahe jeder Partie auf einer anderen Position spielen ließ, zum anderen legte Schweinsteiger längst nicht mehr die Unbekümmertheit an den Tag, die ihn vor und auch während der Weltmeisterschaft ausgezeichnet hatte. Häufig wirkte er nervös und gehemmt, was sich oft auch auf seine Bayern übertrug. So erreichten die Bayern am 20. August nur ein knappes 2:1 beim VfL Bochum und kamen eine Woche später beim 0:0 im eigenen Stadion gegen den 1. FC Nürnberg ins Stolpern.

Die erste Qualifikation des deutschen Nationalteams unter ihrem neuen Trainer Löw startete am 2. September 2006 im Gottlieb-Daimler-Stadion in Stuttgart. Auf dem Weg zur Europameisterschaft 2008 stellten die Iren vor allem wegen ihres Torwarts Shay Given eine schwierige Prüfung dar. Letztlich gewann die deutsche

Elf, bei der Bastian Schweinsteiger über die vollen 90 Minuten auf dem Platz stand, dank eines Treffers von Lukas Podolski mit 1:0.

Vier Tage später war San Marino der Gegner des DFB-Teams – und dem sollte Historisches gelingen. In der 12. Minute eröffnete Podolski im ausverkauften Stadio Olimpico von Serravalle das Schützenfest, Schweinsteiger erzielte in der 29. Minute das 2:0 und in der 47. Minute das 7:0. Zudem bereitete er die Treffer zum 4:0 und zum 11:0 vor. Mit dem Endstand von 13:0 erreichte die deutsche Nationalmannschaft den höchsten Auswärtssieg ihrer Geschichte.

Nach der Länderspielpause startete für die Bayern die Saison in der Champions League. Als erster Gegner präsentierte sich am 12. September 2006 der russische Vizemeister Spartak Moskau in der Allianz Arena. Dank einer ausschließlich auf Verteidigung ausgerichteten Spielweise der Moskauer fielen in der ersten Halbzeit keine Tore. Erst nach der Pause zeigte die Geduld der Bayern endlich Wirkung: In der 48. Minute erzielte Claudio Pizarro das 1:0, nur vier Zeigerumdrehungen später erhöhte Roque Santa Cruz. In der 71. Minute kam eine Flanke von Hasan Salihamidžić bei Bastian Schweinsteiger an, der den Ball an der Strafraumgrenze volley nahm und zum 3:0 vollendete. Den Schlusspunkt setzte Salihamidžić sechs Minuten vor Schluss mit dem 4:0.

Auf nahezu bedenkliche Weise setzte sich die Saison für die Bayern fort. Denn zwischen dem 16. September und dem 21. Oktober verlor der amtierende Meister und Pokalsieger seine Auswärtsspiele bei Arminia Bielefeld, dem VfL Wolfsburg und Werder Bremen und fand sich nach dem achten Spieltag nur auf Rang drei der Bundesligatabelle wieder. Als am 8. November sogar das Heimspiel gegen Hannover 96 verlorenging, war die Krise perfekt.

Zumindest in der Champions League lief alles nach Plan: Nach dem klaren Sieg gegen Spartak Moskau bezwangen die Bayern auch Inter Mailand und Sporting Lissabon, wobei die Partie gegen die Portugiesen am 18. Oktober besonders ereignisreich für Bastian Schweinsteiger verlief. Erst erzielte er in der 19. Minute das einzige und damit für die Bayern siegbringende Tor des Spiels, und dann wurde er kurz nach der Halbzeitpause zum ersten Mal in seiner Karriere des Platzes verwiesen. Schon Mitte des ersten Abschnitts hatte er wegen eines Fouls die gelbe Karte gesehen, nachdem er Sportings Stürmer Yannick Djaló umgegrätscht hatte, schickte ihn Schiedsrichter Terje Hauge vom Feld.

Nachdem er bis dahin eher selten überzeugte, machte Schweinsteiger am Ende des Jahres nochmal zwei Spiele, mit denen er seine Klasse demonstrierte: Gegen Energie Cottbus schoss er am 9. Dezember das 1:0 und bereitete per Freistoß das siegbringende 2:1 durch Daniel Van Buyten vor. Und beim 4:0-Sieg beim FSV Mainz 05 eine Woche später gelangen Schweinsteiger neben dem Tor zum Endstand noch zwei Torvorlagen. Mit drei Punkten Rückstand auf die führenden Teams von Werder Bremen und dem FC Schalke 04 beendeten die Bayern die Bundesliga-Hinrunde auf dem dritten Tabellenrang.

Den Jahresabschluss bildete jedoch das Achtelfinale im DFB-Pokal, für das die Münchner vier Tage vor Heiligabend 2006 bei Alemannia Aachen antreten mussten. Und wie schon im Jahr 2004, als Aachen die Bayern aus dem Pokal warf, machten es die Rheinländer dem großen Favoriten schwer. Zwar hatte München die größeren Spielanteile, jedoch erzielte Aachens Laurentiu Reghecampf in der elften Minute das 1:0. Kurz vor der Pause schlugen die Außenseiter noch zweimal zu und gingen mit 3:0 in die Kabine. Zwar kamen die Bayern durch Lukas Podolski und Mark van Bommel, dessen Tor von Schweinsteiger vorbereitet wurde, zum 2:3-Anschluss. Doch in der 90. Minute besiegelte Jan Schlaudraff mit dem 4:2 für Aachen die Niederlage des FCB, bei dem Schweinsteiger als ständiger Unruheherd glänzte. Zum ersten Mal nach mehr als zwei Jahren verloren die Bayern wieder eine Partie im DFB-Pokal und schieden somit aus dem Wettbewerb aus.

Während andere Kicker am Jahresende fußballrelevante Preise abräumten, wurde Bastian Schweinsteiger mit einer eher außergewöhnlichen Auszeichnung geehrt. Das Magazin »Bravo Girl« hatte nämlich seine Leserinnen aufgefordert, den »Oberkörper des Jahres« zu wählen – und Schweinsteiger gewann die Abstimmung vor den Schauspielern Paul Walker und Jesse Metcalfe.

Im anschließenden Interview mit der Zeitschrift plauderte der 22-Jährige ein wenig aus dem privaten Nähkästchen und informierte die interessierte Leserschaft unter anderem darüber, dass er zwar viel Wert darauf legt, gepflegt auszusehen, aber nicht viel Zeit vor dem Spiegel verbringt. Auf die Frage, ob er Sex oder Fußball bevorzuge, antwortete Schweinsteiger: »Es gibt einem natürlich beides ein echt gutes Gefühl. Aber ich glaube, Tore schießen ist mir wichtiger als Sex. Da fühlt man sich richtig gut danach. Dafür würde ich einfach alles tun, für Sex nicht ganz so viel.«[58]

Die Winterpause nutzte Uli Hoeneß, um ein wenig auf den Tisch zu hauen. In einem Interview mit der »Bild am Sonntag« knöpfte er sich vor allem Bastian Schweinsteiger vor. Dem Manager missfiel es, dass der Jungnationalspieler nach der Weltmeisterschaft in den Himmel gelobt wurde und seine Leistungen darunter litten. Oder, wie Hoeneß es ausdrückte: »Dem Schweini haben in den letzten sechs Monaten zu viele Leute Puderzucker in den Hintern geblasen. Den klopfe ich nun wieder heraus.«[59]

Geholfen haben Hoeneß' harsche Worte dennoch wenig: Als die Bayern am 26. Januar 2007 zum Auftakt der Rückrunde bei Borussia Dortmund mit 2:3 verloren, spielte Bastian Schweinsteiger ähnlich schlecht wie die meisten seiner Teamkollegen. Und als München vier Tage später zu Hause nicht über ein 0:0 gegen den VfL Bochum hinauskam, zog der Verein die Notbremse und entließ Trainer Felix Magath. Sein Nachfolger war nicht nur ein guter Bekannter des Clubs, sondern auch Magaths direkter Vorgänger: Ottmar Hitzfeld kehrte aus seiner Fußballpause zurück und leitete am 1. Februar erstmals wieder das Training der Bayern.

Am nächsten Tag schon reisten die Münchner nach Nürnberg, um sich mit dem 1. FC zu messen – und sollten dabei noch tiefer in die Krise rutschen. Bei der 0:3-Niederlage der Bayern zählte Schweinsteiger, der in der 80. Minute für Mehmet Scholl ausgewechselt wurde, erneut zu den schlechtesten Spielern seiner Mannschaft. Zudem holte er sich zu Beginn der zweiten Halbzeit seine fünfte gelbe Karte der Saison, wodurch er für das anschließende Spiel gegen Arminia Bielefeld gesperrt war.

Nachdem die Bayern am 17. Februar auch ihr Auswärtsspiel in der Bundesliga gegen Alemannia Aachen verloren hatten, konnten sie angesichts von zwölf Punkten Rückstand auf Tabellenführer Schalke 04 so langsam ihre Hoffnungen auf den Meistertitel zu Grabe tragen. Einzig die Champions League blieb als Strohhalm, um die deutlich hinter den FCB-Erwartungen gebliebene Saison doch noch zu retten. Als Tabellenführer hatten die Bayern das Achtelfinale erreicht, wo mit Real Madrid eine Spitzenmannschaft wartete.

Drei Jahre vorher hatte Bastian Schweinsteiger gegen die Spanier eines der besten Spiele seiner jungen Karriere gemacht, am 20. Februar 2007 in Madrid lief er seiner damaligen Form meilenweit hinterher. Als einer der schlechtesten Spieler seines Teams wurde er in der 79. Minute für Mehmet Scholl ausgewechselt, ein Treffer von Mark van Bommel kurz vor dem Abpfiff sorgte für das 2:3 aus Bayerns Sicht und für eine akzeptable Ausgangsbasis für das Rückspiel.

Da er auch am 24. Februar gegen den VfL Wolfsburg eine mäßige Leistung ablieferte, saß Bastian Schweinsteiger im nachfolgenden Spiel gegen Hertha BSC Berlin erstmals in der Saison beim

Anpfiff auf der Bank und wurde erst nach einer Stunde eingewechselt. Beim Heimspiel gegen Real Madrid am 7. März stand Schweinsteiger jedoch wieder von Beginn an auf dem Feld. Nach nur zehn gespielten Sekunden schoss Roy Makaay die Bayern in Führung, nach 67 Minuten führten sie dank Lúcio mit 2:0. Zwar erzielte Madrid sieben Minuten vor Schluss noch den Anschlusstreffer, weil es aber dabei aber blieb, zog München ins Viertelfinale der Champions League ein.

Dort mussten die Bayern gegen den AC Mailand antreten, der zunächst am 3. April ins eigene Giuseppe-Meazza-Stadion lud. Dort lagen die Bayern, bei denen Bastian Schweinsteiger einmal mehr enttäuschte, zweimal in Rückstand, erkämpften sich aber dank eines überragenden Daniel Van Buyten ein 2:2. Vier Tage später entschied Schweinsteiger mit seinem Tor zum 2:1 das Bundesliga-Auswärtsspiel gegen Hannover 96.

Mit seiner Form schien es bergauf zu gehen, dennoch sah sich Uli Hoeneß gezwungen, Schweinsteiger erneut in die Schusslinie zu nehmen. »Ich werde nie aufhören, ihn zu kritisieren. Bis er mal eine Saison spielt, wie ich mir das vorstelle«, meinte der Manager gegenüber der »Welt« und fügte hinzu: »Davon ist er nach wie vor weit entfernt.« Schweinsteiger konterte umgehend: »Ich kenne den Manager ja und weiß, wie er das meint. Ich muss es nur gut aufnehmen.« Zumindest von Ottmar Hitzfeld bekam der Kicker Rückendeckung. »Die Erwartungshaltung an ihn ist einfach zu hoch«, so der Trainer. Auch wenn seiner Meinung nach »noch einiges verbesserungswürdig« war, erkannte Hitzfeld doch: »Bastian ist ein Filigrantechniker im Mittelfeld. Er ist ein Künstler am Ball. Er braucht den Applaus.«[60]

Überraschend musste Schweinsteiger jedoch für längere Zeit darauf verzichten. Nach dem Hannover-Spiel klagte er nämlich über eine Entzündung im linken Knie, wobei Spieler und Verein zunächst davon ausgingen, dass sie aus einem Zweikampf resultierte. Doch nachdem eine Punktierung durch Vereinsarzt Hans-Wilhelm Müller-Wohlfahrt keinen Erfolg brachte, stellte Bayerns medizinische Abteilung schnell den Zusammenhang zu einem Vorfall her, der zwei Jahre zurücklag.

Im Jahr 2005 wurde Schweinsteiger nämlich von einer Zecke gebissen, und was zunächst nur vermutet wurde, bestätigte sich nach eingehenden Untersuchungen: In Schweinsteigers Knie wurden Borreliose-Erreger gefunden. Auch wenn die Krankheit sofort mit Medikamenten behandelt wurde und Schweinsteiger rund drei Wochen nach der Diagnose mit dem Muskelaufbau starten konnte, kehrte er bis zum Saisonende nicht mehr auf den Platz zurück.

Weder im Viertelfinal-Rückspiel der Champions League beim AC Mailand, das die Bayern mit 0:2 verloren und somit ausschieden, noch in den restlichen sechs Partien der Bundesliga konnte Schweinsteiger mitwirken. Mit Rang vier erreichten die Bayern das schlechteste Saisonergebnis seit elf Jahren und qualifizierte sich somit nicht für die Champions League. Deutscher Meister wurde der VfB Stuttgart mit zwei Punkten vor dem FC Schalke 04 und vier vor Werder Bremen. Schweinsteiger kam trotz der Zwangspause am Ende der Spielzeit auf 27 Bundesligapartien, acht in der Champions League und drei im DFB-Pokal. Zudem erzielte er in der Saison 2006/2007 erstmals in seiner Karriere in allen drei Wettbewerben mindestens ein Tor.

9. Das Model und der Kicker: Bastian Schweinsteigers Beziehung mit Sarah Brandner

Mit dem »Sommermärchen«, der WM 2006 im eigenen Land, war Schweinsteigers Bekanntheit in Deutschland auf einen Schlag enorm angestiegen. Nicht nur Fußballfans konnten auf einmal etwas mit seinem Namen anfangen, und überall wurde der gerade erst 22-Jährige erkannt. Der Ruhm, der damit einherging, hatte allerdings auch seine Schattenseiten: Jeder seiner Schritte stand von nun an unter öffentlicher Beobachtung, wenn er mal ein schlechteres Spiel machte, hagelte es Kritik von allen Seiten. Schweinsteiger wusste nicht, wie er damit umgehen sollte, und zog sich immer mehr zurück.

Auch seine Spielweise wurde vorsichtiger, wofür er von der Vereinsführung des FC Bayern kritisiert wurde. Das war er nicht gewohnt, denn als Eigengewächs des Clubs dachte er, immer den Rückhalt von Uli Hoeneß und Co. zu genießen, ganz gleich, was passiert. Stattdessen leisteten ihm seine Familie und seine Freundin Daniela Beistand in diesen schwierigen Zeiten – bis Daniela aus seinem Leben verschwand. Im Februar 2007, nach dreieinhalb Jahren Beziehung, verließ sie Schweinsteiger und zog aus der Villa in Grünwald aus. In Interviews ließ er durchblicken, dass er von einem neuen Partner seiner Ex-Freundin wisse. Brisanterweise handelte es sich dabei um einen alten Bekannten von Schweinsteiger: Christian Lell, mit dem er in der Jugend und bei Bayern München zusammenspielte.

Schweinsteiger war am Boden zerstört und versuchte, die Leere mit Discobesuchen zu füllen. Er achtete nicht mehr so sehr auf seine Ernährung wie zuvor. Das hatte zur Folge, dass er sich auf dem Fußballplatz schwerfälliger bewegte, mit den Gedanken nicht bei der Sache war, und dadurch zunehmend in der Kritik stand – die Spirale drehte sich immer weiter abwärts. Und dann traf er eine Frau, die neues Glück in sein Leben brachte.

Nur zwei Monate nach der Trennung von Daniela, im April 2007, begleitete Schweinsteiger einen Freund in der Innenstadt von München beim Shoppen. Ihre Einkaufstour führte sie in die Hohenzollernstraße, wo sie schließlich auch die Boutique »Apartment 20« betraten. Während sich Schweinsteigers Freund das Sortiment des Geschäfts ansah, hatte der Fußballer Zeit, das gleiche mit den anwesenden Leuten zu tun. Dabei fiel ihm eine blonde junge Frau auf, deren sämtliche Kleidungsstücke in Pink gehalten waren. Zudem trug sie Pumps, die sie auf beinahe einen Meter neunzig Größe anhoben – größer als Schweinsteiger selbst.

Vier Wochen später verbrachte Schweinsteiger seinen Urlaub auf Ibiza – und traf dort zufällig die blonde Dame aus dem »Apartment 20« wieder, die zusammen mit ein paar Freundinnen eine entspannte Zeit auf der spanischen Insel verbrachte. Der Fußballer und die hübsche Blondine kamen ins Gespräch, sie stellte sich als Sarah Brandner vor, Schülerin mit Modelambitionen. Zurück in München kamen sich Schweinsteiger und Brandner näher. Fortan trafen sie sich häufiger in derselben Boutique, in der sie sich zum ersten Mal begegnet waren. Schweinsteiger nahm dort regelmäßig in einem Sessel Platz, den er, als aus ihm und Brandner längst ein Liebespaar geworden war, gekauft hatte und in den er die Initialen »SB« einsticken ließ.

Sarah Brandner, die am 11. Dezember 1988 in München zur Welt kam, wurde bereits im Alter von 13 Jahren mehrfach von Modelscouts auf der Straße angesprochen. Die Visitenkarten, die ihr dabei in die Hand gedrückt wurden, warf sie immer weg, bis sie mit 15 doch beschloss, sich als Model zu versuchen. Sie nahm einen ersten Auftrag an – ein Fotoshooting für eine Image-Kampagne der Münchner Stadtwerke. Wenig später wurde Brandner von einer Pariser Modelagentur zu einem Casting eingeladen. Obwohl ihre Eltern wegen des schlechten Rufs der Modelszene nicht eben begeistert von der Karrierewahl ihrer Tochter waren, unterstützten sie sie und begleiteten sie zumindest anfangs zu den zahlreicher werdenden Fototerminen.

Brandner nahm Modelaufträge in Paris und New York an, lebte zeitweise in Mailand, spazierte bei Filmpremieren über den roten Teppich und wurde zu Partys eingeladen, auf denen sie auch Prominente kennenlernte. Sie unterschrieb einen Vertrag bei der Agentur Place Models, besuchte aber weiterhin das Münchner Luitpold-Gymnasium - auch als ihr Bekanntheitsgrad durch die Beziehung mit Bastian Schweinsteiger plötzlich rasant anstieg. Fortan war Brandner Dauergast bei den Spielen der Bayern und der Nationalmannschaft. Schweinsteiger wusste an ihr besonders zu schätzen, dass sie nicht mit den Frauen und Freundinnen seiner Teamkollegen in der Loge saß, sondern die Spiele von der Tribüne aus verfolgte, inmitten seiner und ihrer Freunde. Und auch wenn sie unter der Woche bis in den späten Abend hinein im Stadion saß, kam sie am nächsten Morgen pünktlich in die Schule. Schweinsteiger brachte sie in seinem Audi Q7 hin, auf dem Weg zum Trainingsgelände der Bayern.

Schon nach wenigen Monaten Beziehung war Schweinsteiger aus seinem Haus in Grünwald aus- und in Brandners Altbauwohnung im Münchner Stadtteil Schwabing eingezogen. Die Inneneinrichtung übernahm Brandner zusammen mit einem Freund. Sie wählten nicht die klassische Einrichtung aus dem Möbelhaus, sondern stilvolle Einzelstücke. Im Wohnzimmer etwa, vor dem Plasmafernseher, platzierten sie neben dem berühmten Sessel aus dem »Apartment 20« einen Couchtisch in Form eines Baumstumpfs mit Wurzeln. Statt eines Kleiderschranks hingen im Ankleidezimmer zwei Ketten, auf einer Stange dazwischen hängte das Paar seine Kleidungsstücke auf.

Weihnachten 2007 verbrachte das Paar in Paris – »der schönste Urlaub meines Lebens«[61], wie Schweinsteiger anschließend der Presse verriet. Überhaupt wurden das Model und der Kicker schnell zu Lieblingsmotiven in Zeitschriften und Hochglanzmagazinen. Interviews, Fotoshootings, allein und zu zweit – für den Boulevard entwickelten sich Sarah und Bastian so langsam zu den Beckhams von München. Den vorläufigen Höhepunkt der Berichterstattung über das neue Traumpaar des deutschen Fußballs bildete dabei die Europameisterschaft 2008 in Österreich und der Schweiz. Immer wieder schwenkten die Kameramänner bei den Partien der deutschen Nationalmannschaft auf die Tribüne und zeigten Sarah Brandner in Großaufnahme.

Ihr selbst gefiel der extreme Medienrummel um ihre Person nicht so recht. In einem Interview mit der »GQ« vor der Weltmeisterschaft 2010 meinte sie, dass ihr bei der EM »ganze Männerhorden hinterhergerannt« seien.[62] Beruflich brachte sie die mediale Aufmerksamkeit aber durchaus voran: Schon während der EM 2008 moderierte Brandner in der RTL-Sendung »Punkt 12« kleine Einspieler zum Thema Mode, nach dem Turnier nahm ihre Karriere so richtig Fahrt auf. Besonderen Wert legte sich jedoch darauf, nicht mit dem Label »Spielerfrau« versehen zu werden. Sie sei, so betonte sie in dieser Zeit häufiger, Model von Beruf und verdiene ihr eigenes Geld.

Mit der Beziehung zu Sarah Brandner stieg auch das Interesse der Medien am Menschen Bastian Schweinsteiger. Sein sichtlich veränderter Modestil, seine weißen Fußballschuhe mit der goldenen Aufschrift »Sarah«, sein Autokennzeichen mit den gemeinsame Initialen »BS« und dem Datum, an dem sich das Paar kennengelernt hatte – der Kicker wurde regelrecht als Popstar inszeniert. Selbst Zeitschriften, die eher nicht für ihren boulevardesken Ansatz bekannt waren, thematisierten zuweilen sein Liebesglück. Für sie stand allerdings vor allem im Vordergrund, wie positiv sich die Frau an seiner Seite auf Schweinsteigers Leben ausgewirkt hatte. Aus dem einst so verspielten Schweini »ist ein Mann geworden«, wie nicht nur Uli Hoeneß es ausdrückte.[63]

Im Sommer 2010 machte Sarah Brandner am Obermenzinger Gymnasium, an das sie nach der elften Klasse gewechselt war, ihr Abitur. Als Leistungskurse wählte sie dabei Wirtschaft und Mathematik. Da sie allerdings feststellen musste, dass ihr wirtschaftliche Themen eigentlich nicht so lagen, sah sie von ihrem ursprünglichem Plan ab, Betriebswirtschaftslehre zu studieren. Stattdessen schrieb sie sich für ein Studium der Soziologie und der Kunstgeschichte an der Ludwig-Maximilians-Universität München ein. Doch obwohl sie sich inhaltlich durchaus für den Lernstoff interessierte, musste sie das Studium nach kurzer Zeit wieder abbrechen – Vorlesungen und Model-Jobs ließen sich zeitlich einfach nicht mehr vereinbaren.

Im Vorfeld zur Weltmeisterschaft 2010 war Brandner in der US-amerikanischen Zeitschrift »Sports Illustrated« zu sehen, an ihrem Körper nichts als ein aufgemaltes Deutschland-Trikot. Für die Deo-Marke Axe spielte sie 2011 den Engel in einem virtuellen und interaktiven Adventskalender: Über das Internet konnten User vorschlagen, welches Geschenk Brandner bekommen sollte, und mit Vorschlägen, die beim anschließenden Voting die meisten Stimmen erhielten, entstanden kurze humoristisch-erotische Videoclips, von denen jeden Tag ein weiterer gezeigt wurde.

Damit war für Brandner der Schritt ins Fernsehen nicht weit. Am 26. April 2012 zeigte das ZDF um 20:15 Uhr den Spielfilm »Bella Australia«, in dem Sarah Brandner neben Hauptdarstellerin Andrea Sawatzki eine kleinere Rolle als Physiotherapeutin mit arroganten Anwandlungen spielte. Brandner machte die Arbeit am Set so viel Spaß, dass sie ankündigte, demnächst Schauspielunterricht nehmen zu wollen. Doch vorerst blieb auch dafür keine Zeit, denn zwischen Juli 2012 und August 2013 saß sie in der Jury der Neuauflage von »Dalli Dalli«, an der Seite von Nachrichtensprecher Jan Hofer. Kleinere Rollen als Schauspielerin nahm sie dennoch an, unter anderem war sie im Film »Kokowääh 2«, den Regisseur und Hauptdarsteller Til Schweiger am 7. Februar 2013 in die deutschen Kinos brachte, als Barkeeperin zu sehen.

Mit der Zeit waren die öffentlichen Auftritte von Schweinsteiger und Brandner seltener geworden. Jeder konzentrierte sich auf seine Arbeit, was ihn als Fußballer enorm voranbrachte und auch ihrer Karriere zuträglich war. »Genau wie andere Paare, bei denen beide ihrem Beruf nachgehen, müssen auch wir uns gut abstimmen, damit wir genügend Zeit füreinander haben«, äußerte sie sich im Juni 2012 im Interview mit dem Magazin »Gala«. Dort war auch zu lesen, wie harmonisch und unkompliziert der Umgang des Paares miteinander sei.[64] Sarah Brandner hatte Bastian Schweinsteiger verändert – und ganz offensichtlich nur zum Guten.

10. Saison 2007/2008: Die Formkurve zeigt weiter nach unten

Nachdem die Pläne von Uli Hoeneß nicht aufgegangen waren und der FC Bayern trotz seiner vielen namhaften Spieler die schlechteste Saison seit Jahren spielte, musste Verstärkung her – und für die griff der Manager tief in die Tasche: Fast 90 Millionen gab der Verein im Sommer 2007 für neue Spieler aus. Unter anderem kamen der Franzose Franck Ribéry von Olympique Marseille, der Italiener Luca Toni vom AC Florenz sowie die beiden deutschen Nationalspieler Miroslav Klose von Werder Bremen und Marcell Jansen von Borussia Mönchengladbach. Ottmar Hitzfeld, der ursprünglich nur einen Vertrag für die Saison 2006/2007 hatte, hängte noch ein Jahr dran.

Bastian Schweinsteiger, der im Sommer erstmals nach drei Jahren kein Turnier mit der Nationalmannschaft bestritt, konnte sich, nachdem seine Knieprobleme ausgestanden waren, ganz auf die Saisonvorbereitung konzentrieren. Zwar musste er im Trainingslager in Donaueschingen wegen einer Muskelverhärtung im Oberschenkel kurz pausieren, aber zum Auftakt der Spielzeit meldete er sich fit. Allerdings hatte er sich durch seine durchwachsenen Leistungen in der vergangenen Saison viel Kredit verspielt. Zudem sah er sich einer starken Konkurrenz ausgesetzt – vor allem in Person von Franck Ribéry. Der Franzose, der 2006 mit seinem Nationalteam das WM-Finale erreicht hatte, spielte auf der linken Außenbahn, wo auch Schweinsteiger in der letzten Zeit am häufigsten auflief. Owen Hargreaves, mit dem Schweinsteiger seit der gemeinsamen Zeit in Bayerns Jugendhaus eine

Freundschaft verband, verließ hingegen den Verein und wechselte zu Manchester United.

Um sich für den Konkurrenzkampf zusätzliche Motivation zu holen, schloss Bastian Schweinsteiger mit seiner Freundin Sarah und ein paar Freunden eine Wette ab: Sollte er in den ersten beiden Saisonspielen kein Tor erzielen, so musste er sich die Fingernägel schwarz lackieren lassen. Als es am 11. August 2007 gegen Hansa Rostock und eine Woche später bei Werder Bremen nicht mit dem Treffer klappte, zeigte sich Schweinsteiger tatsächlich mit Nagellack in der Öffentlichkeit.

Viel wichtiger war allerdings: Ottmar Hitzfeld setzte auf ihn und berief ihn zumindest zu Beginn der Saison regelmäßig in die Startformation – und das, obwohl Ribéry im linken Mittelfeld gesetzt war. Jedoch ging Schweinsteigers Wanderschaft durch die Bayern-Mannschaftsaufstellung weiter: Zwar nahm er häufig wieder die Position auf der rechten Außenbahn ein, aber Wechsel ins zentrale Mittelfeld oder in den Sturm waren keine Seltenheit. Doch schon bald drohte Schweinsteiger, erneut in die zweite Reihe zurückzufallen. Nachdem er im Auswärtsspiel gegen den Hamburger SV am 2. September 2007 eine Stunde lang eine mäßige Leistung ablieferte, ließ er seinen Frust mit einem brutalen Tritt an Jérôme Boateng aus. Auch wenn er Glück hatte, dass er nach dem Foul nur eine gelbe Karte sah, war das Spiel für ihn kurz darauf beendet: Ottmar Hitzfeld holte ihn im Tausch gegen Lukas Podolski vom Platz.

Bevor Schweinsteiger am 8. September 2007 mit der Nationalmannschaft beim EM-Qualifikationsspiel in Wales antrat, wollte er sich einmal mehr eine neue Frisur verpassen lassen. Da sein Stammbarbier geschlossen hatte, besuchte der Bayern-Spieler einen anderen – und der färbte Schweinsteigers Haarpracht kurzerhand silbern. »Ich wollte einfach mal was Neues machen«, verriet er anschließend der »Bild«-Zeitung, musste aber zugeben, dass er sich an die neue Farbgebung erst noch gewöhnen musste. »Im ersten Moment beim Blick in den Spiegel habe ich auch gedacht: Das sieht vielleicht ein bisschen krass aus. Aber beim zweiten Blick hat man sich daran gewöhnt«[65], so der damals 23-Jährige.

So gut Schweinsteiger sich im DFB-Dress gegen Wales präsentierte, so sehr lief er seiner Form bei den Bayern hinterher. Sowohl im Bundesligaspiel gegen den FC Schalke 04 am 15. September 2007 als auch bei seiner Premierenpartie im UEFA-Cup gegen Belenenses Lissabon, welche die Bayern am 20. September mit 1:0 gewannen, rief Schweinsteigers Spielweise bei seinem Trainer nicht gerade Begeisterung hervor, und er wurde jeweils frühzeitig vom Platz genommen. Die Konsequenz folgte auf den Fuß: In der Auswärtspartie gegen den Karlsruher SC am 23. September fand er sich in der Rolle des Ersatzmanns wieder und kam erst in den letzten 13 Minuten des Spiels zum Einsatz. Anschließend gab es noch dazu kritische Worte von Bayern-Manager Uli Hoeneß: »Auf der Bank kann er sich anschauen, wie es ist, wenn die anderen spielen. Und wenn man viel daraus lernt, wird es auch wieder besser.«[66]

Und das Jahr 2007 hatte noch einige andere unliebsame Überraschungen für Schweinsteiger parat. Am 13. Oktober spielte er mit der Nationalelf im Croke Park von Dublin gegen Irland. Deutschland fehlte nur noch ein Punkt, um sich für die Europameisterschaft im kommenden Jahr zu qualifizieren, hatte sich aber einer sehr aggressiv spielenden irischen Mannschaft zu erwehren. Das bekam Schweinsteiger als erster zu spüren: In der 13. Minute traf ihn Kevin Kilbane in einem Kopfballduell so hart, dass der Deutsche eine Platzwunde erlitt und ausgewechselt werden musste. In der Kabine musste die Verletzung mit sieben Stichen genäht werden. Als der Abpfiff ertönte und Deutschland dank eines 0:0 die Qualifikation geschafft hatte, saß Schweinsteiger aber schon wieder lachend und mit Pflaster auf der Stirn auf der Bank.

Drei Tage später, als Deutschland in der Münchner Allianz Arena mit 0:3 gegen Tschechien unterging, stand Schweinsteiger wieder auf dem Platz, wurde aber als einer der schlechtesten Spieler seines Teams nach 65 Minuten ausgewechselt. Zumindest hatte er am 20. Oktober 2007 einen Grund, sich über ein persönliches Erfolgserlebnis zu freuen: Im Auswärtsspiel gegen den VfL Bochum, in das ihn Ottmar Hitzfeld erst ab der 72. Minute eingreifen ließ, erzielte er nach wenigen Minuten das 2:1-Siegtor für sein Team. Dank seines ersten Treffers der Saison konnte Schweinsteiger auch endlich den inzwischen abblätternden Nagellack entfernen.

Am Vormittag des 14. November 2007 präsentierten Schweinsteiger und seine Nationalmannschaftskollegen in Hannover ihre Trikots für die EURO 08. Doch statt zu bleiben und sich auf das drei Tage später stattfindende Spiel gegen Zypern vorzubereiten, musste Schweinsteiger schon am Nachmittag wieder nach München fliegen. Erneut war sein linkes Knie geschwollen, bei der Untersuchung wurde eine Reizung von Schleimbeutel und Kapsel festgestellt. Schweinsteiger verpasste zwei Bundesligaspiele und musste auch im DFB-Pokal und im UEFA-Cup einmal pausieren. Pünktlich zum Jahresabschluss kehrte er jedoch wieder auf den Platz zurück und spielte sowohl beim 0:0 bei Hertha BSC Berlin am 15. Dezember als auch beim 6:0 gegen Aris Saloniki vier Tage später über die volle Zeit.

Kurz vor Jahresabschluss sorgte ein Interview von Lukas Podolski mit der »Süddeutschen Zeitung« für Aufsehen bei den Anhängern der deutschen Nationalmannschaft. Der Stürmer, der auch nach eineinhalb Jahren bei den Bayern nicht über die Rolle als Ersatzspieler hinausgekommen war, sprach darin sein Verhältnis zu Bastian Schweinsteiger an. »Ich will Fußball spielen, und deshalb muss auch dieses Poldi-Schweini-Poldi-Schweini-hin-und-her endlich ein Ende haben«, so Podolski. Den Grund für seine Unzufriedenheit lieferte er gleich nach: »Wenn wir zusammen auf dem Platz stehen und einer schlecht spielt, heißt es: Poldi und

Schweini sind gescheitert. Das kann's nicht sein. Mein Weg ist doch nicht sein Weg.«[67]

Und dann versetzte Podolski dem seit der Weltmeisterschaft etablierten Duo Poldi/Schweini endgültig den Todesstoß. »Die Ehe mit Schweini, wenn man sie so nennen will, die hat es doch nie gegeben«, meinte der Spieler. Die beiden Gesichter der neuen deutschen Fußballer-Generation hatten sich keineswegs auseinandergelebt – sie waren einfach grundverschiedene Typen. »Wir waren doch nie zusammen aus, sind nie zusammen um die Häuser gezogen«[68], so Podolski, der wenige Monate später zum ersten Mal Vater wurde. Während er sich als Familienmensch sah, war Schweinsteiger gerade mitten in die Münchner Innenstadt gezogen und ließ sich regelmäßig in den angesagten Cafés am Gärtnerplatz blicken. Klar, dass die beiden Teamkollegen außerhalb des Platzes nicht viel verband.

»Es ist immer noch früh in der Rückrunde, und Bastian Schweinsteiger braucht erfahrungsgemäß immer ein paar Spiele mehr als andere Spieler, um seinen Schwung zu finden«[69] – das waren die Worte von Ottmar Hitzfeld, als er nach dem Bayern-Heimspiel gegen Werder Bremen am 10. Februar 2008 zur Leistung seines Mittelfeldspielers befragt wurde. Schweinsteiger, der eine Woche zuvor beim Rückrundenauftakt bei Hansa Rostock wegen einer Gelbsperre nicht mitwirkte, stand gegen Bremen von Beginn an auf dem Platz. Einmal mehr rief er nicht sein Potential ab, und als er nach rund einer Stunde einem steil gespielten Pass nicht hinterherlief, bestrafte ihn das Münchner Publikum mit gellenden Pfiffen. Auch wenige Minuten später, als er für Toni Kroos aus der Partie genommen wurde, äußerten die Zuschauer ihren Unmut gegenüber dem Bayern-Profi, von dem sie seit der WM so viel mehr erwarteten.

Schweinsteiger befand sich in einer Zwickmühle: Auf der linken Mittelfeldseite war Franck Ribéry gesetzt, für die rechte war er nach Einschätzungen von Experten nicht schnell genug, und auf den zentralen Positionen lieferten sich bereits Mark van Bommel, Toni Kroos, der vor der Saison für neun Millionen Euro eingekaufte Argentinier José Ernesto Sosa sowie der inzwischen zurückgekehrte Zé Roberto einen Konkurrenzkampf. Dazu kam, dass Schweinsteigers Vertrag im Sommer 2009 auslief und die Bayern noch nicht wegen einer Verlängerung an ihn herangetreten waren. Stattdessen buhlte Werder Bremens Manager Klaus Allofs offen um Schweinsteiger, und auch der FC Sevilla bekundete sein Interesse an ihm.

Trotz allem stand Schweinsteiger sowohl in der UEFA-Cup-Zwischenrunde beim FC Aberdeen am 14. Februar 2008 als auch drei Tage später bei Hannover 96 über 90 Minuten auf dem Platz. Gegen die Niedersachsen zeigte er nach längerer Zeit auch wieder eine ansprechende Leistung, bereitete beim 3:0 zwei Tore vor – und durfte sich anschließend über warme Worte von Uli Hoeneß freuen. »Weil er zuletzt so heftig kritisiert wurde, möchte ich Schweinsteiger besonders loben«[70], meinte der Manager gegenüber dem »Kicker«.

Mit dem Sieg gegen die Hannoveraner hielten die Bayern, die seit dem ersten Spieltag ununterbrochen an der Spitze der Bundesligatabelle standen, Werder Bremen mit drei Punkten auf Distanz. Doch kurz darauf nutzte München eine Schwächephase der Norddeutschen aus und zog nach dem 23. Spieltag auf sieben Punkte davon. Zudem besiegte der FCB am 27. Februar 2008 den Lokalrivalen 1860 München im DFB-Pokal-Viertelfinale mit 1:0 nach Verlängerung und erreichte so die Runde der letzten Vier. Schweinsteiger musste sich das Münchner Derby von der Tribüne aus ansehen, da er über Wadenprobleme klagte.

Als er nach einer neuerlichen schlechten Leistung beim 0:2 bei Energie Cottbus am 15. März 2008 zur Halbzeit ausgewechselt wurde, fühlte sich der ehemalige Bayern-Spieler Stefan Effenberg dazu berufen, sich über Schweinsteiger zu äußern. »Er ist in seiner Entwicklung nicht nur stehengeblieben, nein, er hat sich sogar zurückentwickelt«, meinte »Effe« gegenüber der »Bild am Sonntag«. Als Lösungsvorschlag legte er Schweinsteiger nahe, die Bayern zu verlassen. »Ich glaube, dass für ihn ein Wechsel im Sommer das Beste wäre. Sonst läuft er Gefahr, sich alles kaputtzumachen«[71], so der frühere Spitzenspieler.

Die Kritik ließ Schweinsteiger nicht auf sich sitzen – und schlug zurück. »Ich habe großen Respekt vor dem Spieler Stefan Effenberg, aber nicht vor dem Typen. Er hat jahrelang für den FC Bayern gespielt, wenn man das Herz am rechten Fleck hat, macht man so etwas nicht«[72], sagte der 23-Jährige. Dennoch: Der Gegenwind blies Schweinsteiger um die Ohren, Effenberg war bei Weitem nicht der einzige Kritiker des jungen Bayern. Auch Ottmar Hitzfeld ließ ihn spüren, dass er mit seinen Leistungen nicht zufrieden war, und setzte Schweinsteiger im Halbfinale des DFB-Pokals am 19. März 2008, das die Bayern mit 2:0 gegen den VfL Wolfsburg gewannen, auf die Bank.

Am 3. April spielte der FCB zu Hause das Viertelfinal-Hinspiel im UEFA-Cup gegen den FC Getafe. Schweinsteiger stand nach zwei Kurzeinsätzen in der Bundesliga wieder in der Anfangsformation und machte ein gutes Match. In der 26. Minute konnte Óscar Ustari, der Torhüter der Spanier, einen Schuss von Schweinsteiger nur mit Mühe abwehren. Den anschließenden Eckball trat der Bayern-Spieler selbst und bereitete damit das 1:0 durch Luca Toni vor. Sekunden vor dem Schlusspfiff kassierten die Münchner jedoch noch den Ausgleich und brachten sich so um den verdienten Sieg.

Eine Woche nach dem Hin- stand das Rückspiel gegen Getafe an, in dem der schwache Schweinsteiger nach 64 Minuten ausgewechselt wurde; da lagen die Bayern mit 0:1 zurück. Es entwickelte sich ein außerordentlich spannendes Spiel: Kurz vor dem Abpfiff sorgte Franck Ribéry mit seinem Ausgleichstor für die Verlängerung, in der die Spanier binnen vier Minuten mit 3:1 davonzogen. Doch die Bayern bewiesen Moral und glichen durch zwei Tore von Luca Toni noch aus. Dank der Auswärtstorregel zog München somit ins UEFA-Cup-Halbfinale ein.

Am 19. April 2008 hatte Bayern die Chance, sich den ersten Titel des Jahres zu holen: Im DFB-Pokalfinale trafen sie auf Borussia Dortmund. In der 86. Minute, als seine Mannschaft mit 1:0 führte, holte Ottmar Hitzfeld mit Bastian Schweinsteiger seinen schlechtesten Spieler vom Platz, wenige Minuten später rettete sich der BVB durch ein Tor von Mladen Petrić in die Verlängerung. Dort war es einmal mehr Luca Toni, der in der 103. Minute den Siegtreffer für München erzielte – und den Bayern den DFB-Pokal sicherte. Es war bereits das vierte Mal, dass Schweinsteiger diese Trophäe in die Luft stemmen durfte.

Fünf Tage später empfingen die Bayern Zenit St. Petersburg zum Hinspiel im UEFA-Cup-Semifinale. Obwohl er einige gute Tormöglichkeiten hatte, blieb Schweinsteiger ohne Erfolgserlebnis und ging nach gut einer Stunde vom Feld. Da stand es bereits 1:1, wobei es auch blieb. Im Rückspiel in Russland eine Woche später gingen die Bayern jedoch mit 0:4 unter und schieden aus. Lange hielt die Trauer über den vergebenen Finaleinzug im ohnehin ungeliebten Wettbewerb nicht an. Denn durch ein 0:0 beim VfL Wolfsburg am 4. Mai 2008 holten die Bayern drei Spieltage vor Schluss die Deutsche Meisterschaft. Auch diesen Titel gewann Schweinsteiger bereits zum vierten Mal – und das mit gerade einmal 23 Jahren.

Am 19. Mai 2008 reiste Joachim Löw mit seinen Nationalspielern, unter ihnen Bastian Schweinsteiger, nach Mallorca, um dort ein Vorbereitungstrainingslager für die Europameisterschaft abzuhalten, die am 8. Juni in Österreich und der Schweiz begann. Auf dem Programm standen auch zwei Testspiele. Das erste, das am 27. Mai im Fritz-Walter-Stadion von Kaiserslautern gegen Weißrussland stattfand, war Bastian Schweinsteigers 50. Partie als

A-Nationalspieler. Und in dem musste er erst einmal einstecken: Der Weißrusse Anton Putsilo grätscht den Deutschen nach einer Viertelstunde übel um und konnte sich glücklich schätzen, dass er dafür nur eine gelbe Karte sah. Schweinsteiger spielte mit Schmerzen und anschwellendem Knöchel weiter und räumte zur Pause das Feld.

Beim anschließenden Medizin-Check stellte sich glücklicherweise heraus, dass Schweinsteiger sich nicht ernsthaft verletzt hatte, weshalb er auch das zweite Testspiel am 31. Mai in Gelsenkirchen gegen Serbien mitmachen konnte. Dafür war das Team aus Ascona in der Schweiz angereist, wo es bereits am Tag zuvor im Hotel »Giardino Relais & Chateaux« sein EM-Quartier bezogen hatte. Zum Start in das kontinentale Turnier spielte Deutschland am 8. Juni 2008 in Klagenfurt gegen Polen – und Jogi Löw entschied sich dafür, auf Bastian Schweinsteiger in der Startformation zu verzichten. Der habe »noch nicht seine allerbeste Form erreicht«[73], begründete Löw seine Maßnahme. Und ausgerechnet Lukas Podolski, der Schweinsteigers Position im linken Mittelfeld übernommen hatte, schoss die beiden Tore zum deutschen 2:0-Sieg.

Dadurch hatte der Bundestrainer keinen Grund, seine Aufstellung für das nächste Gruppenspiel zu ändern. Am 12. Juni war Kroatien der Gegner, erneut war die Klagenfurter Hypo-Group-Arena der Schauplatz. Die deutsche Mannschaft präsentierte sich in schlechter Verfassung und fand keine Mittel, die Angriffe der Kroaten zu unterbinden. Folgerichtig traf Darijo Srna nach 24 Minuten zum 1:0 für die Osteuropäer, was auch den Halbzeitstand markierte. Auch als Kroatiens Stürmer Ivica Olić nach gut einer Stunde das 2:0 machte, war kaum Gegenwehr seitens der DFB-Elf zu erkennen.

Drei Minuten nach dem zweiten kroatischen Tor kam Bastian Schweinsteiger in die Partie, weitere sechs Minuten später hatte er den Anschlusstreffer auf dem Fuß. Den schoss Lukas Podolski nach einem Fehler des Gegners in der 79. Minute. Zu mehr reichte es für die deutsche Mannschaft allerdings nicht mehr. Stattdessen sorgte Schweinsteiger für einen negativen Abschluss des Spiels: Als ihn Kroatiens Jerko Leko in der Nachspielzeit foulte, versetzte der Deutsche seinem Gegenspieler einen Stoß und kassierte wegen der Unsportlichkeit eine rote Karte. Weil er sich zudem beim Gang in die Kabine an die Stirn tippte, stand zu befürchten, dass ihn die UEFA empfindlich bestrafen würde, letztlich musste er jedoch lediglich im nächsten Spiel pausieren.

Das fand am 16. Juni 2008 im Wiener Ernst-Happel-Stadion gegen Österreich statt. Während Schweinsteiger auf der Tribüne neben Bundeskanzlerin Angela Merkel mitfieberte, gewann Deutschland nach einem Tor von Michael Ballack mit 1:0 und zog somit ins Viertelfinale ein. Dort warteten drei Tage später die Portugiesen – gegen die Schweinsteiger bei der WM 2006 sein bis dahin bestes Länderspiel gemacht hatte. Wohl auch deshalb beschloss Jogi Löw, den 23-Jährigen gegen die Südeuropäer von Beginn an spielen zu lassen. Und der Bundestrainer lag goldrichtig mit seiner Entscheidung.

Im St.-Jakob-Park von Basel brauchten die beiden Teams etwa 20 Minuten, um in die Partie zu finden. Dann vergaben erst die Portugiesen eine Großchance zum ersten Treffer, der dann aber auf der anderen Seite fiel. Per Doppelpass mit Michael Ballack spielte sich Lukas Podolski auf der linken Außenbahn frei und passte nach innen, wo Schweinsteiger in den Ball rutschte und das 1:0 erzielte. Nur wenig später bekam Deutschland einen Freistoß zugesprochen, den Schweinsteiger auf den Kopf von Miroslav Klose servierte – das DFB-Team führte 2:0. Anschließend machten die Portugiesen Druck, aber vor allem durch Konter über Schweinsteiger konnte sich die deutsche Mannschaft immer wieder Befreiung verschaffen.

Nachdem Portugal fünf Minuten vor dem Halbzeitpfiff der Anschlusstreffer durch Nuno Gomes gelang, schoss Schweinsteiger nach einer Stunde erneut einen Freistoß in Richtung des portugiesischen Tors. Diesmal hielt Michael Ballack seinen Kopf hin und erzielte das 3:1. Doch wieder verkürzten die Südeuropäer den Abstand, als Helder Postiga in der 87. Minute zum 2:3 traf. In einer äußerst spannenden Schlussphase konnte sich Deutschland der portugiesischen Angriffe erwehren und den Vorsprung verteidigen. Wie schon zwei Jahre zuvor wurde Schweinsteiger, dem der »Kicker« die Note 1 und die Beurteilung «effizient und engagiert«[74] gab, auch offiziell zum »Man of the Match« ernannt. Nach dem Spiel sagte er: »Ich wusste, dass ich gegen Kroatien einen Fehler gemacht habe. Ich wollte der Mannschaft so gut wie möglich helfen.«[75]

Nach dem Portugal-Spiel gab Jogi Löw seinen Jungs erst einmal zwei Tage frei, um sie auf andere Gedanken zu bringen. Die Zeit nutzten sie, um sich bei Wasserball, Tischtennis und Motorboot-Touren auf dem Lago Maggiore zu entspannen. Erst am 22. Juni 2008, drei Tage vor der Partie gegen die Türkei, absolvierte das Team die nächste Trainingseinheit. Löw setzte im Halbfinale auf die Aufstellung wie gegen Portugal – also auch auf Schweinsteiger.

Deutschland fand jedoch nur schleppend in die Begegnung, die erneut im Basler St.-Jakob-Park stattfand. Die Türken standen hinten sicher und erspielten sich schon in der Anfangszeit gute Chancen. Eine davon nutzte Uğur Boral in der 22. Minute zum türkischen Führungstreffer. Beinahe im Gegenzug kam Deutschland erstmals gefährlich vor des Gegners Tor – und erzielte prompt den Ausgleich. Nach einem flachen Pass von Lukas Podolski von links in den Strafraum vollendete Bastian Schweinsteiger mit dem Außenrist zum 1:1. Mit diesem Ergebnis ging das Spiel trotz drückender Überlegenheit der Türkei in die Pause.

Erst elf Minuten vor dem Schlusspfiff nahm die Partie wieder Fahrt auf. Zunächst ging Deutschland durch ein Kopfballtor von Miroslav Klose in Führung, sieben Minuten später glichen die

Türken durch Semih Şentürk wieder aus. In der Schlussminute verließ Philipp Lahm seine Position in der Abwehr, dribbelte nach vorne, spielte sich per Doppelpass mit Thomas Hitzlsperger im Strafraum frei und erzielte das 3:2. Dabei blieb es auch – das DFB-Team stand im EM-Finale.

Während seine Freundin Sarah den deutschen Medien zunehmend den Kopf verdrehte, hatte sich Schweinsteiger von Spiel zu Spiel gesteigert. Am 29. Juni 2008 konnte er seine DFB-Karriere mit einem vorläufigen Höhepunkt versehen, als Deutschland im Wiener Ernst-Happel-Stadion auf Spanien traf. Doch recht schnell stellte sich heraus, dass Jogis Jungs den Iberern nicht gewachsen waren. Nach einer guten halben Stunde ging Spanien durch Fernando Torres in Führung, Deutschland hatte im gesamten Spiel nur zwei Torchancen, die ungenutzt blieben. Weil der Gegner ebenfalls bei keiner seiner zahlreichen Möglichkeiten zuschlug, blieb es beim spanischen 1:0.

Nach dem Schlusspfiff lag Bastian Schweinsteiger lange auf dem Rasen und starrte in den Himmel über Wien. Nach einer Weile kam Jogi Löw zu ihm und tröstete seinen leidgeprüften Spieler. Schweinsteiger erhob sich, trottete über das Feld, gesellte sich aber nicht zu seinen Teamkollegen, die inzwischen vor der deutschen Fankurve Aufstellung genommen hatten. Er wollte allein sein, den Schmerz über die neuerlich vergebene Titelchance auf sich wirken lassen. Auch als die Spanier ihren EM-Pokal in Empfang nahmen, saß Schweinsteiger abseits und mit dem Rücken zur Bühne. Erst tags darauf, beim Empfang der deutschen Mannschaft am Brandenburger Tor in Berlin, hatte Schweinsteiger sein Lachen wiedergefunden. Den zahlreich erschienenen Fans versprach er: »Wir werden alles geben und versuchen, so schnell wie möglich hier mit einem Pokal aufzukreuzen.«[76]

11. Das Experiment Klinsmann

Nachdem sich Ottmar Hitzfeld am Ende der Saison 2007/2008 vom Vereinsfußball verabschiedet hatte und fortan die Schweizer Nationalmannschaft betreute, stand in München ab Sommer 2008 ein Neuer an der Seitenlinie. Der war allerdings einigen Bayern-Spieler bereits gut bekannt. Es handelte sich um Jürgen Klinsmann, der nach seiner Zeit als deutscher Bundestrainer erstmals einen Club trainierte. Und wie beim DFB begann der ehemalige Weltklassestürmer auch bei den Bayern sofort damit, bestehende Strukturen aufzubrechen.

Nicht nur brachte Klinsmann den Bau eines neuen Leistungszentrums auf den Weg, das er mit modernster Technik ausstatten ließ. Er stellte sich auch ein Kompetenzteam aus nicht weniger als zehn Assistenten, Analytikern, Fitnesstrainern und Psychologen zusammen. Für Aufsehen sorgte auch Klinsmanns Motto:»Wir wollen jeden Einzelnen jeden Tag ein Stück weiterbringen, auf und außerhalb des Platzes.«[77] Gemeint waren selbstverständlich die Spieler, die sich am 3. Juli 2008 zur ersten Trainingseinheit der Saison einfanden – allerdings war das Team alles andere als vollständig. Bastian Schweinsteiger, Philipp Lahm, Lukas Podolski, Miroslav Klose und Neuzugang Tim Borowski durften nach der Europameisterschaft noch länger Urlaub machen.

In seiner freien Zeit hatte Bastian Schweinsteiger Gelegenheit, sich um eine Baustelle in seinem Leben zu kümmern. Seit dem Beginn seiner Profikarriere stand er bei verschiedenen Beratern unter Vertrag, von denen er sich teilweise nach wenigen Monaten wieder trennte. Kurz vor der Europameisterschaft 2008 hatte er die Zusammenarbeit mit der Züricher Firma 4sports gekündigt und unterschrieb im August einen Vertrag mit der Münchner

Agentur »Avantgarde«. Deren Gründer und Geschäftsführer Robert Schneider war fortan als Schweinsteigers Berater tätig.

Damit war das Thema zumindest für die Gegenwart geklärt. Allerdings musste sich Schweinsteiger noch um Altlasten kümmern. Einer seiner ehemaligen Berater, der Anwalt Gerrit Hartung aus Mönchengladbach, hatte ihn nämlich während der EM 2008 verklagt. Die Zusammenarbeit zwischen Schweinsteiger und Hartung datierte zurück auf Ende 2005, der Kontakt kam durch Schweinsteigers Bruder Tobias zustande, der bereits vom Anwalt beraten wurde. Am 7. November trafen sich Schweinsteiger und Hartung in einem Café in München – und davon, was die beiden dort vereinbarten, gibt es zwei Versionen.

Laut Hartung schlossen er und Schweinsteiger per Handschlag eine »umfassende Beratungs- und exklusive Vermarktungsvereinbarung«[78] bis Ende 2010. Dabei wurde neben Hartungs Honorar eine Provision in Höhe von 20 Prozent an Schweinsteigers Einnahmen ausgemacht. Und darum ging es in der Klage, die Hartung im Sommer 2008 anstrengte. Der Anwalt behauptete, dass Schweinsteiger ihm ein Honorar in Höhe von 28.000 Euro schuldig war. Außerdem forderte er vom Bayern-Spieler Schadensersatz für entgangene Provisionen in Höhe von 833.000 Euro. Jedoch – und da kam Schweinsteigers Version der Ereignisse vom 7. November 2005 ins Spiel: Es kam nie einen Beratervertrag zustande.

Laut Schweinsteiger wandte er sich lediglich an den Anwalt, um diesen darum zu bitten, das Arbeitsverhältnis mit seinem damaligen Berater Roland Grahammer zu beenden. Hartung nahm den Auftrag an und unterbreitete Schweinsteiger gleichzeitig das Angebot, seinerseits als sein Berater tätig zu werden. Nach einer Bedenkzeit lehnte der Profi jedoch ab. Der Gerichtsprozess zog sich bis zum Dezember 2009, dann wurde Hartungs Klage gegen Schweinsteiger abgewiesen.

Was seine sportliche Entwicklung anging, hatte sich Schweinsteiger nach den vergangenen beiden Spielzeiten nichts vorzuwerfen, wie er Anfang August 2008 in einem Interview mit der »Süddeutschen Zeitung« mitteilte. »Ich kenne die Mechanismen, wie schnell man hochgejubelt und dann wieder extrem fallengelassen wird. Manchmal reicht dafür ein Spiel«[79], sagte der Bayern-Spieler. Und das eine Spiel, das für ihn den Aufschwung brachte, war die Auftaktpartie in die Bundesligasaison, die die Bayern am 15. August 2008 gegen den Hamburger SV bestritten. Darin erzielte Schweinsteiger das 1:0, holte den Elfmeter zum 2:0 heraus und lieferte eine insgesamt gute Leistung ab. Dennoch kassierte München noch zwei Tore und musste auf zwei sicher geglaubte Punkte verzichten.

Fünf Tage später rief Bundestrainer Joachim Löw sein Team zum ersten Spiel nach der Europameisterschaft zusammen – und es sollte ein besonderes für Bastian Schweinsteiger werden. Michael Ballack, der Kapitän der Nationalmannschaft, fehlte gegen Belgien in Nürnberg verletzt, als Ersatzmann bestimmte Löw Miroslav Klose. Der wurde zur Halbzeitpause ausgewechselt, für ihn übernahm Schweinsteiger erstmals in seiner DFB-Karriere die Kapitänsbinde. Als Deutschland nach einer Stunde einen Elfmeter zugesprochen bekam, war es an Schweinsteiger, ihn zum 1:0 zu verwandeln.

Auch bei den Bayern setzte sich der Höhenflug des 24-Jährigen fort. Beim 1:1 bei Borussia Dortmund am 23. August 2008 machte er ein ebenso gutes Spiel wie gegen Hertha BSC Berlin eine Woche später. Gegen die Hauptstädter bereitete Schweinsteiger in der zwölften Minute das 1:0 durch Luca Toni vor und verwandelte nach einer Stunde einen Strafstoß, der nach einem Foul an ihm selbst ausgesprochen wurde.

Ein besonders emotionales Spiel fand am 2. September in der Münchner Allianz Arena statt. Der FC Bayern spielte zu Ehren von

Oliver Kahn, der am Ende der vergangenen Saison seine Fußballkarriere beendet hatte, gegen die deutsche Nationalmannschaft. Bastian Schweinsteiger, der nach sechs Jahren seinen gewohnten Sitznachbarn in der Bayern-Kabine verlor und seitdem Daniel Van Buyten neben sich hatte, war der einzige Münchner, der im DFB-Dress auflief. In der 76. Minute des Spiels machte Kahn im Bayern-Tor Platz für seinen Nachfolger Michael Rensing, der mit Schweinsteiger in der Jugend und bei den Amateuren gespielt hatte, und begab sich auf seine finale Ehrenrunde.

Vier Tage später wurde es wieder ernst für die Nationalelf: Im Rheinpark von Vaduz begann die Qualifikation zur Weltmeisterschaft 2010 gegen Liechtenstein. Wie gegen Belgien trug Miroslav Klose die Kapitänsbinde, und als er nach 65 Minuten ausgewechselt wurde, übergab er Amt und Armschmuck an Bastian Schweinsteiger. Der erzielte wenige Sekunden später per Heber das vierte von sechs deutschen Toren.

Schweinsteiger präsentierte sich in guter Form – was man von seinen Bayern allerdings nicht behaupten konnte. Zwar gewannen sie am 13. September 2008 beim 1. FC Köln mit 3:0, eine Woche später gingen sie aber in der heimischen Allianz Arena mit 2:5 gegen Werder Bremen unter. Nach einem 0:1 in Hannover und einem 3:3 gegen den VfL Bochum fand sich München am 4. Oktober nach sieben Spieltagen nur im Mittelfeld der Bundesligatabelle wieder. Da sie allerdings in den elf Partien bis zur Winterpause ungeschlagen blieben, lagen die Bayern Mitte Dezember 2008 auf Rang zwei – punktgleich und nur wegen der etwas schlechteren Tordifferenz hinter der TSG Hoffenheim.

Auch im DFB-Pokal und in der Champions League überwinterten die Bayern, wobei sie in der europäischen Königsklasse ihrer Gruppe gegen Olympique Lyon, den AC Florenz und Steaua Bukarest gewannen. Mit konstant guten Leistungen hatte Bastian Schweinsteiger keinen geringen Anteil daran, dass sich sein Team noch immer im aussichtsreichen Rennen um alle drei Saisontitel befand. Nicht nur optisch hatte sich der Mittelfeldspieler, der seit der Europameisterschaft auf extravagante Frisuren verzichtete, verändert. Auch auf dem Feld wirkte er präsenter und fokussierter denn je und übernahm immer häufiger Verantwortung. Dazu kam, dass seine Freundin Sarah und sein neuer Berater Robert Schneider einen guten Einfluss auf ihn ausübten und dass er einige Dinge in seinem Privatleben geändert hatte – über die er in der Öffentlichkeit allerdings nicht sprechen wollte.

Nicht zuletzt wegen der positiven Entwicklung des Spielers lag es dem FC Bayern sehr am Herzen, den im Sommer 2009 auslaufenden Vertrag mit Schweinsteiger zu verlängern. Allerdings hatten dessen Leistungen auch bei anderen Vereinen in ganz Europa für Begehrlichkeiten gesorgt. So interessierten sich unter anderem die Spitzenclubs Real Madrid, Juventus Turin und Inter Mailand für den Nationalspieler, der zwar die Bayern als »ersten Ansprechpartner« bezeichnete, sich aber durchaus auch vorstellen konnte, im Ausland zu spielen. »Ich fände das sehr reizvoll«, verriet er dem »Bayern-Magazin« und fügte hinzu: »Das wäre für die Persönlichkeitsweiterentwicklung bestimmt wertvoll«.[80]

Mitte Dezember 2008 konnte der FCB schließlich die Verlängerung von Schweinsteigers Vertrag verkünden. Der Spieler unterschrieb bis zum Sommer 2012, sein Gehalt wurde Einschätzungen zufolge verdoppelt und lag somit bei sechs Millionen Euro im Jahr. »Wir sind sehr glücklich, dass wir mit Bastian eine weitere wichtige Personalie im positiven Sinne unter Dach und Fach bringen konnten«[81], zeigte sich der Vorstandsvorsitzende Karl-Heinz Rummenigge erfreut über Schweinsteigers Unterschrift. Schließlich hatten die Bayern gerade erst den Vertrag von Philipp Lahm verlängert.

Bevor die Aufholjagd der Bayern in der Bundesliga weiterging, bildete das DFB-Pokal-Achtelfinale beim VfB Stuttgart am 27.

Januar 2009 das erste Spiel des neuen Jahres. Und Bastian Schweinsteiger kam gut aus der Winterpause: Nachdem er in der 15. Minute auf der rechten Außenbahn einen schwach geschossenen Pass von Stuttgarts Verteidiger Arthur Boka abgefangen hatte, drang er in den Strafraum ein und traf zum 1:0. In die Pause gingen die Bayern mit einer 3:0-Führung. Nachdem Franck Ribéry Mitte der ersten Halbzeit einen Elfmeter verschossen hatte, war es Schweinsteiger überlassen, in der 55. Minute den zweiten Strafstoß des Spiels zum 4:0 zu verwandeln. Wenig später nahm ihn Jürgen Klinsmann aus der Partie und gönnte ihm den wohlverdienten Feierabend.

Alles andere als erfolgreich verlief jedoch der Start in die Bundesliga-Rückrunde: Am 30. Januar 2009 verloren die Bayern mit 0:1 beim Hamburger SV, auf einen Heimsieg gegen Borussia Dortmund eine Woche später folgten zwei Niederlagen gegen Hertha BSC Berlin und den 1. FC Köln. Als die Münchner am 1. März nicht über ein 0:0 bei Werder Bremen hinauskamen, rutschten sie bis auf Platz fünf in der Tabelle ab. Noch dazu mussten sie sich drei Tage später von der ersten Titelchance verabschieden.

Ungeachtet von Schweinsteigers guter Form ließ ihn Jürgen Klinsmann im DFB-Pokal-Viertelfinale bei Bayer 04 Leverkusen auf der Bank Platz nehmen und Andreas Ottl von Beginn an spielen. Als Schweinsteiger in der 63. Minute eingewechselt wurde, stand es bereits 2:0 für die Leverkusener, sieben Minuten später erhöhte Patrick Helmes sogar auf 3:0. Zwar kamen die Bayern noch auf 2:3 heran, aber mit einem Tor in der Nachspielzeit brach Stefan Kießling München letztlich das Genick.

Der Frust saß tief bei den Bayern – und entlud sich in Form von Toren. Am 7. März 2009 besiegten sie Hannover 96 mit 5:1, wobei Bastian Schweinsteiger zwei Tore vorbereitete. Und drei Tage später musste Sporting Lissabon dran glauben. Das Hinspiel im Champions-League-Achtelfinale hatte der FCB schon mit 5:0 gewonnen, im Rückspiel wurde es sogar ein 7:1. Das 3:0 bereitete Schweinsteiger durch einen Eckball vor, das 4:1 schoss er selbst. Im Viertelfinale wartete allerdings mit dem FC Barcelona einer der großen Favoriten auf Europas wichtigsten Pokal.

Am 8. April 2009 traten die Bayern zunächst im Camp Nou von Barcelona an – und bekamen eine Lehrstunde erteilt. Lionel Messi und Samuel Eto'o trafen bereits in der Anfangsviertelstunde für die Spanier, noch vor der Pause traf Messi erneut, außerdem trug sich auch der dritte Barcelona-Stürmer Thierry Henry in die Torschützenliste ein. Angesichts einer Chancenverteilung von 13:1 für Barça war selbst das Endergebnis von 4:0 schmeichelhaft für die Bayern. Das Rückspiel am 14. April, in dem sich die Münchner achtbar mit einem 1:1 aus dem Turnier verabschiedeten, verpasste Schweinsteiger wegen Knieproblemen.

Zwei Titel waren schon weg, um den dritten, die Deutsche Meisterschaft, begann ein enges Rennen, bei dem ausgerechnet der neue Club von Felix Magath, der VfL Wolfsburg, zum größten Konkurrenten des FCB wurde. Als die Bayern am 25. April 2009 zu Hause mit 0:1 gegen den FC Schalke 04 verloren, zog der Verein die Reißleine und entließ Jürgen Klinsmann. Als Interimstrainer übernahm Jupp Heynckes vom 27. April an die Mannschaft. Sein Assistent war ein guter Bekannter von einigen Spielern, darunter auch Bastian Schweinsteiger: Es war Hermann Gerland, der bisherige Coach der Amateure. Im ersten Spiel des Duos Heynckes/Gerland, einem 2:1-Sieg gegen Borussia Mönchengladbach am 2. Mai, traf Schweinsteiger auch gleich zur 1:0-Führung.

Nach einem 3:1 in Cottbus eine Woche später hatten die Bayern die Wolfsburger nach Punkten eingeholt, am 16. Mai, dem vorletzten Spieltag, stolperte München beim 2:2 in Hoffenheim. Dennoch hatten sie am letzten Spieltag noch die Möglichkeit, Meister zu werden. Zwar besiegten sie mit viel Mühe den VfB Stuttgart mit 2:1, weil aber der VfL Wolfsburg im Parallelspiel Werder Bremen mit 5:1 bezwang, holten sich die Niedersachsen den Meistertitel. Die Bayern, die in der gesamten Saison nicht ein einziges Mal an der Tabellenspitze standen, schafften zumindest die Qualifikation zur Champions League. Und Bastian Schweinsteiger stellte mit neun Toren in allen Wettbewerben einer Spielzeit einen neuen persönlichen Rekord auf.

Dennoch war Uli Hoeneß nicht zufrieden mit der Leistung von Schweinsteiger, die gegen Ende der Saison wieder abgefallen war. »Man muss ihm die Frage ganz klar stellen, ob er weiterhin nur ein Mitläufer sein will. Ob das, was er im letzten Jahr gezeigt hat, so ist, wie er es sich bei uns vorgestellt hat«[82], sagte der Manager kurz nach Saisonende gegenüber der »Sport-Bild«. Bei seiner Kritik hatte Hoeneß vor allem den hohen Geldbetrag im Hinterkopf, den die Bayern jährlich an Schweinsteiger überwiesen und der nicht zum enttäuschenden Saisonergebnis passte.

Das erkannte auch Schweinsteiger und konterte in Richtung des Bayern-Managers: »Ich weiß, was er damit bezwecken will. Ich kann auch verstehen, dass er nach einer Saison ohne Titel enttäuscht ist.« Jedoch sollte man »mehr miteinander als übereinander reden«.[83] Sagte es und verabschiedete sich auf Reisen nach Asien, wo er mit der deutschen Nationalmannschaft zwei Freundschaftsspiele absolvierte. Weil Michael Ballack noch immer verletzt war, übernahm Philipp Lahm in der ersten Partie am 29. Mai 2009 in Shanghai gegen China das Amt des Kapitäns. Im zweiten Match am 2. Juni in Dubai gegen die Vereinigten Arabischen Emirate war es an Bastian Schweinsteiger, die Mannschaft zu führen.

12. Endlich angekommen – im defensiven Mittelfeld

Ähnlich wie nach der erfolglosen Saison 2006/2007 plünderten die Bayern auch im Sommer 2009 ihr Konto und holten jede Menge neue Spieler. Rund 50 Millionen Euro gaben sie für Verstärkung aus, unter anderem kamen Mario Gomez vom VfB Stuttgart, Anatolij Tymoschtschuk von Zenit St. Petersburg und Ivica Olić vom Hamburger SV. Außerdem verstärkten die bisherigen Amateure Thomas Müller und Holger Badstuber den Profikader. Gleichzeitig verließ Lukas Podolski nach drei Jahren den Verein und ging zurück zum 1. FC Köln.

Während die Bayern-Führungsetage den nächsten Anlauf auf Meisterschaft und Champions League plante, unterzog sich Bastian Schweinsteiger direkt nach der Länderspielreise einem operativen Eingriff am Meniskus des linken Knies. Geplant war, dass er nach kurzer Reha zum Trainingsstart am 1. Juli wieder fit war. Doch daraus wurde nichts, der Muskelaufbau am operierten Bein nahm mehr Zeit als vorgesehen in Anspruch. Das missfiel den Bayern-Bossen, die lieber gesehen hätten, dass Schweinsteiger auf den sportlich unbedeutenden Trip mit der Nationalmannschaft nach Asien verzichtet und die Operation sofort nach Saisonende durchführen lassen hätte.

So verpasste er den Einstand seines neuen Trainers Louis van Gaal, der bei den Bayern einen Zwei-Jahres-Vertrag unterschrieben hatte. Mit Ajax Amsterdam, dem FC Barcelona und AZ Alkmaar, seinem vorherigen Verein, holte der 1951 geborene Niederländer insgesamt sechs nationale Meisterschaften, außerdem gewann er mit Ajax im Jahr 1995 die Champions League. Auf was für einen

Charakter man sich bei den Bayern einzustellen hatte, erklärte der Erfolgstrainer bei seiner ersten Pressekonferenz selbst. »Das bayerische Lebensgefühl passt mir wie ein warmer Mantel«, so van Gaal. »Mia san mia, wir sind wir, und ich bin ich. Selbstbewusst, arrogant, dominant, ehrlich, arbeitsam, innovativ, aber auch warm und familiär.«[84]

Dass der neue Coach viel von Bastian Schweinsteiger hielt, brachte er noch während dessen Verletzungspause zu Ausdruck. »Er ist ein Spieler, der normalerweise zur ersten Elf gehört«, meinte van Gaal. »Mit ihm habe ich mich in den ersten zwei Wochen am häufigsten unterhalten.«[85] Van Gaal ließ seinen Worten gleich Taten folgen und ernannte Schweinsteiger zum dritten Kapitän – hinter Mark van Bommel, der bereits von Jürgen Klinsmann zum Mannschaftsführer ernannt wurde, und Philipp Lahm. Als die Saison am 2. August 2009 mit einem 3:1 im Erstrundenspiel des DFB-Pokals bei der SpVgg Neckarelz begann, stand Schweinsteiger in der Anfangsformation. In der Raute im Mittelfeld, die van Gaal spielen ließ, ersetzte er den verletzten Franck Ribéry auf der linken Seite.

Auch beim Start in die Bundesliga am 8. August bei der TSG Hoffenheim lief Schweinsteiger im linken Mittelfeld auf, ebenso in der Woche darauf gegen Werder Bremen. In beiden Partien erreichten die Bayern nur ein 1:1. Noch schlimmer kam es am 22. August, als die Münchner beim FSV Mainz 05 mit 1:2 verloren. Nach drei Spieltagen stand der FCB mit nur zwei Punkten auf Rang 14 der Tabelle – schon kurz nach Saisonbeginn war die erste Krise perfekt. Die Bayern reagierten auf dem Transfermarkt und verpflichteten für 24 Millionen Euro den Niederländer Arjen Robben von Real Madrid. Das Problem für Schweinsteiger: Robbens Position war die rechte Außenbahn, also genau die, die er selbst nach der Genesung von Ribéry wieder einnehmen wollte. Doch Louis van Gaal hatte andere Pläne.

Schon gegen Mainz hatte der Trainer mit seiner Aufstellung experimentiert. So spielte der gelernte Mittelstürmer Miroslav Klose hinter der einzigen Spitze Mario Gomez, außerdem installierte van Gaal eine so genannte Doppelsechs, ein Duo aus defensiven Mittelfeldspielern. Einer davon war der Neuzugang Tymoschtschuk, der andere war Schweinsteiger. Dem war die Position vor der Abwehr alles andere als unbekannt.»Ich bin ausgebildet als zentraler Mittelfeldspieler, erst bei den Profis bin ich nach rechts oder links ausgewichen«[86], hatte Schweinsteiger schon zu Zeiten von Ottmar Hitzfeld gesagt.

Hermann Gerland, der auch bei Louis van Gaal weiter als Co-Trainer tätig war, erklärte 2010 im Interview mit »11 Freunde«, weshalb Schweinsteiger jahrelang »falsch« spielte. »Er hatte auf dieser Position [im defensiven Mittelfeld] lange Zeit Spieler wie Michael Ballack oder Jens Jeremies vor sich«, so der »Tiger«. Dass Schweinsteiger auf der Außenbahn zum Einsatz kam, wunderte Gerland zunächst, da der Spieler »kein Sprinter« war. Aber für den damaligen Amateurtrainer konnte sich sein Schützling schon glücklich schätzen, unter dem Perfektionisten Hitzfeld den Sprung in die Profimannschaft geschafft zu haben.[87]

Am 29. August 2009 war der VfL Wolfsburg zu Gast in der Münchner Allianz Arena und verlor auch wegen zweier Tore des eingewechselten Arjen Robben mit 0:3. Bastian Schweinsteiger teilte sich das zentrale Mittelfeld mit Tymoschtschuk und Hamit Altintop, was er auch zwei Wochen später bei Borussia Dortmund tat. Nachdem der BVB nach zehn Minuten in Führung gegangen war, sorgte Mario Gomez nach einem Freistoß von Schweinsteiger für den Ausgleich. Kurz nach der Halbzeitpause erzielte Schweinsteiger die Führung für die Bayern, die am Ende überlegen mit 5:1 gewannen.

Fürs Erste verstummten die kritischen Stimmen gegenüber Trainer van Gaal, der Club konnte sich in der Tabelle wieder nach oben orientieren – erst recht nach dem 2:1 gegen den 1. FC Nürnberg am 19. September 2009. Doch lange hielt der Aufschwung nicht an: Am 26. September verlor München mit 0:1 beim Hamburger SV, am Wochenende darauf gab es gegen den 1. FC Köln nur ein 0:0 zu holen. Danach standen die Bayern auf Platz acht in der Tabelle. Und auch in der Champions League hatte man sich mehr erhofft: Zwar hatte München das erste Gruppenspiel am 15. September 2009 bei Maccabi Haifa mit 3:0 gewonnen, im zweiten jedoch kamen sie zu Hause nicht über ein 0:0 gegen Juventus Turin hinaus.

Bei den Bayern war Bastian Schweinsteiger inzwischen im zentralen Mittelfeld gesetzt, in der Nationalmannschaft lief er weiterhin auf der rechten Seite auf – unter anderem deshalb, weil Kapitän Michael Ballack auf der Position vor der Abwehr spielte. Zwar ließ Bundestrainer Löw schon seit Jahren mit einer Doppelsechs spielen, aber den Platz neben Ballack nahmen andere Spieler ein – Thomas Hitzlsperger und Simon Rolfes waren die bevorzugten Kandidaten. Am 10. Oktober 2009 gewann Deutschland – mit Schweinsteiger auf der rechten Seite und Rolfes neben Ballack – mit 1:0 in Russland und sicherte sich dadurch die Teilnahme an der Weltmeisterschaft 2010.

Von Ende Oktober 2009 an nahm die Saison der Bayern langsam dramatische Züge an. Erst verloren sie am 21. Oktober ihr Auswärtsspiel in der Champions League gegen Girondins Bordeaux mit 1:2, dann spielten sie in der Bundesliga am 31. Oktober beim VfB Stuttgart nur unentschieden. Der Tiefpunkt der Saison war erreicht, als am 3. November Bordeaux in der Allianz Arena zu Gast war. Gegen die Franzosen erlitt München eine 0:2-Niederlage und stand in der Gruppentabelle nur auf Rang drei – mit bereits vier Punkten Rückstand auf den zweiten Platz, der zum Einzug ins Achtelfinale berechtigte.

Das 1:1 der Bayern gegen den FC Schalke 04 am 7. November 2009 geriet angesichts dessen, was zwei Tage später geschah, weit in den Hintergrund: Der an Depression leidende Nationaltorhüter Robert Enke hatte sich das Leben genommen. Sofort wurde das für den 14. November geplante Länderspiel gegen Chile abgesagt, stattdessen fand am 15. November eine Trauerfeier im Stadion von Enkes Verein Hannover 96 statt. Unter den 40.000 Anwesenden war auch die deutsche Nationalmannschaft, die sich von ihrer Nummer 1 verabschiedete. Als Bastian Schweinsteiger am Sarg von Robert Enke stand, mit dem er seit 2007 in der Nationalelf spielte, musste er mit den Tränen kämpfen.

Doch nach den tragischen Geschehnissen um Robert Enke musste das Leben irgendwie weitergehen – und für die Bayern tat es das am 22. November 2009 mit einem weiteren Unentschieden, diesmal gegen Bayer 04 Leverkusen. Nach 13 Spieltagen betrug der Rückstand auf Spitzenreiter Leverkusen bereits sechs Punkte. Zumindest in der Champions League verbesserten sich die Chancen merklich, doch noch das Achtelfinale zu erreichen. Während die Bayern nämlich am 25. November ihr Heimspiel gegen Maccabi Haifa mit 1:0 gewannen, besiegte Bordeaux zu Hause Juventus Turin und hielt München damit im Wettbewerb.

Vor dem Showdown um den Einzug in die Runde der besten 16 Teams Europas stand am 27. November 2009 die Jahreshauptversammlung des FC Bayern München an. Als der Club-Präsident Franz Beckenbauer Trainer van Gaal sowie die beiden Kapitäne Mark van Bommel und Philipp Lahm begrüßte, klatschten die 4.000 anwesenden Bayern-Mitglieder Beifall. Bei Bastian Schweinsteigers Vorstellung waren jedoch Pfiffe zu vernehmen. Auch als Beckenbauer, der im späteren Verlauf der Versammlung von Uli Hoeneß als Bayern-Präsident abgelöst wurde, die Fans um Geduld mit den jungen Spielern in der Mannschaft bat und dabei Schweinsteigers Namen nannte, wurde gepfiffen.

Noch lange danach machte dem Spieler dieses Erlebnis zu schaffen. So sprach er knapp ein Jahr später im Interview mit »11

Freunde« darüber, dass es ihn »emotional sehr berührt« hatte. »Von den eigenen Fans wurde ich ausgepfiffen, für die ich immer mein Herz geopfert und in jedem Spiel versucht habe, das Beste zu geben«, so Schweinsteiger. Der Moment habe ihm gezeigt, wie schnell es im Fußball bergauf, aber eben auch bergab gehen konnte.[88]

Am 8. Dezember 2009 mussten die Bayern im Stadio Olimpico von Turin unbedingt das finale Gruppenspiel gegen Juventus gewinnen, um doch noch das Champions-League-Achtelfinale zu erreichen. Und sie legten gut los: Die erste Chance durch Schweinsteiger in der sechsten Minute wehrten die Italiener ab, fünf Minuten später traf Olić den Pfosten. Doch trotz Münchens drückender Überlegenheit ging Juve in der 19. Minute in Führung. Es sollte aber nur elf Minuten dauern, bis München der Ausgleich gelang: Torhüter Hans-Jörg Butt, der nach wenigen Saisonspielen Michael Rensing als Stammtorwart abgelöst hatte, traf per Elfmeter. In der zweiten Halbzeit drehte der FCB auf und gewann mit 4:1. Schweinsteiger war einer der besten Spieler auf dem Platz.

Dank vier Bundesliga-Siegen hintereinander kletterten die Bayern vor der Winterpause auf Rang drei und verkürzten den Rückstand auf Leverkusen auf zwei Punkte. Es sollte jedoch bis zum 28. Februar 2010 und zum 24. Spieltag dauern, bis sie erstmals in der Saison den Spitzenplatz in der Liga erklommen. Obwohl zwischenzeitlich Kritik an Louis van Gaal aufkam, zahlte es sich nun endlich aus, dass die Bayern-Führung am Niederländer festhielt. Auch Bastian Schweinsteiger hatte nur positive Worte für seinen Trainer übrig. »Für mich ist es gut, dass van Gaal gekommen ist«, sagte er dem »Kicker«. »Er hat meine Stärken erkannt. Seit ich in der Zentrale spiele, läuft es.«[89]

Auch über seine eigene Entwicklung reflektierte Schweinsteiger bei der Gelegenheit. »Die Leute sehen immer noch den frechen Schweini, der nach innen dribbelt und abzieht«, meinte der

Bayern-Spieler und stellte gleich darauf klar: »Den Schweini gibt es nicht mehr.« In seiner neuen Rolle sei es viel wichtiger für ihn, das Spiel zu steuern. »Das sieht nicht immer spektakulär aus, ist aber wertvoll«, so Schweinsteiger. Zudem war der 27-Jährige sicher, dass es für den Verlauf seiner Karriere wichtig war, Fehler gemacht zu haben, aus denen er lernen konnte. »Viele machen keine Fehler und dann einen großen – und dann wissen sie nicht, wie sie da rauskommen«[90], sagte der Bayern-Spieler.

Ganze 18 Pflichtspiele hintereinander hatten die Bayern nicht ein Mal verloren, als sie am 9. März 2010 im Stadio Artemio Franchi von Florenz aufliefen. Im Hinspiel des Champions-League-Achtelfinales hatten sie den AC Florenz mit 2:1 besiegt, im Rückspiel jedoch wurde es nochmal eng. Denn nach 54 Minuten gingen die Italiener mit 2:0 in Führung und hätten München mit diesem Ergebnis aus dem Wettbewerb geworfen. Doch die Bayern bewiesen Moral und erzielten nach einer Stunde den Anschlusstreffer. Vier Minuten später zog Florenz wieder auf zwei Tore davon, bevor die Bayern praktisch im Gegenzug zum 2:3 aus ihrer Sicht trafen. Da es bis zum Schluss dabei blieb, zog der FCB dank mehr erzielter Auswärtstore ins europäische Viertelfinale ein.

Dort besiegten sie Manchester United nach dem gleichen Muster: Am 30. März 2010 gewannen sie das Heimspiel, an dem Bastian Schweinsteiger wegen einer Gelbsperre nicht teilnehmen durfte, mit 2:1, eine Woche später verloren sie mit 2:3, was aber für das Halbfinale reichte. Und in dem hatten die Bayern keine Mühe mit Olympique Lyon und erreichten das Finale der Champions League. Auch im DFB-Pokal stand München dank eines 1:0 nach Verlängerung bei Schalke 04 am 24. März 2010 im Endspiel – und hatte im Mai die Möglichkeit, gleich drei Titel zu gewinnen.

Am 1. Mai gewann der FCB das vorletzte Spiel der Bundesligasaison mit 3:1 gegen den VfL Bochum. Da der FC Schalke 04, der bis dahin punktgleich mit München an der Spitze der Tabelle stand, mit 0:2 gegen Werder Bremen verlor, gingen die Bayern mit drei Punkten Vorsprung ins Meisterschaftsfinale. Dort ließen sie eine Woche später bei der bereits als Absteiger feststehenden Berliner Hertha nichts anbrennen und sicherten sich mit einem 3:1-Sieg die Meisterschale. Bastian Schweinsteiger war einer der besten Spieler der Saison, dennoch hatte er in vielen Spielen Pech: Neben den zwei Toren, die er während der Spielzeit erzielt hatte, traf er ganze sieben Mal nur den Pfosten oder die Latte.

Am 15. Mai 2010 kamen die Münchner wieder nach Berlin – diesmal für das DFB-Pokalfinale, das sie gegen Werder Bremen bestritten. Zur Halbzeit stand es 1:0 für die Bayern, am Ende besiegten sie Bremen mit 4:0. Das Tor zum Endstand schoss Bastian Schweinsteiger, wobei der Treffer eine besondere persönliche Bedeutung für ihn hatte. Ein paar Tage zuvor war nämlich sein Großvater gestorben, und Schweinsteiger hatte seiner Großmutter versprochen, seinem Opa zu Ehren ein Tor zu schießen. Zum vierten Mal in seiner Karriere gewann der Fußballer das Double aus Meisterschaft und DFB-Pokal. Doch eine Woche später konnten er und sein Team sogar nach der europäischen Krone greifen – und damit erstmals in der Vereinsgeschichte das Triple erreichen.

Das Estadio Santiago Bernabéu, die Heimstätte von Real Madrid, war am 22. Mai 2010 der Schauplatz von Bayerns erstem Champions-League-Finale seit ihrem Sieg im Jahr 2001. Der Gegner war das von José Mourinho trainierte Team von Inter Mailand. München musste auf Franck Ribéry verzichten, der nach einer roten Karte im Halbfinal-Hinspiel gegen Olympique Lyon gesperrt war. Trotzdem blieb Schweinsteiger auf seiner Position im defensiven Mittelfeld, Hamit Altintop ersetzte Ribéry auf links. In der ersten halben Stunde des Finales hatten beide Teams ihre Möglichkeiten, wobei die Bayern drangvoller wirkten. In der 35. Minute jedoch spielte Inters Regisseur Wesley Sneijder vor dem

Strafraum Diego Milito frei. Der argentinische Stürmer hob den Ball über Bayerns Torwart Hans-Jörg Butt hinweg zum 1:0.

Kurz nach dem Seitenwechsel hatte Thomas Müller die große Chance zum Ausgleich, doch weder ihm noch seinen Kollegen war es vergönnt, an diesem Abend einen Treffer zu erzielen. Stattdessen kam Mailand durch ein weiteres Tor von Diego Milito in der 70. Minute zum 2:0. Auch wenn es letztlich nicht für den Champions-League-Sieg reichte: Die Bayern hatten ihre beste Saison seit Jahren gespielt – und mit Bastian Schweinsteiger einen Fußballer, der endlich den Durchbruch geschafft hatte und auf dem Weg war, in die Weltspitze vorzudringen.

13. Weltmeisterschaft 2010:
Ein neuer Chef im deutschen Team

Am 3. März 2010 endete die Nationalmannschaftskarriere von Michael Ballack – ohne dass es an jenem Tag auch nur irgendjemand hätte ahnen können. Ballacks letzter Gegner in der DFB-Elf hieß Argentinien, die deutsche Mannschaft testete in der Münchner Allianz Arena gegen die Südamerikaner ihre Form für die anstehende Weltmeisterschaft. Bei der 0:1-Niederlage seines Teams ließ Bundestrainer Joachim Löw zum ersten Mal überhaupt Bastian Schweinsteiger neben Ballack im defensiven Mittelfeld spielen.

Dass der Achse Ballack/Schweinsteiger keine Fortsetzung vergönnt war, war einem einzigen Foul geschuldet. Am 15. Mai 2010 bestritt Ballack mit seinem Verein FC Chelsea das Finale des englischen FA Cup gegen den FC Portsmouth. In der 35. Minute wurde Ballack derart heftig vom ghanaischen Nationalspieler Kevin-Prince Boateng von den Beinen geholt, dass der Deutsche einen »Riss des Innenbandes und einen Teilriss des vorderen Syndesmosebandes des rechten oberen Sprunggelenks« erlitt, wie es die medizinische Abteilung des DFB verlautbaren ließ. Da Ballack mindestens acht Wochen lang nicht einmal trainieren konnte, war klar: Er würde die Weltmeisterschaft in Südafrika verpassen, die am 11. Juni 2010, also weniger als einen Monat nach dem verhängnisvollen Foul, begann.

Selbstverständlich waren Deutschlands Fußballfans geschockt. Sie hatten ihrer Nationalmannschaft nach dem dritten Platz bei der Heim-WM von 2006 und dem EM-Finale von 2008 gute Chancen auf den Titel ausgerechnet. Und nun musste das deutsche Team ohne den torgefährlichsten Mittelfeldspieler, den es je hatte, zum Turnier reisen. Allerdings gab es auch Experten, die der Verletzung Ballacks durchaus etwas Positives abgewinnen konnten. Der ehemalige deutsche Nationalspieler und Bundestrainer Berti Vogts etwa meinte in einem Interview, dass der Ausfall von Ballack ein »enormer Verlust« sei, allerdings könne er für die anderen Spieler »auch ein Impuls sein, noch mehr Gas zu geben«. Einen dieser Spieler nannte er beim Namen: den in einer »Superform« befindlichen Bastian Schweinsteiger, der zu »einer der herausragenden Persönlichkeiten dieser WM werden kann und werden wird«, wie Vogts prophezeite.[91]

Nach dem Verlust von Michael Ballack musste Löw seine taktische Ausrichtung ändern. Und er tat dies, indem er Bastian Schweinsteiger dauerhaft ins zentrale Mittelfeld versetzte. »Wir haben volles Vertrauen in ihn nach seiner tollen Saison bei Bayern München«, begründete Löw seine Entscheidung. Und auch Schweinsteiger äußerte sich zuversichtlich. »Für mich verändert sich nicht viel«, meinte er in einem Interview mit dem »Focus«. »Natürlich muss man vorne weggehen, aber das hätte ich auch so gemacht.«[92] Auch für das Amt des neuen Mannschaftskapitäns war Schweinsteiger einer der Favoriten, letztlich entschied sich Jogi Löw jedoch für seinen Bayern-Teamkollegen Philipp Lahm. Schweinsteiger blieb die Rolle als dessen Stellvertreter. Allerdings ernannte Löw ihn zum »emotionalen Leader« der deutschen Mannschaft.

Wegen des Champions-League-Finales gegen Inter Mailand verpassten Schweinsteiger, Lahm und die anderen Nationalspieler des FC Bayern die beiden Testspiele am 13. und 29. Mai 2010 gegen Malta und in Ungarn. Erst bei der WM-Generalprobe am 3. Juni gegen Bosnien und Herzegowina feierte die neue Doppelsechs, bestehend aus Bastian Schweinsteiger und Sami Khedira, ihre Premiere. Auch dank zweier von Schweinsteiger verwandelter Elfmeter siegte Deutschland mit 3:1.

Drei Tage nach dem Spiel flog die deutsche Mannschaft vom Flughafen Frankfurt aus ins südafrikanische Johannesburg. Als WM-Quartier diente ihr das Fünf-Sterne-Hotel »Velmore Grande« in Erasmia. Hier, auf halber Strecke zwischen Johannesburg und der Hauptstadt Pretoria, standen dem Team insgesamt 90 Zimmer, ein Spa-Bereich mit beheizbaren Pools, eine zum Fitnessstudio umgebaute Kapelle sowie eine riesige Parkanlage zur Verfügung. Gleich nebenan befand sich außerdem ein Trainingsgelände mit Flutlichtanlage. Das Hotelpersonal wurde im Vorfeld angewiesen, die Namen sämtlicher deutscher Spieler auswendig zu lernen, außerdem sollten sie sich durch Deutschkurse fit für Smalltalks machen.

Am 13. Juni 2010 begann für Deutschland die Weltmeisterschaft mit dem Gruppenspiel gegen Australien. Wie erwartet schickte Jogi Löw die Doppelsechs Schweinsteiger/Khedira auf den Platz, Schweinsteigers bisherigen Platz auf der rechten Außenbahn übernahm Thomas Müller. Schon in der achten Minute sorgte Lukas Podolski mit dem 1:0 für einen WM-Auftakt nach Maß, Miroslav Klose traf nach 26 Minuten zum 2:0-Halbzeitstand. Zehn Minuten nach Wiederanpfiff grätschte der australische Stürmer Tim Cahill Bastian Schweinsteiger von hinten um und kassierte dafür die rote Karte. Damit war das Spiel praktisch gelaufen, ein Doppelschlag von Thomas Müller in der 68. und Cacau in der 70. Minute brachte den 4:0-Sieg für Deutschland.

Zwar trat Cahill nach seiner Herausstellung verbal gegen Bastian Schweinsteiger nach, indem er ihm indirekt Schauspielerei unterstellte, aber nichtsdestotrotz war der Start des DFB-Teams ins Turnier geglückt. Allerdings litt Schweinsteiger an einem Infekt der oberen Atemwege, der ihn zwang, bei zwei Trainingseinheiten vor dem nächsten Gruppenspiel gegen Serbien auszusetzen. Daran, dass der Mittelfeldspieler gegen die Osteuropäer auflaufen würde, bestand jedoch zu keiner Zeit Zweifel.

In der Partie gegen die Serben, die am 18. Juni 2010 in Port Elisabeth stattfand, war es vor allem dem Schiedsrichter Alberto Undiano Mallenco zu verdanken, dass sich so recht kein Spielfluss entwickeln wollte. Immer wieder unterbrach der spanische Unparteiische das Spiel unnötig und verteilte noch dazu aufgrund seiner kleinlichen Regelauslegung viele gelbe Karten. Allein in der ersten halben Stunde der Partie hatte Mallenco fünf Spieler verwarnt, zudem schickte er Miroslav Klose, der bereits in der zwölften Minute die gelbe Karte gesehen hatte, nach einem nicht verwarnungswürdigen Foul in der 37. Minute mit Gelb-Rot vom Platz. Nur Sekunden danach schoss Serbiens Stürmer Milan Jovanović das 1:0 für sein Team.

Es war genau eine Stunde gespielt, als Deutschland die sichere Chance zum Ausgleich hatte: Nemanja Vidić hatte den Ball im eigenen Strafraum mit der Hand berührt, Lukas Podolski schoss den fälligen Elfmeter flach nach rechts – wohin auch Torhüter Vladimir Stojković abtauchte und den an sich gut platzierten Ball hielt. Es sollte der letzte Elfmeter bleiben, den Podolski für die deutsche Nationalmannschaft schoss. Ohnehin fragte sich ganz Fußball-Deutschland, warum Schweinsteiger nicht den Strafstoß übernommen hatte, nicht zuletzt weil er im letzten Test vor der WM gegen Bosnien und Herzegowina gleich zwei verwandelt hatte.

Nach dem Spiel gegen die Serben stellte Bastian Schweinsteiger die Leistung sämtlicher Schiedsrichter bei der WM in Frage. »Es gibt doch in fast jedem Spiel dieser Weltmeisterschaft eine rote Karte, das ist doch nicht mehr der Sinn von Fußball«, beschwerte er sich im »Tagesspiegel«. Im Mallenco sah er den Hauptverantwortlichen für die Niederlage gegen Serbien, schließlich hatte der spanische Schiedsrichter in den Augen des Spielers die Partie stark beeinflusst. Seinen Freund Lukas Podolski jedoch nahm er trotz dessen verschossenen Elfmeters in Schutz: »Es ist bitter, dass er nicht reinging. Aber an ihm liegt es nicht.«[93] Es half allerdings nichts: Die deutsche Mannschaft musste das abschließenden Vorrundenmatch gegen Ghana gewinnen, um sicher im Achtelfinale zu stehen.

Um die Stimmung im Team zu heben, wich Joachim Löw von seinen ursprünglichen Plänen ab und erlaubte es seinen Spielern, sich am freien Tag nach dem Serbien-Spiel mit ihren Partnerinnen zu treffen. Die einzige, die die Anreise zum »Velmore Grande« auf sich nahm, war Sarah Brandner, die meisten von Schweinsteigers Kollegen machten sich auf den Weg nach Pretoria, wo ihre Familien untergebracht waren.

Das Duell gegen Ghana, das am 23. Juni 2010 in Johannesburg auf dem Spielplan stand, bot nicht nur wegen der knappen Tabellensituation jede Menge Dramatik. Bei den Afrikanern stand mit Kevin-Prince Boateng der Spieler auf dem Platz, der gut zwei Monate zuvor Michael Ballack in den Krankenstand gefoult hatte. Gleichzeitig barg die Begegnung Deutschland gegen Ghana das historische Duell Boateng gegen Boateng: Mit Kevin-Prince und seinem Halbbruder Jérôme Boateng spielten nämlich erstmals in der Geschichte der Fußball-Weltmeisterschaft zwei Brüder gegeneinander.

Es sollte bis zur 60. Minute dauern, bis das erste Tor fiel: Mesut Özil brachte Deutschland mit einem Schuss aus 20 Metern in Führung. Der beste Mann auf dem Platz war jedoch Bastian Schweinsteiger – umso überraschender war seine Auswechslung in der 81. Minute. Als er noch am Spielfeldrand am Oberschenkel behandelt wurde, war klar: Schweinsteiger hatte sich verletzt. Ohne ihn hielt die deutsche Mannschaft das 1:0 bis zum Schlusspfiff und schaffte so den Sprung ins Achtelfinale. Dort wartete nach nur vier Ruhetagen England – aber würde die Zeit für Schweinsteiger reichen?

»Das wird schon sehr schwer, die Entscheidung fällt sicher erst kurzfristig«[94], zeigte sich Joachim Löw bei der Pressekonferenz zwei Tage vor dem England-Spiel, angesprochen auf Bastian Schweinsteigers Gesundheitszustand, skeptisch. Eine Verhärtung im Oberschenkel machte dem Spieler zu schaffen, zugleich musste Löw auch um Jérôme Boateng bangen, der über Probleme in der Wade klagte. Als jedoch am 27. Juni 2010 das ewig junge Duell zwischen Deutschland und England in Bloemfontein angepfiffen wurde, stand sowohl Schweinsteiger als auch Boateng auf dem Platz.

Nach den durchwachsenen Leistungen des deutschen Teams in der Vorrunde nahm das Spiel einen so nicht erwarteten Verlauf. Vor allem offensiv war Deutschland die bessere Mannschaft, was sich in der 20. Minute erstmals auf der Anzeigetafel niederschlug: Einen Abschlag von Torhüter Manuel Neuer verwertete Miroslav Klose zum 1:0. Zwölf Minuten später traf Lukas Podolski sogar zum 2:0. Doch die Engländer schlugen zurück, ihr Innenverteidiger Matthew Upson köpfte in der 36. Minute den 1:2-Anschlusstreffer.

Nur eine Minute später folgte eine Szene, die angesichts der deutsch-englischen Länderspielgeschichte nicht einer gewissen Brisanz entbehrte: Englands Mittelfeldstratege Frank Lampard schoss von der Strafraumgrenze aufs deutsche Tor, der Ball prallte von der Unterkante der Latte auf den Rasen, wieder zurück an die Latte und in Manuel Neuers Arme. Das ganze Stadion sah es, mehr als 25 Millionen deutsche TV-Zuschauer sahen es, nur der Schiedsrichter und seine Assistenten sahen es nicht: Der Ball war hinter der Torlinie aufgekommen, eigentlich hatten die Engländer das 2:2 erzielt. Erinnerungen an die WM 1966 kamen auf, als Deutschland wegen des legendären Wembley-Tors das Finale gegen die Engländer verlor. Dementsprechend sprachen viele Medien anschließend von der »Rache für Wembley«.

In der zweiten Halbzeit musste das englische Team aufmachen – und wurde nach 67 Minuten klassisch ausgekontert: Thomas Müller bekam nach einem Freistoß von England den Ball auf der rechten Seite, passte mit viel Übersicht nach links auf Bastian Schweinsteiger, der den Ball nach einem klugen Dribbling wieder zurück auf Müller spielte – Deutschland führte 3:1. Nach einem weiteren Konter, diesmal über Mesut Özil, schoss Müller in der 70. Minute noch das 4:1. Das deutsche Team hatte das Viertelfinale erreicht.

Wie schon bei der WM 2006 wartete Argentinien in der Runde der letzten Acht auf das deutsche Team. Bastian Schweinsteiger erinnerte sich nur zu gut an das Spiel vier Jahre zuvor – viel mehr aber an die Ereignisse danach. »Die Handgreiflichkeiten von den Argentiniern gegen uns stecken bei uns noch in den Köpfen drin«, meinte der Deutsche in der Pressekonferenz vor dem Spiel. Ungewohnt aggressiv kritisierte Schweinsteiger den Gegner: »Wie sie gestikulieren, wie sie versuchen, den Schiedsrichter zu beeinflussen – das gehört sich nicht und ist respektlos. Aber die Argentinier sind so.«[95] Diego Maradona, der Trainer des so angegriffenen Teams, konterte prompt und fragte: »Bist du nervös, Schweinsteiger?«[96] Das Psychoduell war eröffnet.

Dem deutschen Vize-Kapitän kam am 3. Juli 2010 in Kapstadt eine besonders schwierige Aufgabe zu: Er musste sich um Lionel Messi kümmern – immerhin der amtierende Weltfußballer des Jahres. Doch als wäre dies ein Kinderspiel, schaltete sich Schweinsteiger immer wieder auch in die Angriffe seines Teams ein. Nur 150 Sekunden nach dem Anpfiff trat er einen Freistoß von der linken Seite scharf in den Strafraum, den Thomas Müller mit Leichtigkeit ins Tor köpfte. Das 1:0 blieb das einzige Tor in der ersten Hälfte, in der sich die deutsche Mannschaft zunehmend dem Druck der Argentinier zu widersetzen hatte. Doch sie konnte sich auf ihren Mittelfeldstrategen Bastian Schweinsteiger verlassen, der mit viel Ballbesitz und gewonnenen Zweikämpfen das Spiel, das zu kippen drohte, beruhigte.

Auch die zweiten 45 Minuten begannen mit einem Übergewicht für die argentinische Mannschaft, dem sich Deutschland nur mit Mühe erwehren konnte. Entspannung brachte erst die 68. Minute, in der Miroslav Klose das 2:0 erzielte. Fünf Minuten später folgte ein Geniestreich von Bastian Schweinsteiger, der die Partie endgültig entschied: Unaufhaltbar zog er von der linken Außenbahn in den argentinischen Strafraum, ließ drei Gegenspieler einfach stehen und passte schließlich in die Mitte, wo Verteidiger Arne Friedrich nur noch den Fuß hinhalten musste. Und auch am Schlusspunkt der Partie war Schweinsteiger beteiligt, indem er mit viel Übersicht einen Pass auf Mesut Özil spielte, dessen Flanke Miroslav Klose zum 4:0 verwertete.

Bastian Schweinsteiger hatte eines der besten Länderspiele seiner langen Nationalmannschaftskarriere gemacht, und es führte kein Weg daran vorbei: Die FIFA ernannte ihn zum »Man of the Match«. Bundeskanzlerin Angela Merkel, die eigens für die Partie aus Deutschland angereist war und bei jedem deutschen Tor auf der Tribüne euphorisch jubelte, ließ es sich nicht nehmen, dem deutschen Team anschließend einen Besuch in der Kabine abzustatten. Das tat sie jedoch unangekündigt, wie Schweinsteiger nach der WM in einem Interview mit »11 Freunde« verriet. »Wir standen alle oben ohne da«, meinte er, und weiter: «Sie hat sich eine Bierflasche genommen, ist zu mir gekommen, hat mit mir angestoßen und mich umarmt.«[97] Von einer solch ungezwungenen Begegnung mit dem Staatsoberhaupt weiß nicht jeder deutsche Nationalspieler zu berichten.

Von allen Seiten fanden die Leistungen der DFB-Elf und vor allem die von Bastian Schweinsteiger Anerkennung. Einer Adelung kam es für die deutsche Presse gleich, als Franz Beckenbauer den Mittelfeldspieler zum bis dato besten Spieler des gesamten

Turniers erklärte. »Er hat einen unglaublichen Job gemacht. Für mich ist er ein neugeborener Superstar«[98], fand Beckenbauer nur lobende Worte für Schweinsteiger. Einen geschmacklosen Vergleich stellte jedoch die südafrikanische Zeitung »Sowetan« an: Sie bezeichnete Schweinsteiger als »neuen ›Führer‹ mit der Arbeitseinstellung von Stefan Effenberg und der furchterregenden Aura von Adolf Hitler«.[99] Verständlicherweise wollte sich der DFB nicht dazu äußern.

So hoch Schweinsteiger und sein Team flogen, so tief fielen sie auch. Im Halbfinale am 7. Juli 2010 in Durban wartete der amtierende Europameister Spanien – und beinahe alle deutschen Spieler blieben hinter ihren Leistungen aus den vergangenen beiden Spielen zurück. Einzig Bastian Schweinsteiger bot dem spanischen Spielmacher Xavi Paroli, konnte aber in der 73. Minute dessen Flanke nicht verhindern, die der Abwehrchef Carles Puyol zum 1:0 ins deutsche Tor köpfte. Deutschland hatte dem nichts mehr entgegenzusetzen und scheiterte – erneut, wie vier Jahre zuvor, im Halbfinale. Entsprechend groß war die Enttäuschung des Teams nach der Partie gegen die übermächtigen Spanier.

Der Schlusspfiff war längst verklungen, da kniete Bastian Schweinsteiger noch immer auf dem Rasen und dachte über die vergebene Chance nach, ins WM-Endspiel einzuziehen. »Man ist schon verärgert, wenn man kurz vor dem Finale steht und dann nicht so spielt, wie man vorhat«, äußerte er sich, nachdem er sich wieder aufgerichtet hatte. Er gab allerdings auch etwas Wichtiges zu bedenken: »Man hat gesehen, dass wir eine gute junge Mannschaft mit Zukunft haben.«[100]

Und die musste nochmal ran, und zwar am 10. Juli 2010 im Spiel um Platz drei. In Port Elisabeth war Uruguay der Gegner, der im zweiten Halbfinale gegen die Niederlande mit 2:3 verloren hatte. Da Philipp Lahm wegen einer Grippe nicht spielen konnte, führte Bastian Schweinsteiger das deutsche Team als Kapitän aufs Feld.

In der 19. Minute fasste er sich ein Herz, schoss aus 30 Metern mit Wucht aufs gegnerische Tor. Den Ball, den Torhüter Nestor Muslera nur abprallen lassen konnte, verwertete Thomas Müller zum 1:0. Dass Schweinsteigers leichtfertiger Ballverlust im Mittelfeld in der 28. Minute zu Uruguays Ausgleich durch Edinson Cavani führte, war angesichts des Endstands von 3:2 zu verschmerzen.

Die deutsche Mannschaft, vom Altersschnitt her die jüngste, die seit 76 Jahren an einer Weltmeisterschaft teilgenommen hatte, hatte sich im Verlauf des Turniers mit ihrer frischen und forschen Spielweise in die Herzen der Fußballfans der ganzen Welt gespielt. Wie es seit Jahrzehnten bei deutschen Teams üblich war, hatte sie sich auch in Südafrika immer weiter gesteigert und musste sich am Ende einzig Spanien geschlagen geben, das im Finale durch ein 1:0 nach Verlängerung gegen die Niederlande Weltmeister wurde. Vor allem aber hatte sich Bastian Schweinsteiger während der WM zu einer echten Führungspersönlichkeit entwickelt.

Mit 565 Pässen, die er in den sieben Spielen des Turniers spielte, sowie knapp 80 zurückgelegten Kilometern stand Schweinsteiger in den jeweiligen Bestenlisten nur hinter dem Spanier Xavi. Folgerichtig tauchte der Deutsche auch auf der Liste der zehn Spieler auf, die die FIFA für den »Goldenen Ball« nominierte – die Trophäe für den besten Spieler des Turniers. Aber weder Schweinsteiger noch sein ebenfalls nominierter Teamkollege Mesut Özil, sondern Diego Forlán aus Uruguay gewann die Auszeichnung. Zumindest berief die FIFA Schweinsteiger und Philipp Lahm in das All-Star-Team der Weltmeisterschaft.

Die deutsche Presse war sich nach der WM einig: Während des Turniers hatte sich ein Wandel in der Nationalelf vollzogen. War zuvor ihr gesamtes Spiel auf ihren Kapitän Michael Ballack zugeschnitten, funktionierte das Team nun tatsächlich als Team, als Kollektiv – und junge Spieler wie Müller, Özil, Khedira und Schweinsteiger übernahmen zunehmend Verantwortung.

14. Das Ende von Louis van Gaal bei den Bayern

Mit stolz geschwellter Brust kehrten Bastian Schweinsteiger und die sieben anderen deutschen WM-Teilnehmer des FC Bayern München zu ihrem Verein zurück. Zu ihnen gesellte sich Toni Kroos, der zuvor eineinhalb Jahre an Bayer 04 Leverkusen ausgeliehen war. Somit verfügte der FCB in der Saison 2010/2011 über eine Mannschaft, die aus neun WM-Dritten und den beiden niederländischen Vizeweltmeistern Arjen Robben und Mark van Bommel bestand. Noch dazu waren die Bayern amtierender Deutscher Meister, Pokalsieger und Champions-League-Finalist. Welcher Club sollte diese Übermacht aufhalten können?

Kurz vor Beginn der Saison, am 13. August 2010, hatten die Bayern den spanischen Vizemeister Real Madrid in der Allianz Arena zu Gast, um gegen ihn den Franz-Beckenbauer-Cup auszuspielen. Die sportlichen Erkenntnisse der Partie, die gleichzeitig als offizielle Verabschiedung des ehemaligen Bayern-Spielers, -Trainers und -Präsidenten Beckenbauer diente, hielten sich angesichts des müden 0:0 und des anschließenden Elfmeterschießens, das die Madrilenen gewannen, in Grenzen. Allerdings kam es nach dem Schlusspfiff zu einer interessanten Begegnung: Reals neuer Trainer José Mourinho, der die Bayern knapp drei Monate zuvor mit Inter Mailand im Champions-League-Finale besiegte, schüttelte Bastian Schweinsteiger die Hand, blickte ihm tief in die Augen und sagte Medienberichten zufolge: »Ich wollte dich letztes Jahr schon holen. Da habe ich dich aber nicht bekommen. Nächstes Jahr gehörst du mir.«[101]

Mourinhos Worte waren nur zum Teil motiviert durch die hervorragenden Leistungen, die Schweinsteiger in der vorangegangenen Saison sowie bei der Weltmeisterschaft in Südafrika gezeigt hatte. Vielmehr wusste der Real-Coach, dass Schweinsteigers Vertrag nur noch bis zum Sommer 2012 lief. Sollten sich Verein und Spieler bis dahin nicht langfristiger aneinander binden, hatten die Bayern nur noch bis Mitte 2011 die Möglichkeit, für Schweinsteiger eine Ablösesumme zu kassieren. Christian Nerlinger, der nach Uli Hoeneß' Ausscheiden als Manager die meisten von dessen Aufgaben übernommen hatte, schob dem Interesse von Mourinho jedoch einen Riegel vor. »Schweinsteiger ist unverkäuflich! Da kann kommen, wer will«[102], so der Sportdirektor der Bayern, der fest davon überzeugt war, dass der Spieler seinen Vertrag rechtzeitig verlängern würde.

Nach einem lockeren 4:0 im Erstrundenmatch des DFB-Pokals bei Germania Windeck am 16. August 2010 starteten die Bayern vier Tage später in die Bundesliga. Der Gegner war der VfL Wolfsburg, und der hielt sich trotz früher Bayern-Führung lange im Spiel und schaffte in der 55. Minute sogar den Ausgleich. Erst kurz vor dem Abpfiff sicherte Bastian Schweinsteiger seinem Team mit dem Treffer zum 2:1 den Sieg. Doch wie schon in der vergangenen Saison erwischten die Bayern einen mäßigen Start: Am 27. August verloren sie beim 1. FC Kaiserslautern mit 0:2, anschließend holten sie in den Heimspielen gegen Werder Bremen am 11. September und gegen den 1. FC Köln am 18. September jeweils nur ein 0:0.

Zumindest der Start in die Champions League glückte: Nach dem 2:0-Auftaktsieg am 15. September gegen den AS Rom traten die Bayern zwei Wochen später beim FC Basel an. Die Schweizer gingen zwar nach einer guten Viertelstunde in Führung und mit 1:0 in die Pause, aber danach waren die Bayern am Drücker. Nachdem Thomas Müller in der 56. Minute im Basler Strafraum gefoult wurde, verwandelte Bastian Schweinsteiger den fälligen Elfmeter sicher. Kurz vor Ende der Partie brachte Holger Badstuber einen langen Freistoß vor das Tor der Schweizer – direkt auf Schweinsteiger. Der hielt seinen rechten Fuß hin, traf den Ball zwar nicht voll, aber dennoch landete er zum 2:1-Endstand im Kasten. Zum ersten Mal in seiner Karriere hatte Schweinsteiger in einer Champions-League-Partie doppelt getroffen.

Währenddessen ging es in der Bundesliga weiter bergab: Einer 1:2-Heimniederlage gegen den FSV Mainz 05 am 25. September 2010 folgte eine 0:2-Pleite am 3. Oktober bei Borussia Dortmund. Nach sieben Spieltagen lagen die Bayern damit nur auf Platz zwölf in der Tabelle und hatten bereits einen Rückstand von 13 Punkten auf den überraschenden Tabellenführer Mainz – es war der schlechteste Start in eine Bundesligasaison, den der FCB je erlebt hatte.

Einer der wichtigsten Gründe für die bedenkliche Situation war ohne Zweifel die personelle Situation. Die Flügelzange aus Franck Ribéry und Arjen Robben war verletzt, ebenso Mark van Bommel, der mit Schweinsteiger die Doppelsechs bilden sollte. Stattdessen musste Schweinsteiger in vielen Spielen im offensiven Mittelfeld auflaufen. Zu allem Überfluss hatte er selbst im Spiel gegen Dortmund einen Kapselbandanriss im rechten Fußwurzelgelenk erlitten, der ihn davon abhielt, die deutsche Nationalmannschaft in den beiden EM-Qualifikationsspielen gegen die Türkei am 8. Oktober 2010 und gegen Kasachstan vier Tage später zu unterstützen.

Im ersten Bundesligaspiel nach der Länderspielpause, dem Heimspiel gegen Hannover 96 am 16. Oktober 2010, hatte Schweinsteiger seine Verletzung ausgestanden, saß allerdings zunächst auf der Bank. Als er in der 65. Minute eingewechselt wurde, führten die Bayern durch ein Tor von Mario Gomez mit 1:0. Zwei weitere Treffer des Nationalstürmers sorgten für einen klaren Sieg der Bayern. Der Aufwärtstrend war allerdings von kurzer Dauer, am Wochenende darauf reichte es beim Hamburger SV nur zu einem 0:0. Und ausgerechnet in dieser schwachen Saisonphase kam mit Werder Bremen einer der ärgsten Widersacher der vergangenen Jahre zum DFB-Pokal-Zweitrundenspiel in die Allianz Arena.

Der Ball rollte am 26. Oktober 2010 gerade einmal 90 Sekunden, als Bremen bereits in Führung ging. Münchens Ex-Stürmer Claudio Pizarro traf aus kürzester Distanz mit dem rechten Knie. Bis zur 27. Minute schafften es die Bayern nicht, gefährlich vor das Tor der Norddeutschen zu kommen, dann hatte Toni Kroos eine Chance aus aussichtsreicher Position. Er rutschte jedoch weg, wodurch aus dem Torversuch ein Pass auf Bastian Schweinsteiger wurde. Der hatte keine Mühe, mit dem Außenrist den Ausgleich zu erzielen. Nach einer Stunde lag der Ball erneut im Bayern-Tor, doch Schiedsrichter Michael Weiner verwehrte dem Treffer seine Anerkennung, weil Bremens Sebastian Prödl im vorausgegangenen Kopfballduell angeblich Badstuber gefoult hatte.

Die Norddeutschen kamen anschließend zu weiteren hochkarätigen Chancen, doch es waren die Bayern, die ihrerseits das Führungstor erzielten. In der 75. Minute stand Bastian Schweinsteiger völlig frei zwischen Mittellinie und dem Strafraum der Bremer und erhob fordernd die Arme. Andreas Ottl nahm ihn wahr und legte den Ball quer. Schweinsteiger schaute kurz, wo der gegnerische Torhüter stand, zog ab und traf sehenswert aus 30 Metern Entfernung. Mit einem langen Sprint lief er zu Louis van Gaal an die Seitenauslinie und sprang dem Trainer in die Arme. Wie schon gegen Basel einen Monat zuvor traf Schweinsteiger zwei Mal in einem Spiel und war erneut der entscheidende Mann für den Sieg seines Teams.

Am 30. November 2010 hielt der FC Bayern in der Münchner Olympiahalle seine jährliche Hauptversammlung ab. Während Präsident Uli Hoeneß vom Rednerpult aus die Rekordumsätze des Vereins verkündete, betraten Trainer van Gaal und seine drei Kapitäne den Saal. Die Menge jubelte – ganz anders als bei der Veranstaltung im Jahr zuvor auch bei Schweinsteiger. Und als wäre das nicht schon genug Balsam für die Seele des Spielers, wandte sich Hoeneß kurz darauf in seiner Rede direkt an ihn.»Ich sage dir, lieber Bastian: Für den ganzen Verein ist es unglaublich wichtig, dass Du bei Bayern München bleibst«[103], ermunterte der Präsident den Fußballer, endlich seinen Vertrag zu verlängern.

Und tatsächlich: Nicht einmal zwei Wochen nach der Versammlung, am 11. Dezember 2010, schnappte sich Schweinsteiger im Anschluss an das letzte Bayern-Heimspiel des Jahres – einem 3:0 gegen den FC St. Pauli – das Stadionmikrofon. »Ich spiele jetzt schon zwölf Jahre hier beim FC Bayern München«, ließ er die Fans wissen, um ihnen anschließend die gute Nachricht zu verkünden: »Ich habe meinen Vertrag für fünf Jahre verlängert.« Der Zusatz »Für euch« ging beinahe unter im Jubel der Bayern-Anhänger, und als Schweinsteiger mit den Worten »Hoch lebe Bayern« und »Auf geht's, Jungs, come on!« das Vereinswappen auf seinem Trikot küsste, kannte die Freude im Stadion keine Grenzen.[104] Den Bayern-Fans war klar, dass Schweinsteiger bei den besten Vereinen Europas höchst begehrt war. Nicht nur bei Real Madrid stand der Mittelfeldspieler weit oben auf der Wunschliste.

Einzig Präsident Uli Hoeneß fand wenig Gefallen an der fast schon heroischen Selbstinszenierung seines Spielers. So machte er nüchtern klar, worum es bei den Verhandlungen vor allem ging: ums Geld. »Wir müssen uns davon verabschieden, dass auf diesem Niveau das Herz über einen Vertrag entscheidet«, teilte Hoeneß in einem Interview mit. Und weiter: »Wir haben nicht um Walnüsse gekämpft, sondern um harte Euro.«[105] Geschätzte neun bis zehn Millionen davon waren es pro Jahr, wodurch sich Schweinsteiger neben Philipp Lahm und nur hinter dem Franzosen Franck Ribéry auf Rang zwei der FC-Bayern-Gehaltsliste katapultierte. Auf einen Schlag gehörte er zu den Spitzenverdienern der gesamten Bundesliga. Zudem erhöhte er mit seiner Unterschrift seinen Marktwert auf der Internetseite transfermarkt.de auf 40 Millionen Euro[106] – den höchsten Stand, den die Plattform bis dato für ihn ermittelt hatte.

Eine nicht unerhebliche Rolle bei den Vertragsverhandlungen spielte auch Schweinsteigers Freundin Sarah, wie Bayerns Pressesprecher Markus Hörwick auf der Pressekonferenz nach dem St.-Pauli-Spiel mitteilte. Dass sie in München bleiben wollte und er keine Lust auf eine Fernbeziehung hatte, trug letztlich nicht unerheblich zu seiner Entscheidung für Bayern München bei.

Das Jahr 2010 war für die Bayern allerdings noch nicht ganz beendet, binnen drei Tagen im Dezember mussten sie zwei Partien beim VfB Stuttgart bestreiten. Im ersten Spiel am 19. Dezember fehlte Schweinsteiger wegen einer Erkältung, dennoch gewann München mit 5:3 und beendete damit die Durststrecke von fünf nicht gewonnenen Bundesligaspielen in gegnerischen Stadien. Damit überwinterten die Bayern auf Platz fünf in der Tabelle, hatten allerdings schon 14 Punkte Rückstand auf die führende Borussia aus Dortmund.

Auch beim zweiten Spiel in Stuttgart, dem Pokal-Achtelfinale drei Tage später, wurde den 40.500 Zuschauern, die sich in der nasskalten Vorweihnachtszeit in die Mercedes-Benz-Arena begeben hatten, ein torreiches Spektakel geboten: Nach acht Minuten führten die Bayern mit 2:0, zur Halbzeit stand es 2:2, und allein in den letzten zehn Minuten des Spiels machte München drei Tore und aus einem 3:3 ein 6:3. Nach der Partie sprach Stuttgarts Trainer Bruno Labbadia allerdings einem gegnerischen Spieler ein Kompliment aus, der keinen der vielen Treffer erzielt hatte. »Basti Schweinsteiger hat heute etwas gezeigt, was einfach Qualität beweist«[107], sagte Labbadia bei der Pressekonferenz.

Er bezog sich dabei auf eine Szene, die sich in der 67. Minute abspielte. Schweinsteiger, der seine Erkältung ausgestanden hatte und von Beginn an spielte, führte den Ball an der linken Seitenauslinie und wollte ihn zu seinem Teamkollegen Franck Ribéry passen, als ihm Stuttgarts Verteidiger Khalid Boulahrouz ungestüm von der Seite in die Beine rutschte. Schiedsrichter Florian Meyer zögerte nicht lange und zeigte Boulahrouz, der zuvor schon die gelbe Karte gesehen hatte, Gelb-Rot. Doch Schweinsteiger, der das Foul nicht als einer Verwarnung würdig erachtete, redete auf Meyer ein und versuchte, ihn vom Platzverweis abzubringen. Auch wenn sich der Schiedsrichter nicht umstimmen ließ und Boulahrouz vom Feld schickte, erntete Schweinsteiger jede Menge Respekt für seine Aktion.

Dank Meisterschaft, DFB-Pokal und Champions-League-Finale mit den Bayern sowie dem dritten Platz bei der WM mit der Nationalelf hatte sich das Jahr 2010 äußerst eindrucksvoll für Bastian Schweinsteiger gestaltet. So war es zum Jahresende an der Zeit, weitere Früchte des Erfolgs zu ernten. Erstmals in seiner Karriere stand er auf der Ende Oktober veröffentlichten Liste der 23 Fußballer, die für den FIFA Ballon d'Or nominiert waren – also für die Auszeichnung als weltbester Fußballer des Jahres. Mit 0,75 Prozent der Stimmen, welche die aus Journalisten sowie Trainern und Kapitänen von Nationalmannschaften bestehende Jury vergab, belegte Schweinsteiger letztlich Platz 16 – direkt hinter seinen Teamkollegen Arjen Robben und Thomas Müller.

Vom »Kicker« wurde Schweinsteiger zudem zum »Mann des Jahres« im deutschen Fußball gewählt, und bei der Wahl zur deutschen Mannschaft des Jahres siegte die Nationalelf – zum zweiten Mal nach 2006 mit Schweinsteiger als Mannschaftsmitglied. Auch das Silberne Lorbeerblatt ging nach 2006 wieder an Schweinsteiger und seine Kollegen vom Nationalteam.

Die Bayern strotzten vor Selbstbewusstsein, als sie nach dem Weihnachtsurlaub wieder das Training aufnahmen. Im Trainingslager in Doha, zu dem sich die Mannschaft kurz nach dem Jahreswechsel aufmachte, zeigte sich vor allem Bastian Schweinsteiger überzeugt davon, dass sein Team eine großangelegte Aufholjagd auf die Tabellenspitze starten würde. »Wir haben die Qualität, jedes Spiel zu gewinnen, wenn wir in der Rückrunde von Verletzungen verschont bleiben«, so der Vize-Kapitän. »Wir werden wohl ein paar Mal Unentschieden spielen, aber verlieren werden wir sicher nicht mehr oft.«[108] Etwas ironisch mutete es dabei an, dass er selbst gesundheitlich angeschlagen war: Der Kapselbandanriss, den er sich im Oktober 2010 zugezogen hatte, war im Training wieder aufgebrochen und bereitete ihm Probleme.

Als die Münchner am 15. Januar 2011 in die Bundesliga-Rückrunde starteten, stand Schweinsteiger allerdings zur Verfügung und beim VfL Wolfsburg in der Startaufstellung. Auf der Bayern-Bank hatte der Brasilianer Luiz Gustavo Platz genommen, ein defensiver Mittelfeldspieler, der wenige Tage zuvor für 17 Millionen Euro aus Hoffenheim gekommen war. Und die Neujahrsvorsätze des FCB schienen zunächst aufzugehen, Thomas Müller schoss München schon nach sieben Minuten in Führung. Nachdem beide Mannschaften jeweils einen Elfmeter verschossen und jede Menge Tormöglichkeiten vergeben hatten, sah es kurz vor Schluss danach aus, dass die Bayern die drei Punkte mit nach Hause nehmen konnten. Doch vier Minuten vor dem Abpfiff verlor Schweinsteiger den Ball im eigenen Strafraum an Wolfsburgs Marcel Schäfer, der seinem Teamkollegen Sascha Riether den Ausgleichtreffer auflegte.

Auch in der Rückrunde kamen die Bayern nicht ins Rollen. Zwar gewannen sie nach dem Unentschieden in Wolfsburg zwei Bundesligaspiele hintereinander und besiegten zudem am 26. Januar 2011 Alemannia Aachen im DFB-Pokal-Viertelfinale mit 4:0. Am 5. Februar setzte es jedoch eine 2:3-Niederlage beim 1. FC Köln. Noch dazu bat Mark van Bommel um Auflösung seines Vertrags, um zum AC Mailand wechseln zu können. Als dessen Nachfolger im Amt des Mannschaftskapitäns ernannt Trainer van Gaal Philipp Lahm, Bastian Schweinsteiger rückte in der Hierarchie auf Platz zwei vor.

Die Möglichkeit, für das verlorene Champions-League-Finale 2010 Rache zu nehmen, kam für die Bayern schneller als gedacht.

Am 23. Februar 2011 liefen sie im Mailänder Giuseppe-Meazza-Stadion zum Achtelfinal-Hinspiel gegen Inter auf. Diego Milito, der im letztjährigen Endspiel zwei Tore für die Italiener geschossen hatte, fehlte diesmal verletzt. Die Partie brauchte lange, um überhaupt in Fahrt zu kommen, erst spät in der ersten Halbzeit ergaben sich einige Torchancen auf beiden Seiten. Dennoch ging es mit 0:0 in die Pause. Auch im zweiten Abschnitt waren ausreichend Gelegenheiten für einen Treffer vorhanden. Als es schon nach einem torlosen Ausgang aussah, unterlief Inters Torhüter Julio Cesar ein spielentscheidender Fehler: Einen harmlosen Schuss von Arjen Robben wehrte der Brasilianer nach vorne ab – genau vor die Füße von Mario Gomez, der zum 1:0-Endstand einschoss.

Das nächste Highlight stand nur drei Tage nach dem Spiel in Mailand auf dem Programm: Am 26. Februar 2011 empfingen die Bayern den Bundesliga-Tabellenführer Borussia Dortmund. Dessen Vorsprung betrug 13 Punkte, nur mit einem Sieg konnte sich München noch Hoffnungen auf den Meistertitel machen. Nach neun Minuten verlor Bastian Schweinsteiger den Ball an den Dortmunder Kevin Großkreutz, der mit einem Pass auf Lucas Barrios das 1:0 für die Gäste einleitete. In einem rasanten Spiel gelang den Bayern nach einer Viertelstunde durch Luiz Gustavo der Ausgleich, ehe der BVB nur drei Minuten später durch Nuri Şahin erneut in Führung ging. In der zweiten Hälfte erhöhte die Borussia noch auf 3:1 und gewann dadurch zum ersten Mal nach 20 Jahren wieder in München.

Und es sollte noch schlimmer kommen: Am 2. März 2011 verloren die Bayern das Halbfinalspiel im DFB-Pokal gegen Schalke 04 in der heimischen Allianz Arena mit 0:1. Unmittelbar vor dem spielentscheidenden Treffer verlor Bastian Schweinsteiger ein Kopfballduell gegen Benedikt Höwedes, der den Ball für den Torschützen Raúl auflegen konnte. Drei Tage nach dem Pokal-Aus ging auch die Bundesligapartie bei Hannover 96 mit 1:3 verloren.

Da die Führungsriege der Bayern inzwischen selbst ihr minimales Saisonziel, nämlich die Qualifikation für die Champions League, gefährdet sah, löste sie den Vertrag mit Trainer Louis van Gaal auf – allerdings erst zum Saisonende. Zuvor sollte der Niederländer noch das Beste aus der Situation machen.

Bastian Schweinsteiger, dessen Formkurve nach der Weltmeisterschaft wieder nach unten zeigte, bedauerte das angekündigte Ende des Trainers. »Ich persönlich habe eine gute Entwicklung genommen«, sagte der Mittelfeldspieler. Er und seine Teamkollegen nahmen sich vor, dem Niederländer einen positiven Abschied zu bereiten.[109] Doch die erste Gelegenheit dazu verpassten sie: Am 5. März 2011 verloren die Bayern bei Hannover 96 ohne den gelbgesperrten Bastian Schweinsteiger mit 1:3.

Der letzte Titel, den die Bayern noch holen konnten, war die Champions League – und dort spielten sie am 15. März das Achtelfinal-Rückspiel gegen Inter Mailand. Schon mit dem ersten Angriff nach drei Minuten schoss Samuel Eto'o die Italiener in Führung. Doch München antwortete und profitierte einmal mehr von einem Fehler von Julio Cesar. Wie im Hinspiel konnte Mailands Torwart einen Schuss von Robben nicht festhalten, Mario Gomez nahm das Geschenk an und traf artistisch zum Ausgleich. Nach einer halben Stunde gingen die Bayern sogar durch Thomas Müller in Führung. In der zweiten Hälfte glitt dem FCB das Spiel allerdings aus den Händen: Nach 63 Minuten traf Wesley Sneijder zum neuerlichen Ausgleich, den Schweinsteiger mit einem energischeren Verteidigungsverhalten durchaus hätte verhindern können. Zwei Minuten vor Ende schoss Goran Pandev die Bayern mit seinem 3:2 aus dem Wettbewerb.

Unmittelbar nach dem Schlusspfiff ging Bastian Schweinsteiger auf Inters Ersatzspieler Marco Materazzi los und konnte nur von Mit- und Gegenspielern daran gehindert werden, den Italiener tätlich anzugreifen. »Der hat mich schon vor dem Spiel im Kabinengang provoziert und nach dem Spiel nochmal«, lieferte Schweinsteiger im anschließenden TV-Interview die Erklärung für seinen Ausbruch. Materazzi war durchaus bekannt dafür, seine Gegenspieler zu reizen: Im WM-Finale von 2006 etwa brachte er Zinédine Zidane dazu, ihm einen Kopfstoß zu geben, woraufhin der Franzose im letzten Spiel seiner Karriere mit einer roten Karte vom Platz flog. »Jetzt kann ich Zidane verstehen«[110], meinte Schweinsteiger lapidar.

Da nun sämtliche Titelchancen für die Bayern dahin waren, konnte sich Bastian Schweinsteiger wieder verstärkt seiner Leidenschaft für andere Sportarten widmen. Vor allem der Basketball hatte es ihm angetan – und da kam es ihm gerade recht, dass die Vereinsführung von Bayern München im Frühjahr 2010 beschlossen hatte, die eigene Basketballabteilung verstärkt zu unterstützen. So schickte man die damalige Zweitligamannschaft mit neuem Personal in die Saison 2010/2011: An der Linie stand fortan Dirk Bauermann, der neben den Bayern auch die deutsche Nationalmannschaft trainierte, und auf dem Feld gingen unter anderem die Nationalspieler Demond Greene und Steffen Hamann auf Körbejagd.

Als Basketball-Fan besuchte Schweinsteiger gerne die Spiele seiner Vereinskollegen, außerdem trainierten sowohl Fuß- als auch Basketballer auf dem Bayern-Gelände an der Säbener Straße. Als Steffen Hamann in einem Zeitungsinterview erwähnte, dass er am Gärtnerplatz wohnte, bekam er prompt eine SMS von Bastian Schweinsteiger. Die beiden Sportler trafen sich am Rande des nächsten Heimspiels der Basketball-Bayern und stellten nicht nur fest, dass sie beinahe Nachbarn waren, sondern auch, dass sie gerne die gleichen Lokale besuchten. Sie verabredeten sich zum Essen in einem mexikanischen Restaurant, und schnell entwickelte sich eine Freundschaft zwischen ihnen. Fortan verbrachten Schweinsteiger und Hamann häufiger ihre Freizeit miteinander.

Als im März 2011 feststand, dass den Bayern-Basketballern der Aufstieg in die Bundesliga nicht mehr zu nehmen war, hatten Vertreter von Sponsor und Ausstatter Adidas eine kühne Idee: Sie wollten, dass Bastian Schweinsteiger in einer Partie bei den Korbjägern mitspielte. Sie setzten sich mit Trainer Bauermann zusammen, entwickelten einen Plan – und verwarfen ihn wieder. »Dass Schweinsteiger letztlich doch nicht für uns auflief, war eine Entscheidung des gesunden Menschenverstandes«, schrieb Bauermann in seinem 2012 erschienenen Buch »Mission Erfolg«. Vor allem scheuten Spieler, Trainer und Verein das Risiko: »Nicht auszudenken, wenn er umgeknickt wäre oder sich sonst wie verletzt hätte«[111], so Bauermann weiter. Dadurch blieb Schweinsteiger die Rolle als Zuschauer und Edel-Fan der Bayern-Basketballer. Im Januar 2012 wurde er Ehrenmitglied des Fanclubs Bigreds, im Februar 2013 war er neben Frank Buschmann als Kommentator des Spiels von Bayern München gegen Alba Berlin auf Kabel 1 zu hören.

Die deutsche Nationalmannschaft befand sich auf dem besten Weg zur EURO 2012: Die ersten vier Spiele der Qualifikation hatte sie gewonnen, im fünften kam am 26. März 2011 das Team aus Kasachstan ins Fritz-Walter-Stadion von Kaiserslautern. Nach drei Minuten traf Miroslav Klose nach einem Freistoß von Bastian Schweinsteiger zum 1:0, zur Halbzeit führte Deutschland bereits mit 3:0. Im zweiten Abschnitt schaltete die Mannschaft ein paar Gänge zurück, spielte nicht mehr besonders drangvoll nach vorne und leistete sich Unkonzentriertheiten. Vor allem Schweinsteiger fiel dem Publikum in dieser Phase durch einige Fehlpässe auf.

Als Joachim Löw in der 78. Minute seinen müde wirkenden Mittelfeldmotor vom Feld holte, musste der sogar Pfiffe über sich ergehen lassen. Im Interview nach dem Spiel, das Deutschland letztlich mit 4:0 gewann, machte Schweinsteiger dann auch seinem Ärger Luft. »Ich verstehe die Zuschauer nicht«, so der Gescholtene.« »Man muss die Kirche im Dorf lassen. Da holen wir den fünften Sieg im fünften Spiel, haben 15 Punkte, und die Zuschauer pfeifen? Sollen die doch mal gegen eine Mannschaft spielen, die nur hinten drin steht.«[112] Seine hohe Fehlerquote erklärte er so, dass es gegen den defensiv eingestellten Gegner nötig war, auch riskante Pässe zu spielen.

Nach drei Bundesligasiegen in Folge – etwas, das zuvor in der gesamten Saison nicht vorgekommen war – spielten die Bayern am 9. April 2011 nur 1:1 beim 1. FC Nürnberg. Damit rutschten sie hinter Hannover 96 auf Platz vier in der Tabelle. Weil nur der dritte Platz die Qualifikation für die Champions League sicherstellte, beschloss der Bayern-Vorstand, sich doch noch vor Saisonende von Louis van Gaal zu trennen. Andries Joncker, einer seiner Assistenten, übernahm bis zum Sommer das Training.

Am 13. April 2011, wenige Tage nach der Entlassung von Louis van Gaal, erschien in der »Sport-Bild« ein doppelseitiger Artikel, der mit »Chefchen Schweini« überschrieben war. »Neuer Vertrag, altes Problem: Er taucht zu oft ab« war unter der Titelzeile zu lesen. Im Text setzte sich der Reporter Christian Falk äußerst kritisch mit Bastian Schweinsteigers Rolle innerhalb der Bayern-Mannschaft auseinander. So warf er dem Fußballer vor, sich nicht wie ein Führungsspieler zu verhalten, sondern sich gegenüber seinen Teamkollegen abzukapseln – wodurch Schweinsteiger angeblich auch das Scheitern des Trainers mit zu verantworten hatte. Ein weiterer Punkt auf der langen Liste der Tadeleien war, dass Schweinsteiger nicht kritikfähig sei – was dieser auf die denkbar schlechteste Weise konterte.

Zwei Wochen nach Erscheinen des Artikels luden die Bayern zu einer Presserunde, an der auch Christian Falk teilnahm. Gleich als dieser den Raum betrat, in dem das Gespräch stattfinden sollte, polterte Schweinsteiger los. »Was du schreibst, ist ein Witz«, beschimpfte der Bayern-Spieler den Reporter. Schweinsteiger wies den Vorwurf von sich, ein »Chefchen« zu sein und machte klar, dass er durchaus Autorität bei seinen Mannschaftskameraden genoss. »Ich tue alles für den Verein. Ich spiele mit Schmerzen und versuche jedes Mal, ein gutes Spiel hinzubringen«[113], so Schweinsteiger.

Nach knapp zwölf Minuten Aufregung erhob sich der Fußballer und verließ die Pressekonferenz – allerdings nicht, ohne sich gebührend von Falk zu verabschieden. »Ganz ehrlich, ich habe keine Lust mehr«, raunte Schweinsteiger. »Wegen so einem Pisser brauche ich mich nicht so zutexten lassen.« Mit einem »Arschloch« verließ er den Raum, betrat ihn allerdings kurz darauf wieder, diesmal in Begleitung von Markus Hörwick. Als wäre nichts gewesen, sprach Schweinsteiger über den nächsten Gegner Schalke 04, bevor die Konferenz offiziell beendet wurde. Kameras waren nicht zugelassen.[114]

Der Wutausbruch des Spielers stieß bei seinem Verein auf Zustimmung. »Wir verstehen, dass sich Bastian Schweinsteiger auch mal zur Wehr setzt«, meldete sich Bayerns Vorstandsvorsitzender Karl-Heinz Rummenigge zu Wort. Und Trainer Joncker warf ein, dass es normal sei, »Emotionen zu haben, verärgert, froh oder aggressiv zu sein«. Schließlich sei Schweinsteiger »jeden Tag ein guter Typ«.[115] Zwei Tage nach dem Vorfall, am 30. April 2011, gab Schweinsteiger die richtige Antwort auf dem Platz und gehörte beim 4:1 seiner Bayern gegen Schalke zu den besten Spielern eines Teams. Mit dem Sieg stieg München wieder auf Rang drei der Bundesligatabelle, den das Team auch an den verbleibenden zwei Spieltagen verteidigte.

Erst als die Saison zu Ende war, kam heraus, dass sich Bastian Schweinsteiger im viertletzten Spiel, der Partie bei Eintracht Frankfurt am 23. April 2011, einen Zeh am rechten Fuß gebrochen hatte. »Wir haben das bewusst nicht bekanntgegeben. Die Sorge, dass Bastian jemand auf den Fuß steigt, war zu groß«[116], erklärte Markus Hörwick die Geheimhaltung der Verletzung. Drei Spiele hatte Schweinsteiger mit dem gebrochenen Zeh absolviert, auf die Teilnahme an den EM-Qualifikationsspielen der deutschen Nationalmannschaft am 3. Juni in Österreich und am 7. Juni in Aserbaidschan musste er allerdings verzichten.

Nach einer starken vergangenen Saison und einer überzeugenden Weltmeisterschaft konnte Schweinsteiger in der Spielzeit 2010/2011 nicht an seine Leistungen anknüpfen. Deutlich war zu erkennen, dass ihm Mark van Bommel fehlte, sein Partner im defensiven Mittelfeld. Dessen Nachfolger Luiz Gustavo war noch nicht in der Lage, die Rolle des ehemaligen Kapitäns zu übernehmen. Zudem hatte Louis van Gaal Schweinsteiger in vielen Spielen direkt hinter den Spitzen agieren lassen, was diesem viel weniger lag als seine gewohnte Position vor der Abwehr. Eines war jedoch in der abgelaufenen Spielzeit mehr denn je zu erkennen: Wenn Schweinsteiger nicht in Form war, hatten auch seine Bayern Schwierigkeiten, ihr eigentliches Potential abzurufen.

15. Niederlagen, Verletzungen, »Drama dahoam«: Die enttäuschende Saison 2011/2012

»Da müssen wir dabei sein!« Mit diesen Worten hatte Bayern-Präsident Uli Hoeneß bei der Jahreshauptversammlung seines Vereins am 30. November 2010 – der gleichen übrigens, bei der er Bastian Schweinsteiger persönlich um die Verlängerung seines Vertrags bat – ein großes Ziel angekündigt: die Teilnahme am Champions-League-Finale 2012. Das nämlich sollte an einer allzu bekannten Spielstätte stattfinden: der eigenen Allianz Arena, die damit zum ersten Mal in ihrer noch kurzen Geschichte das Endspiel des wichtigsten europäischen Vereinsturniers ausrichtete.

Mit Beginn der Saison 2011/2012 war ein neuer Trainer für die Geschicke der Bayern verantwortlich. Josef Heynckes, genannt »Jupp«, der schon 2009 Jürgen Klinsmanns Nachfolger war, unterschrieb einen Zwei-Jahres-Vertrag in München. Der 1945 geborene Heynckes war als Fußballer vor allem für Borussia Mönchengladbach aktiv, seine Trainerkarriere begann er 1979 ebenfalls bei seinem Heimatverein. Zwischen 1987 und 1991 betreute er schon einmal die Bayern und gewann zwei Meisterschaften mit ihnen. Im Jahr 1998 gewann er mit Real Madrid die Champions League.

Und Heynckes konnte bei seinem Dienstantritt einige hochkarätige Neueinkäufe begrüßen: Im Sommer 2011 kam Nationaltorhüter Manuel Neuer für 27,5 Millionen Euro vom FC Schalke 04, außerdem holten die Bayern Jérôme Boateng von Manchester City und Rafinha vom FC Genua. Dazu kehrte der Österreicher David Alaba, der zuvor an die TSG Hoffenheim ausgeliehen war, nach München zurück. Miroslav Klose hingegen verließ den Club und ging ablösefrei zu Lazio Rom.

Als Dritter der Vorsaison mussten die Bayern in die Play-offs der Champions League – ungewohnt für das Team, das sich zuletzt vier Mal in Folge direkt für die europäische Königsklasse qualifiziert hatte. Doch vor den Spielen um den Einzug in die Gruppenphase stand zunächst der Auftakt in die nationalen Wettbewerbe an. Am 1. August 2011, dem 27. Geburtstag von Bastian Schweinsteiger, traten die Bayern in der ersten Runde des DFB-Pokals beim Zweitligisten Eintracht Braunschweig an und gewannen mit 3:0; Geburtstagskind Schweinsteiger steuerte das 2:0 per Elfmeter bei.

Weniger reibungslos verlief dagegen die erste Bundesligapartie eine Woche später. Die Bayern spielten zu Hause gegen Borussia Mönchengladbach – und bissen sich vor allem am gegnerischen Torhüter Marc-André ter Stegen die Zähne aus. Auch Schweinsteiger hatte seine Chancen: In der ersten Halbzeit setzte er einen Kopfball übers Tor, in der Schlussphase scheiterte er mit einem Weitschuss. Wegen eines Fehlers von Manuel Neuer in der 62. Minute verloren die Bayern letztlich mit 0:1. Den Fehlstart machten sie allerdings am darauffolgenden Wochenende mit einem 1:0-Sieg beim VfL Wolfsburg wieder wett. Schweinsteiger agierte als kreativer Kopf seiner Mannschaft, das siegbringende Tor erzielte Luiz Gustavo, der im Laufe der Saison mit Schweinsteiger die Doppelsechs bildete.

Die Auslosung für die Play-offs der Champions League hatte den FC Zürich als Bayerns Gegner ergeben. Die Schweizer mussten am 17. August 2011 zunächst in der Münchner Allianz Arena antreten, wo Bastian Schweinsteiger bereits in der achten Minute das 1:0 für die Bayern köpfte. Nach 72 Minuten sorgte Arjen Robben für den 2:0-Endstand. Eine Woche später reisten die Münchner zum

Rückspiel nach Zürich und gewannen mit 1:0. Der Einzug in die Champions-League-Gruppenphase war geschafft, die dortigen Gegner hießen FC Villareal, Manchester City und SSC Neapel.

Am 2. September 2011 kam die österreichische Nationalmannschaft zum EM-Qualifikationsspiel in die Gelsenkirchener Veltins-Arena. Das deutsche Team, das mit sieben Siegen aus sieben Partien unangefochten an der Spitze der Tabelle stand, hatte gegen den Nachbarn die Chance, vorzeitig das Ticket für das kontinentale Turnier zu lösen. Und die Österreicher machten es Jogi Löws Auswahl nicht allzu schwer: Nach acht Minuten flankte Schweinsteiger in den Strafraum, Özil kam an den Ball, seinen Schuss lenkte Miroslav Klose zum 1:0 in die Maschen. Nach einer halben Stunde führte Deutschland bereits mit 3:0 und gewann das unterhaltsame Spiel am Ende mit 6:2.

Und auch bei den Bayern begann eine außerordentlich erfolgreiche Phase: Auf ein 3:0 beim 1. FC Kaiserslautern am 27. August folgte ein 7:0 zu Hause gegen den SC Freiburg, bei dem Bastian Schweinsteiger Nils Petersens Treffer zum Endstand vorbereitete. Auch in der Champions League waren die Münchner nicht zu stoppen, gewannen jeweils mit 2:0 bei Villareal und gegen Manchester und holten ein 1:1 in Neapel. Beim 4:0 gegen Hertha BSC Berlin am 15. Oktober 2011 schoss Bastian Schweinsteiger mit dem 3:0 sein erstes Bundesliga-Tor der Saison, zwei Wochen später, beim 4:0 gegen den 1. FC Nürnberg, bereitete er das 1:0 durch Mario Gomez vor und erzielte das 2:0 selbst.

Die Bayern waren in berauschender Form, führten die Bundesligatabelle nach elf Spielen mit vier Punkten Vorsprung vor Schalke 04 an, hatten erst drei Gegentore kassiert – und keinen unerheblichen Anteil daran hatte Bastian Schweinsteiger. Am 2. November 2011 konnte das Team außerdem einen großen Schritt in Richtung Champions-League-Achtelfinale machen, als der SSC

Neapel zum Gruppenspiel in die Allianz Arena kam. Es sollte jedoch ein tragischer Abend für Schweinsteiger werden.

Zunächst sah es aber nicht danach aus: Mit einem coolen Pass aus dem Mittelfeld bereitete Bayerns Mittelfeldmotor in der 17. Minute das 1:0 durch Mario Gomez vor. Anschließend sorgte der Stürmer mit zwei weiteren Toren für eine komfortable 3:0-Führung der Bayern. Knapp vor der Pause kam Neapel durch Federico Fernandez noch zum Anschlusstreffer. Nachdem gerade einmal fünf Minuten in der zweiten Halbzeit gespielt waren, nahm der Schweizer Nationalspieler Gökhan Inler Anlauf und stieg rustikal in ein Kopfballduell mit Bastian Schweinsteiger ein. Der Bayer ging zu Boden, hielt sich mit schmerzverzerrtem Gesicht die rechte Schulter und musste schließlich vom Platz getragen werden.

Während seine Mannschaft ohne ihn zusehends Probleme hatte, im Spiel zu bleiben und sich mit 3:2 gerade noch über die Ziellinie rettete, wurde bei Schweinsteiger ein Schlüsselbeinbruch diagnostiziert. Damit war klar: Das Fußballjahr 2011 war für ihn vorzeitig beendet. Noch in der Nacht des Spiels wurde er operiert und eine Platte in seine Schulter eingesetzt, die erst ein Jahr später wieder entfernt werden sollte. Fortan erinnerte eine etwa 15 Zentimeter lange Narbe an die schwere Verletzung.

Zwei Wochen nach dem Vorfall waren Schweinsteiger und sein Bruder Tobias in der Sendung »Blickpunkt Sport« beim Bayerischen Rundfunk zu Gast. Bastian, den rechten Arm in einer schwarzen Schlinge, äußerte sich bei der Gelegenheit launig über seine lädierte Schulter. Die Schmerzen seien weg, meinte er, allerdings hätte er Schwierigkeiten bei alltäglichen Dingen: Die Socken zog er sich demnach mit der linken Hand an, das Autofahren bekomme er gar nicht hin, und um sich seine Haare zu gelen, benötigte er die Hilfe seiner Freundin Sarah.[117]

In einem Statement, das während der Sendung eingespielt wurde, lobte Ex-Bayern-Spieler Mehmet Scholl die Entwicklung, die Bastian Schweinsteiger in den vergangenen Jahren gemacht hatte. »Er hat irgendwann verstanden, zuzuhören, sich weiterzuentwickeln, seinen Weg völlig unabhängig von Kritik zu bestreiten – und das machen nur große Spieler«, so Scholl. Schweinsteiger stünde für Scholl bereits auf einer Stufe mit verdienten Bayern-Spielern wie Stefan Effenberg, Michael Ballack, Lothar Matthäus und Oliver Kahn. Zum verletzungsbedingten Ausfall des Mittelfeldspielers meinte Scholl: »In der Form, in der Bastian seit der WM ist, ist er für die Bayern lebensnotwendig.«[118]

Wie sehr Scholls Aussage zutraf, zeigte sich beim Bundesliga-Spitzenspiel gegen Borussia Dortmund am 19. November 2011, das die Bayern ohne Schweinsteiger zu Hause mit 0:1 verloren. Auch beim 2:3 in Mainz eine Woche später, durch das die Bayern die Tabellenführung an Dortmund abgeben mussten, wurde der Mittelfeldmann schmerzlich vermisst. Dennoch konnte sich der FCB im Endspurt des Jahres den ersten Platz zurückholen, und auch der Einzug ins Achtelfinale der Champions League war dem Team nach einem 3:1-Heimsieg gegen den FC Villareal am 22. November nicht mehr zu nehmen. Eins war jedoch offensichtlich: Mit Schweinsteiger fehlte den Bayern ihr Herzstück.

Als Bestätigung seiner guten Leistungen in den vergangenen zwölf Monaten stand Bastian Schweinsteiger – wie schon 2010 – auf der Liste der 23 weltbesten Fußballer des Jahres. Zwar war bereits vor der Verleihung des Ballon d'Or am 9. Januar 2012 bekannt, dass er nichts mit dem Sieg zu tun haben würde. Aber mit 0,5 Prozent der Stimmen von Pressevertretern, Nationaltrainern und Kapitänen von Nationalmannschaften schaffte er einen beachtlichen 15. Rang – zwei Plätze hinter seinem Bayern-Teamkollegen Thomas Müller.

Mit dem Jahreswechsel 2011/12 hatte Schweinsteiger seinen Schlüsselbeinbruch ausgestanden, jedoch musste er während der Vorbereitung auf die zweite Saisonhälfte mehrmals das Training wegen einer Reizung im Knie abbrechen. Trotzdem meldete er sich fit, als die Bayern am 20. Januar 2012 zum ersten Spiel des Jahres bei Borussia Mönchengladbach antraten. Doch auch mit ihrem wieder genesenen Regisseur im hinteren Mittelfeld lief es noch nicht rund für die Mannschaft. Zwar war München in der Anfangsphase der Partie überlegen, allerdings erzielte Marco Reus schon nach elf Minuten und – wie bereits im Hinspiel – nach einem folgenschweren Fehler von Manuel Neuer das 1:0 für Gladbach. Darauf folgten zwei Treffer durch Patrick Herrmann, es blieb Bastian Schweinsteiger überlassen, nach einer Ecke von Toni Kroos in der 76. Minute den Ehrentreffer für sein Team zu erzielen.

Nach dem Spiel wurde es eng an der Tabellenspitze der Bundesliga: Zwar führten die Bayern noch, allerdings lagen sie nach Punkten gleichauf mit Borussia Dortmund und den FC Schalke 04. Nachdem am nachfolgenden Spieltag alle drei Teams gewonnen hatten, leisteten sich die Bayern am 4. Februar 2012 ein 1:1-Unentschieden beim Hamburger SV und mussten, wie schon zum Ende der Vorrunde, den Dortmundern in der Tabelle den Vortritt lassen. Vier Tage nach dem Abrutschen von der Tabellenspitze stand das Viertelfinale im DFB-Pokal an, für das die Bayern zum VfB nach Stuttgart reisen mussten. Der ungefährdete 2:0-Sieg der Münchner trat jedoch ein wenig in den Hintergrund angesichts dessen, was sich bereits nach fünf Minuten ereignete: Bei einem Tackling traf Stuttgarts Verteidiger Georg Niedermeier den rechten Knöchel von Bastian Schweinsteiger. Der Bayern-Spieler bemühte sich zwar darum, weiterzumachen, Trainer Heynckes musste ihn aber schon in der 17. Minute gegen David Alaba tauschen.

Schweinsteiger war erneut verletzt, so viel stand fest. Was genau er sich in Stuttgart zugezogen hatte, sollte Doktor Hans-Wilhelm Müller-Wohlfahrt am Vormittag nach dem Spiel bei einer Kernspintomografie in München herausfinden. Schweinsteiger erschien auf Krücken in der Praxis des Bayern-Arztes, an seiner Seite seine Freundin Sarah. Nach der Untersuchung teilte Müller-Wohlfahrt der wartenden Presse mit, dass Schweinsteiger einen Außenbandriss im Sprunggelenk erlitten hatte, über die Dauer der Genesung jedoch noch keine Angaben möglich wären.

Zur gleichen Zeit hielt sich auch Schweinsteigers Bruder Tobias in Müller-Wohlfahrts Behandlungsräumen auf, da er sich einen Monat zuvor ebenfalls eine Verletzung am Sprunggelenk zugezogen hatte. Diese Gelegenheit wollten die Schweinsteiger-Brüder nutzen, um den Journalisten einen kleinen Streich zu spielen. Denn der mit dunklem Schal und Mütze vermummte Mann, der einige Zeit später an Sarah Brandners Seite und auf Krücken die Arztpraxis verließ, war nicht Bastian, sondern Tobias. Der jüngere Bruder, dem nach der Behandlung ein Gips angelegt worden war, hatte das Gebäude durch den Hinterausgang verlassen und genoss kurz darauf ungestört sein Frühstück in einem Café in der Innenstadt.

Nach einer Woche wurde Schweinsteigers Gips abgenommen, anschließend trug er einen Spezialschuh, mit dem er bereits wieder mit dem Muskelaufbau beginnen konnte. Dennoch mussten die Bayern fünf Partien ohne ihn bestreiten: vier in der Bundesliga, von denen München nur zwei gewinnen konnte, sowie das Hinspiel im Achtelfinale der Champions League beim FC Basel, das am 22. Februar 2012 mit 0:1 verloren ging. Den Bayern drohte die Saison zu entgleiten: In der europäischen Königsklasse standen sie mit dem Rücken zur Wand, und in der Liga verloren sie allmählich den Anschluss an Borussia Dortmund.

Als Schweinsteiger am 10. März gegen die TSG 1899 Hoffenheim wieder im Bayern-Kader stand, betrug der Rückstand seines

Clubs auf den BVB bereits satte sieben Punkte. Trainer Heynckes hatte schon im Vorfeld der Partie gegen die TSG Hoffenheim am 10. März 2012 angekündigt, dass Schweinsteigers Fitness nicht für die kompletten 90 Minuten ausreichend würde, folgerichtig setzte er seinen Spieler zunächst auf die Bank. Es stand bereits 7:0 für die Bayern, als er in der 62. Minute für Thomas Müller eingewechselt wurde. Den Endstand von 7:1 besorgte fünf Minuten vor Spielschluss Luiz Gustavo mit einem Eigentor. Und da Dortmund nur ein 0:0 beim FC Augsburg erreichte, war der Rückstand auf fünf Punkte geschmolzen.

Auch im Champions-League-Spiel gegen den FC Basel, das drei Tage später stattfand, spielte Schweinsteiger nicht von Beginn an. Diesmal wurde er in der 70. Minute gegen Thomas Müller eingetauscht, erneut war die Partie bereits entschieden: Allein Mario Gomez hatte drei Tore zum zwischenzeitlichen 6:0 beigetragen. Und auch Schweinsteiger brachte in der Schlussphase Zählbares zustande: In der 81. Minute bediente er Arjen Robben, der zum 7:0-Endstand abschloss. Die Bayern hatten den Kopf locker aus der Schlinge gezogen und das Viertelfinale im Europapokal erreicht. Der Traum vom Endspiel im eigenen Stadion lebte weiter.

Doch der Heilungsprozess an Schweinsteigers Knöchel ging nicht so schnell vonstatten, wie er und die medizinische Abteilung der Bayern es sich erhofft hatten. Erneut musste er zwei Bundesligaspiele ausfallen lassen, außerdem verpasste er das Halbfinale des DFB-Pokals, das die Bayern am 21. März 2012 ohne ihn im Elfmeterschießen bei Borussia Mönchengladbach gewannen. Erst eine Woche später, beim Auswärtsspiel gegen Olympique Marseille im Champions-League-Viertelfinale, stand Schweinsteiger wieder zur Verfügung. Diesmal schickte ihn Jupp Heynckes in der 71. Minute auf den Platz, kurz nachdem Arjen Robben das 2:0 für die Bayern erzielt hatte. Am Spielstand änderte sich nichts mehr, nur kassierte Schweinsteiger in der 82. Minute noch eine gelbe Karte. Die war insofern relevant, als dass es seine dritte im laufenden

Wettbewerb war – was dazu führte, dass er für das Rückspiel gegen Marseille gesperrt war.

Allzu sehr dürfte er sich darüber allerdings nicht geärgert haben, schließlich hatte sein Team durch den Auswärtssieg eine komfortable Ausgangssituation vor dem Heimspiel gegen Olympique – und er selbst etwas mehr Zeit, um seine gesundheitlichen Probleme auszukurieren. So kam Schweinsteiger am 31. März 2012 beim 1:0-Sieg gegen den 1. FC Nürnberg zehn Minuten nach der Pause von der Bank ins Spiel, und eine Woche später, beim 2:1 zu Hause gegen den FC Augsburg, reichte seine Kraft über die gesamte Spieldauer. Allerdings schien noch immer nicht alles in Ordnung mit seinem Knöchel zu sein – dabei standen doch gerade jetzt die entscheidenden Wochen der Saison an.

Am 11. April 2012 war der Dortmunder Signal Iduna Park der Schauplatz für das Spitzenspiel zwischen Tabellenführer Borussia Dortmund und Verfolger Bayern München. Der Vorsprung des BVB war fünf Spiele vor Saisonende auf drei Punkte geschrumpft, ein Sieg hätte den Kampf um die Meisterschaft wieder spannend gemacht. Bastian Schweinsteiger nahm erneut nur auf der Bank Platz und wurde nach einer guten Stunde für Thomas Müller eingewechselt. Da stand es noch 0:0 – die dramatische Schlussphase konnte beginnen. Nach seiner Hereinnahme belebte Schweinsteiger das Spiel der Bayern zusehends, sein Team war drückend überlegen – dennoch schoss Dortmund das Tor. Nach einer Ecke in der 77. Minute fälschte Robert Lewandowski einen Schuss von Kevin Großkreutz unhaltbar zum 1:0 ab. Zur tragischen Figur des Spiels wurde Arjen Robben, der in der 86. Minute einen Elfmeter vergab und in der Nachspielzeit aus vier Metern Entfernung das Tor nicht traf.

Für Schweinsteiger und seine Bayern war das Thema Meisterschaft nun so gut wie abgehakt – zumal sie eine Woche nach dem Dortmund-Spiel nicht über ein 0:0 gegen Mainz 05 hinauskamen und danach bereits acht Punkte Rückstand auf den BVB hatten. Trotzdem standen die Chancen gut, die durchwachsene Saison doch noch mit zwei Titeln abzuschließen: Im DFB-Pokal standen die Bayern im Finale, und in der Champions League erreichten sie durch ein 2:0 im Rückspiel gegen Olympique Marseille am 3. April 2012 die Runde der besten vier Teams. Doch im Halbfinale wartete mit dem spanischen Vizemeister Real Madrid und seiner geballten Offensivkraft, angeführt vom portugiesischen Superstar Cristiano Ronaldo, eine echte Herausforderung auf den FCB.

Die Allianz Arena in München gab am 17. April 2012 die Bühne für das Hinspiel zwischen Bayern und Real. Bastian Schweinsteiger, der von Beginn an spielte, feierte ein Jubiläum, schließlich war das Messen mit den Spaniern das 75. Europapokal-Match seiner Karriere. Allerdings machte er nur ein mäßiges Spiel und wurde beim Stand von 1:1 in der 61. Minute ausgewechselt. Der Tausch hatte allerdings auch taktische Gründe, denn mit Thomas Müller brachte Trainer Heynckes einen zusätzlichen Stürmer, um für das Rückspiel für ein aussichtsreicheres Ergebnis zu sorgen. Es war jedoch Mario Gomez, der in der letzten Minute das 2:1 erzielte und Münchens Chance bewahrte, das Finale zu erreichen.

Am Wochenende nach dem Spiel gegen Madrid gewannen die Bayern zwar mit 2:1 bei Werder Bremen, verloren aber endgültig das Fernduell gegen den BVB. Dortmund besiegte Borussia Mönchengladbach mit 2:0 und sicherte sich zwei Spieltage vor Schluss den Meistertitel. Dass Jupp Heynckes ohnehin keinen großen Glauben mehr an eine erfolgreiche Aufholjagd hatte, zeigte seine Aufstellung gegen Bremen: Mit Bastian Schweinsteiger, Manuel Neuer und Luiz Gustavo standen nur drei Spieler in der Startformation, die auch gegen Real Madrid gespielt hatten, alle anderen schonte der Coach.

»Alles oder nichts« war das Motto am 25. April 2012, als der FC Bayern München im ehrwürdigen Estadio Santiago Bernabéu den Hausherren von Real Madrid gegenüberstand. Das Stadion war mit 80.354 Zuschauern bis auf den letzten Platz gefüllt. Zehn Jahre mussten die Madrilenen bereits darauf warten, endlich wieder ins Finale des Europacups einzuziehen. Und Real legte furios los: In der sechsten Minute kam Ángel di María am rechten Strafraumrand völlig frei zum Schuss, beim Versuch, ihn abzublocken, setzte David Alaba seine Hand ein. Den fälligen Elfmeter verwandelte Cristiano Ronaldo sicher.

Der Portugiese war es auch, der in der 14. Minute völlig frei vor Manuel Neuer auftauchte und mit viel Ballgefühl zum 2:0 einschob. Und es ging munter weiter: In Minute 27 brachte Reals Verteidiger Pepe Mario Gomez im eigenen Strafraum zu Fall, woraufhin der ungarische Schiedsrichter Viktor Kassai erneut auf Strafstoß entschied. Obwohl er exakt zwei Wochen zuvor gegen Borussia Dortmund verschossen hatte, schnappte sich Arjen Robben den Ball – und versenkte ihn zum 1:2 aus Bayern-Sicht. In der Folge hatten beide Teams ihre Möglichkeiten, aber mit fortschreitender Spielzeit gewann doch die Angst vor einem Fehler die Oberhand. Da sowohl nach 90 als auch nach 120 Minuten keine weiteren Treffer fielen, musste das Elfmeterschießen entscheiden – und tat dies in regelrechter Krimi-Manier.

Für die Bayern hatte David Alaba bereits getroffen, als Cristiano Ronaldo anlief – und an Manuel Neuer scheiterte. Da auch Mario Gomez verwandelte und Neuer den Schuss von Kaká hielt, führten die Bayern mit 2:0. Toni Kroos hatte die Vorentscheidung auf dem Fuß – aber diesmal tauchte Reals Torhüter Iker Casillas in die richtige Ecke ab. Anschließend zielte Xabi Alonso als erster Real-Spieler richtig und traf. Wie zuvor bei Kroos versagten auch bei Bayerns Kapitän Philipp Lahm die Nerven, seinen schwachen Schuss konnte Casillas mühelos entschärfen. Alles war wieder offen, als Sergio Ramos zum Punkt schritt. Der Spanier nahm einen langen Anlauf – und hämmerte den Ball meterweit über Neuers Tor.

Als fünften Schützen seines Teams hatte Jupp Heynckes Bastian Schweinsteiger ernannt. Wenn der traf, hätte der FCB das Finale erreicht. Konzentriert blickte er auf den Ball, der auf dem berüchtigten Punkt elf Meter von Iker Casillas' Tor entfernt lag, und wartete auf den Pfiff des Schiedsrichters. Als er ertönte, lief Schweinsteiger an – und verwandelte. Jubelnd zog er sich sein Trikot über den Kopf und stürmte über den Platz, verfolgt von seinen Mannschaftskollegen. Während Reals Trainer José Mourinho frustriert in den Katakomben des Stadions verschwand, feierten die Bayern-Spieler ihren hart erkämpften Triumph.

Das Team hatte es geschafft: Zum zweiten Mal innerhalb von drei Jahren stand es im wichtigsten Endspiel des europäischen Vereinsfußballs, als erstes in der zwanzigjährigen Geschichte der Champions League bestritt es das Finale im eigenen Stadion. Längst hatten die Fans der Bayern für das »Spiel der Spiele« ein geflügeltes Wort in Umlauf gebracht, das die Medien bereitwillig aufnahmen: »Finale dahoam«. Am Tag vor Münchens Sieg hatte sich bereits der FC Chelsea für das Endspiel qualifiziert, nach einem 1:0 im Hin- reichte im Rückspiel ein 2:2 beim FC Barcelona.

Eine Woche vor dem europäischen stand für die Bayern noch das nationale Endspiel auf dem Programm: das um den DFB-Pokal. Ausgerechnet Meister Dortmund war am 12. Mai 2012 im Berliner Olympiastadion der Gegner. Bastian Schweinsteiger und Luiz Gustavo bildeten einmal mehr die Doppelsechs – und nicht nur die beiden hatten gegen den BVB einen rabenschwarzen Tag erwischt. Im Anschluss an das Spiel, das die Bayern sang- und klanglos mit 2:5 verloren, gab der »Kicker« Gustavo die Note 6, Verteidiger Jérôme Boateng eine 5,5 und neben Schweinsteiger noch drei seiner Teamkollegen eine glatte 5.[119] Der persönliche Tiefpunkt für Schweinsteiger in der Partie war das 1:4, vor dem Kevin Großkreutz den Ball durch die Beine des Münchners zum Torschützen Robert Lewandowski passte. »Wir müssen das schnell abhaken, weil ja noch ein wichtiges Spiel auf uns wartet«[120], äußerte sich Schweinsteiger nach der Partie.

Ganz München fieberte dem 19. Mai 2012 entgegen, dem Tag des großen Spiels: dem »Finale dahoam«. Unter dem Motto »Eine Stadt. Ein Traum« forderte der FC Bayern die Bewohner der Stadt dazu auf, »Farbe zu bekennen«. In Videoclips baten Bastian Schweinsteiger und seine Teamkollegen die Münchner, am Finaltag in roter und weißer Kleidung auf die Straße zu gehen, ihre Autos zu schmücken oder auf andere Arten die Stadt in Bayern-Farben zu hüllen. Geschäftsauslagen waren dem Anlass entsprechend gestaltet, riesige Plakate in der Innenstadt zeigten die FCB-Kicker in Jubelposen.

Über eine Million Kartenvorbestellungen gingen bis zum Stichtag beim FC Bayern ein, der allerdings – wie der FC Chelsea auch – nur 17.500 Tickets in den Verkauf bringen durfte. Der europäische Fußballverband UEFA schätzte, dass bis zu 300 Millionen Menschen weltweit das Spiel am Fernseher verfolgten. In Deutschland versorgte Sat.1 seine Zuseher bereits seit zwölf Uhr mit jeder noch so unbedeutenden Information rund um die Allianz Arena, die von der UEFA für diesen einen Tag in »Fußball Arena München« umgetauft wurde, und konnte sich am Ende des Abends über die eigene Rekordquote von 16,77 Millionen Zuschauern freuen.

Am Tag vor dem Spiel standen Philipp Lahm und Bastian Schweinsteiger der internationalen Presse Rede und Antwort. Lahm erklärte den englischen Journalisten, was dieses ominöse »dahoam« zu bedeuten hatte, das seit Tagen durch München geisterte, und Schweinsteiger kündigte im Scherz an, zur Vorbereitung auf die Partie viele Zeitungsberichte über sich selbst lesen und sich anschließend auf die Maximilianstraße begeben zu wollen. Angesprochen auf seinen Gesundheitszustand meinte

Schweinsteiger: »Meinem Sprunggelenk geht es soweit ganz gut. Solange keiner draufsteigt, ist alles in Ordnung.«[121]

Bereits vor dem Halbfinale wurde der FC Bayern als Heimmannschaft des Endspiels ausgelost, wodurch dem Team die ungewöhnliche Situation erspart blieb, im eigenen Stadion die Gästekabine zu beziehen. Jupp Heynckes musste einige Spieler ersetzen, die aufgrund dreier gelber Karten gesperrt waren, darunter Bastian Schweinsteigers Doppelsechs-Partner Luiz Gustavo. Auf der Pressekonferenz tags zuvor meinte Bayerns Vize-Kapitän anerkennend: »Luiz Gustavo ist für mich persönlich zu einem sehr wichtigen Spieler geworden.«[122] So stellte Heynckes statt des Brasilianers Toni Kroos an Schweinsteigers Seite ins defensive Mittelfeld.

Pünktlich um 20:45 Uhr pfiff der portugiesische Schiedsrichter Pedro Proenca das Spiel an, um 20:47 Uhr holte sich Schweinsteiger für ein absichtliches Handspiel die erste gelbe Karte der Partie ab. Psychologisch war das alles andere als glücklich, denn fortan musste er sich bei Zweikämpfen zurückhalten, um keine Herausstellung zu riskieren. Wie zu erwarten trat der FC Chelsea auffällig defensiv auf und kam in der ersten Hälfte nur zu einem einzigen Torschuss, bei dem Manuel Neuer aktiv werden musste. Da auch die Bayern keine ihrer zahlreichen Chancen nutzen, ging es mit 0:0 in die Pause.

Auch in der zweiten Halbzeit drückte München, hatte allerdings selten die Mittel, sich gegen den defensiv eingestellten Gegner Tormöglichkeiten zu erarbeiten. In der 83. Minute war es dann endlich soweit: Die Bayern gingen durch einen Kopfball von Thomas Müller hochverdient in Führung. Doch Chelsea gab sich nicht geschlagen und holte in der 88. Minute seinen ersten Eckball heraus. Während sich der Spanier Juan Mata zu dessen Ausführung begab, lief Chelseas Verteidiger David Luiz an Bastian

Schweinsteiger vorbei und raunte ihm die Worte »And now goal!« zu. Und in der Tat: Matas Ecke fand Didier Drogba, der mit einem wuchtigen Kopfball Manuel Neuer überwand. Als Luiz kurz darauf wieder an Schweinsteiger vorbeikam, grinste ihn der Brasilianer an und sagte nur: »Sorry!«

Es stand 1:1, das »Finale dahoam« ging in die Verlängerung. Und die war gerade erst drei Minuten alt, als Didier Drogba in Chelseas Strafraum Franck Ribéry von hinten in die Beine trat. Schiedsrichter Proenca entschied auf Elfmeter für die Bayern, Arjen Robben übernahm Verantwortung, schoss den Ball flach nach rechts – aber Chelseas Torhüter Petr Čech ahnte die Ecke und hielt. Wie schon gegen Borussia Dortmund vergab der Niederländer einen möglicherweise vorentscheidenden Strafstoß. Da die Bayern in der anschließenden knappen halben Stunde keine ihrer reichlich vorhandenen Torchancen nutzten, musste das Elfmeterschießen entscheiden.

»In meinem Alter weiß ich nicht, ob mein Herz das übersteht«[123], hatte Jupp Heynckes gemeint, als er vor der Partie auf die Möglichkeit eines entscheidenden Elfmeterschießens angesprochen wurde. Dem Coach, der zehn Tage vor dem Finale seinen 67. Geburtstag gefeiert hatte, blieb nun jedoch nichts anderes übrig, als seine Schützen zu bestimmen und auf ihre Nervenstärke zu hoffen. Den Anfang machte Philipp Lahm, der gegen Real Madrid vergeben hatte, diesmal jedoch verwandelte. Im Gegenzug trat Juan Mata für Chelsea an – und scheiterte mit seinem Schuss an Manuel Neuer.

Die nächsten vier Spieler – unter ihnen auch Neuer selbst – trafen, dann war Münchens Stürmer Ivica Olić an der Reihe. Er entschied sich für einen halbhohen Schuss nach rechts, Petr Čech sprang genau in die gleiche Ecke und konnte entschärfen – alles war wieder offen. Nachdem Ashley Cole für Chelsea verwandelt hatte, trat Bastian Schweinsteiger für den FCB an – wie schon gegen

Real als fünfter Schütze. Knapp vor der Strafraumgrenze nahm er Aufstellung, die Arme gegen die Hüfte gestemmt, voll konzentriert. Der Pfiff ertönte, Schweinsteiger lief mit kurzen Schritten an, hielt kurz in seiner Bewegung inne – und schoss. Der Ball flog in die linke Ecke, auch Čech war dahin unterwegs, doch er musste nicht mehr eingreifen. Der Ball klatschte gegen den Pfosten und rollte an Chelseas Torhüter vorbei ins Feld zurück. Wie gegen Madrid zog sich Schweinsteiger das Trikot über den Kopf, diesmal allerdings, um seine Verzweiflung zu verbergen.

Chelseas fünfter Schütze war Didier Drogba. Der ivorische Stürmer, dessen Treffer am Ende der regulären Spielzeit überhaupt erst dafür gesorgt hatte, dass die Londoner noch eine Chance auf den Titel hatten, verwandelte seinen Elfmeter sicher und beendete damit das Spiel. Während sich Chelseas Spieler überschwänglich über ihren Sieg freuten und kurz darauf den Pokal in Empfang nehmen durften, waren die Bayern-Spieler am Boden zerstört. Vor allem Bastian Schweinsteiger war untröstlich und kauerte minutenlang auf dem Rasen. Als Luiz Gustavo ihn schließlich aufrichten konnte, entfernt sich Schweinsteiger ein paar Schritte von seinen Mannschaftskollegen. Er wollte allein sein mit seiner Trauer. Dennoch nahm ihn Didier Drogba in den Arm und versuchte dem Münchner, der einmal mehr zu den besten Spielern auf dem Platz gezählt hatte, ein wenig Trost zu spenden.

»Unverdient«, »enttäuschend«, »ein absoluter Alptraum« – aus dem »Finale dahoam« war nicht nur für die deutsche Presse das »Drama dahoam« geworden. Zumindest laut Statistik hatte mit dem FC Chelsea die falsche Mannschaft gewonnen. Die Bayern waren drückend überlegen, hatten in 120 Minuten 35 Mal aufs gegnerische Tor geschossen und 20 Eckbälle rausgeholt, während sich die Engländer fast ausschließlich aufs Verteidigen konzentriert hatten. Und ausgerechnet Bastian Schweinsteiger hatte mit seinem Fehlschuss im Elfmeterschießen die Niederlage eingeläutet. Ausgerechnet Schweinsteiger, der gegen Real Madrid als Held gefeiert wurde. Ausgerechnet Schweinsteiger, der sich nach zwei schweren Verletzungen innerhalb weniger Monate wieder in die Mannschaft gekämpft und binnen weniger Wochen zwei dramatische Spiele über 120 Minuten überstanden hatte. Oder, wie Bundestrainer Joachim Löw nach dem Spiel sagte: »Fußball ist manchmal brutal.«[124]

Sieben geknickte Bayern-Spieler, darunter auch Bastian Schweinsteiger, berief Joachim Löw am 28. Mai 2012 in seinen Kader für die Europameisterschaft, die gut eine Woche später in Polen und der Ukraine begann. Team-Manager Oliver Bierhoff meinte bereits unmittelbar nach dem Champions-League-Finale: »Wir werden die Jungs wieder aufbauen. Mit uns können sie noch einen Titel gewinnen.«[125] Und die Chancen darauf standen nicht schlecht: In der Qualifikation war es dem Team erstmals gelungen, alle zehn Partien zu gewinnen. In derart bestechender Form galt Deutschland als einer der großen EM-Favoriten.

Vom südfranzösischen Tourrettes, wo die DFB-Elf ihr abschließendes Trainingslager abhielt, ging es am 31. Mai 2012 zunächst nach Leipzig, wo der letzte Test gegen Israel anstand. Löw verzichtete dabei auf Bastian Schweinsteiger, der sich gegen Chelsea einen Bluterguss zugezogen hatte. Gegen einen hoffnungslos unterlegenen Gegner gewann Deutschland ungefährdet mit 2:0 und bezog am 4. Juni sein Quartier im Luxushotel »Dwor Oliwski« in Danzig.

Pünktlich zum ersten Gruppenspiel gegen Portugal am 9. Juni 2012 meldete sich Schweinsteiger fit, allerdings blieb er in der Partie im ukrainischen Lwiw glanzlos. Überhaupt hatte Deutschland mit den Südeuropäern Probleme und kam erst in der 72. Minute durch Mario Gomez zum 1:0. Dabei bleib es auch, obwohl die Portugiesen um Cristiano Ronaldo in der Schlussphase viele Möglichkeiten hatten, doch noch auszugleichen.

Vier Tage nach dem Auftaktsieg traf Deutschland im Metalist-Stadion von Charkow auf die Niederlande. Die hatten überraschend ihre erste EM-Partie gegen Dänemark verloren und standen gegen die Löw-Elf unter Druck. Manuel Neuer war es zu verdanken, dass die deutsche Mannschaft nicht früh in Rückstand geriet – und Mario Gomez, dass sie in der 24. Minute in Führung ging. Der Ball kam über Mats Hummels und Thomas Müller zu Bastian Schweinsteiger, der aus zentraler Position vor dem Strafraum auf den Stürmer passte. Gomez behielt die Nerven und traf. Es dauerte keine Viertelstunde, bis Schweinsteiger erneut Maß nahm und Gomez bediente. Aus spitzerem Winkel als zuvor machte der Bayern-Stürmer das 2:0, mit dem es auch in die Halbzeitpause ging.

Im zweiten Abschnitt verlegte sich Deutschland vor allem aufs Verteidigen und musste in der 73. Minute den Anschlusstreffer durch Robin van Persie hinnehmen. Dabei blieb es jedoch – die deutsche Mannschaft stand nach zwei Siegen mit mehr als einem Bein im Viertelfinale. In der Pressekonferenz nach dem Spiel gab Schweinsteiger zu, dass er »noch immer ein bisschen Probleme« mit seiner Gesundheit hatte. Von Jogi Löw erntete er jedoch individuelles Lob. »Er hat ein Klassespiel gemacht«, so der Bundestrainer. »Er hat eine sehr gute Präsenz auf dem Platz, ist körperlich stark und gewinnt viele Zweikämpfe.«[126]

Spannend wurde es nochmal im abschließenden Gruppenspiel gegen Dänemark, das am 17. Juni 2012 erneut in Lwiw stattfand. Deutschland ging nach 19 Minuten durch Lukas Podolski in Führung, kassierte aber fünf Minuten später den Ausgleich. Mehrere Male hatten die Dänen das 2:1 auf dem Fuß, mit dem die Deutschen aufgrund der Tabellenkonstellation aus dem Turnier ausgeschieden wären. Doch zehn Minuten vor Schluss machte Lars Bender mit dem 2:1 für das DFB-Team den Einzug unter die besten acht Mannschaften Europas perfekt.

Ohne lange Anreise stellte sich die deutsche Elf am 22. Juni 2012 in der PGE Arena von Danzig ihrem Viertelfinalgegner: Griechenland, der Europameister von 2004. Schweinsteiger gehörte zu den schwächsten Spielern seines Teams, dennoch ging Deutschland dank eines Tores von Philipp Lahm mit 1:0 in die Pause. Zwar konnten die Griechen in der 55. Minute noch ausgleichen, doch 20 Minuten später stand es bereits 4:1 für die DFB-Auswahl. Ein verwandelter Elfmeter kurz vor Schluss brachte nur noch Ergebniskosmetik, Deutschland erreichte mit einem 4:2 das EM-Halbfinale – und stellte nebenbei mit 15 Pflichtspielsiegen in Folge einen neuen Weltrekord für Nationalmannschaften auf.

Bis auf die Partie gegen die Niederlande hatte Bastian Schweinsteiger im bisherigen Verlauf des Turniers keine überzeugende Rolle gespielt. In manchen Medien war bereits die Rede davon, dass dem 27-Jährige von seinem zwei Jahre jüngeren Mannschaftskameraden Sami Khedira der Rang abgelaufen wurde. In einem Interview mit der »Welt« äußerte sich Schweinsteiger über die Gründe für seine mäßigen Leistungen. Er gab zu, dass ihm sein Knöchel Sorgen machte, weil der Außenbandanriss, den er vier Monate zuvor erlitten hatte, nicht richtig verheilt war. »Es ist keine Frage der Ausdauer«, so Schweinsteiger. »Es geht um kleine Bewegungen im Spiel, um Explosivkraft.«[127]

Im Halbfinale spielte die deutsche Mannschaft am 28. Juni 2012 im Warschauer Nationalstadion gegen Italien – also gegen das Team, das sie sechs Jahre zuvor so schmerzhaft im Semifinale der Heim-WM 2006 geschlagen hatte. Doch nach einer neuerlichen Niederlage sah es zumindest in der Anfangsviertelstunde nicht aus. Deutschland erspielte sich beste Möglichkeiten, konnte aber keine davon nutzen. Auf der anderen Seite nutzten die Italiener ihre erste Chance und gingen nach 20 Minuten durch Mario Balotelli in Führung. Das DFB-Team zeigte sich unbeeindruckt und drängte auf den Ausgleich, wurde jedoch durch ein weiteres Tor von Balotelli in der 36. Minute schwer getroffen.

Nach der Pause erarbeitete sich Deutschland jede Menge Möglichkeiten, zurück ins Spiel zu kommen, vergab diese jedoch ein ums andere Mal. Als Federico Balzaretti einen Handelfmeter verursachte, den Mesut Özil zum 1:2 verwandelte, befand sich die Partie bereits in der zweiten Minute der Nachspielzeit. Das Match war gelaufen, Deutschland war nach vielversprechendem Start einmal mehr auf dem Weg zu einem Turniersieg gescheitert. Und Bastian Schweinsteiger, dessen Leistung gegen Italien vom »Kicker« mit der Note 6 bewertet wurde[128], blieb im Jahr 2012 endgültig ohne Titel.

16. Die beste Bayern-Saison aller Zeiten

»Ich muss sehen, dass ich endlich mal wieder ganz gesund werde«[129], hatte Bastian Schweinsteiger bereits vor dem Halbfinale der Europameisterschaft gesagt – durch Deutschlands Halbfinal-Niederlage gegen Italien konnte er sich ein paar Tage früher in den Urlaub begeben, als er es sich gewünscht hätte. Dort hatte er Gelegenheit, sich neben seinem angeschlagenen Körper auch um seine nicht minder in Mitleidenschaft gezogene Psyche zu kümmern.

Um ihm eine zusätzliche Regeneration zu ermöglichen, verzichtete der FC Bayern darauf, Schweinsteiger vor dem Saisonstart auf eine PR-Reise nach China mitzunehmen. Stattdessen absolvierten er und Philipp Lahm ein individuelles Training in München. Als die Münchner am 20. August 2012 mit der Erstrundenpartie im DFB-Pokal bei Jahn Regensburg in die Saison starteten, saß Schweinsteiger auf der Bank und kam in der Schlussviertelstunde für Arjen Robben in die Partie. Eine ähnlich kurze Einsatzzeit hatte er auch beim ersten Bundesligaspiel, einem 3:0 beim Aufsteiger SpVgg Greuther Fürth am 25. August.

Eine Woche später stand Schweinsteiger im Heimspiel gegen den VfB Stuttgart erstmals nach der Europameisterschaft in der ersten Elf – und prompt konnte er sich in die Torschützenliste eintragen. Nach Flanke von Thomas Müller erzielte er sechs Minuten nach der Pause per Kopf das 6:1. In der 77. Minute wurde er ausgewechselt, für ihn kam Neuzugang Javi Martínez in die Partie. Den Spanier hatten die Bayern wenige Tage zuvor von Athletic Bilbao geholt, mit einer Ablösesumme von 40 Millionen Euro war er der teuerste Spieler, der je in die Bundesliga gewechselt war. Im Laufe der Saison bildeten Martínez und Schweinsteiger Bayerns

Doppelsechs – wobei der Neuling der Presse Überraschendes über seinen Partner verriet:»Er versucht, Spanisch mit mir zu sprechen«[130], so Martínez über Schweinsteiger.

Um seinen Mittelfeldregisseur nach dessen Verletzungen ein wenig zu schonen, verzichtete Bundestrainer Löw darauf, Schweinsteiger für die ersten beiden Qualifikationsspiele zur WM 2014 gegen die Färöer am 7. September und in Österreich am 11. September 2012 zu nominieren. Und die Pause hatte sich gelohnt: Am 15. September spielte er beim Bayern-Heimspiel gegen Mainz 05 durch und steuerte beim 3:1-Sieg nach 13 Minuten das zwischenzeitliche 2:0 bei. Vier Tage später starteten die Bayern zu Hause gegen den FC Valencia in die Champions League, und auch beim 2:1 gegen die Spanier schoss Schweinsteiger ein Tor.

Eindrucksvoll hatte sich der Bayern-Spieler nach der schmerzvollen vergangenen Saison zurückgemeldet und ließ keinen Zweifel daran aufkommen, dass er der unumstrittene Chef im Münchner Mittelfeld war. Und auch außerhalb des Platzes sorgte er für Aufsehen – indem er den Zusammenhalt innerhalb der deutschen Nationalelf kritisierte. In einem Interview mit der»Süddeutschen Zeitung« sagte er lobend über seine Bayern:»Wir haben gerade wirklich einen guten Geist in der Mannschaft, das spürst du ja zum Beispiel, wenn ein Tor fällt: Springt da die komplette Mannschaft auf? Bei uns springt sie auf, das ist vielleicht ein kleiner Unterschied zur Nationalmannschaft bei der EM. Da sind nicht immer alle gesprungen.«[131]

Sowohl sein DFB-Mannschaftskollege Mesut Özil als auch Team-Manager Oliver Bierhoff widersprachen Schweinsteiger prompt. »Mich hat die Aussage überrascht, und ich habe das auch anders gesehen«[132], meinte Bierhoff. Gelegenheit zur Aussprache hatten Jogis Jungs, als sie sich auf die Reise nach Dublin begaben, um dort am 12. Oktober 2012 gegen Irland das nächste WM-Qualifikationsspiel zu bestreiten. Schweinsteiger griff erstmals in den

Wettbewerb ein, trug als Vertreter des gesperrten Philipp Lahm die Kapitänsbinde und bereitete beim 6:1-Sieg mit einem filigranen Steilpass das 4:0 durch Miroslav Klose vor.

Vier Tage später traf Deutschland im Berliner Olympiastadion auf Schweden – und es wurde eine historische Partie. Die Elf von Joachim Löw, in der Toni Kroos statt des verletzten Sami Khedira neben Bastian Schweinsteiger auf der Doppelsechs spielte, agierte druckvoll und effektiv, zur Halbzeit stand es bereits 3:0 für Deutschland. Zehn Minuten nach dem Seitenwechsel erhöhte Özil sogar auf 4:0 – das Spiel schien gelaufen. Doch den Schweden gelang nach gut einer Stunde ein Doppelschlag, dann der 3:4-Anschlusstreffer, und in der Nachspielzeit schoss Rasmus Elm sogar noch das 4:4. Nach 104 Jahren und 868 Spielen war dies das erste Mal, dass es dem DFB-Team nicht gelungen war, nach einer Vier-Tore-Führung als Sieger vom Feld zu gehen.

Am 28. Oktober 2012 erlebten die Bayern etwas Ungewohntes: Nachdem sie mit acht Siegen aus acht Partien einen neuen Bundesliga-Startrekord aufgestellt hatten, verloren sie erstmals wieder ein Ligaspiel. Bayer 04 Leverkusen war das Team, dem es gelang, die so eindrucksvoll in die Saison gestarteten Münchner mit 2:1 zu bezwingen – noch dazu in deren eigener Allianz Arena. Nachdem Trainer Jupp Heynckes nach einer Stunde bereits Luiz Gustavo ausgewechselt hatte, nahm er 15 Minuten später mit Bastian Schweinsteiger auch den anderen defensiven Mittelfeldspieler vom Feld. Der war so verwundert über die Maßnahme, dass er bei der Auswechslung seinen Coach und dessen ausgestreckte Hand links liegen ließ.

Dennoch blieben die Bayern Spitzenreiter der Bundesliga – und waren es auch noch, als am 1. Dezember 2012 der amtierende Meister Borussia Dortmund in München antrat. Beim 1:1 war Schweinsteiger einer der schlechtesten Spieler auf dem Feld. Vier

Tage später bestritten die Bayern ihr letztes Gruppenspiel in der Champions League gegen BATE Borissow. Im Auswärtsspiel gegen die Weißrussen hatte der FCB Anfang Oktober 2012 mit 1:3 verloren, zu Hause in München gewann er ungefährdet mit 4:1 und zog als Tabellenführer ins europäische Achtelfinale ein. Im DFB-Pokal erreichten die Bayern nach einem 2:0 beim FC Augsburg am 18. Dezember 2012 das Viertelfinale, und in der Bundesliga gingen sie mit neun Punkten Vorsprung auf Bayer 04 Leverkusen in die Winterpause. Es bahnte sich Großes an in München.

Im Rahmen der Vorbereitung auf die zweite Hälfte der Saison spielten die Bayern am 13. Januar 2013 gegen die SpVgg Unterhaching. Während es für die meisten der beteiligten Kicker ein einfaches Testspiel war, hatte die Partie für zwei Spieler etwas Besonderes: Erstmals standen sich nämlich Bastian Schweinsteiger und sein Bruder Tobias als Kontrahenten gegenüber. Tobias hatte sich im Sommer 2012 den Amateuren von Bayern München angeschlossen und war wenige Tage vor dem Freundschaftsspiel gegen die FCB-Profis für ein halbes Jahr nach Unterhaching ausgeliehen worden. Mehr als 21 Minuten standen die Schweinsteiger-Brüder allerdings nicht gemeinsam auf dem Platz: Während Tobias in der gesamten zweiten Halbzeit spielte, wurde Bastian erst in der 69. Minute eingewechselt.

Die ersten fünf Pflichtspiele des Jahres 2013 gewann Bayern München ohne Gegentor, als das Team am 19. Februar nach London reiste. Im dortigen Emirates Stadium trat es zum Achtelfinal-Hinspiel gegen den FC Arsenal an. Darin hatte der FCB seinen Gegner gut unter Kontrolle und ging nach sieben Minuten durch Toni Kroos mit 1:0 in Führung. Eine Viertelstunde später erhöhte Thomas Müller auf den Pausenstand von 2:0. Zehn Minuten nach dem Seitenwechsel gelang Arsenal zwar der Anschlusstreffer, aber Bayerns Stürmer Mario Mandžukić sorgte mit dem 3:1 für den Endstand und eine komfortable Situation für das Rückspiel.

Eine Woche später stand jedoch zunächst das Viertelfinale im DFB-Pokal an, wozu die Bayern im heimischen Stadion den Titelverteidiger Borussia Dortmund empfingen. In fünf Pflichtspielen hintereinander konnte München nicht gegen den größten Kontrahenten der letzten beiden Jahre gewinnen, an diesem 27. Februar 2013 war es aber endlich wieder soweit: Arjen Robben erzielte kurz vor der Halbzeitpause das Tor des Tages. Für den »Kicker« war jedoch Bastian Schweinsteiger der beste Spieler der Partie, schließlich war er »extrem präsent im Mittelfeld, unheimlich laufstark« und lieferte ein »gutes Passspiel«[133].

Als hätte es die Enttäuschungen der vergangenen Saison nicht gegeben, machte Schweinsteiger gute Spiele am Fließband und war der Garant für den Höhenflug seiner Bayern. In einem Interview mit dem »Playboy« erklärte er, wie sich die Einstellung zu seinem Beruf in den vergangenen Jahren geändert hatte. »Früher fuhr ich halb zehn zum Training, und um halb zwölf lag ich wieder zu Hause am Pool«, erinnerte sich Schweinsteiger. »Heute bin ich eine Stunde vorher da und pflege mich. Weil ich weiß, wie wichtig mein Körper ist.«[134]

Allerdings musste Schweinsteiger tatenlos zuschauen, als seine Bayern am 13. März 2013 das Achtelfinal-Rückspiel gegen den FC Arsenal bestritten. In der ersten Begegnung mit den Engländern hatte er wegen Meckerns die dritte gelbe Karte im Wettbewerb kassiert, was zu einer Sperre von einem Spiel führte. Und er konnte nichts tun, als der FCB schon nach drei Minuten in Rückstand geriet. In der Folgezeit waren die Bayern überlegen, kamen aber zu keinen zwingenden Chancen. Auch in der zweiten Spielhälfte geschah zunächst nicht viel – bis die Londoner in der 85. Minute das 2:0 machten. Nun begann das Zittern: Wenn Arsenal noch ein Tor schoss, wäre Bayern ausgeschieden. Doch es geschah nichts mehr, und München zog ins Viertelfinale der Champions League ein.

Zuvor tobte sich der FCB aber in der Bundesliga aus: Am 30. März 2013 gewann er zu Hause gegen den Hamburger SV mit 9:2. Für Bastian Schweinsteiger, der das Tor zum 2:0 beisteuerte und das 9:1 durch Franck Ribéry vorbereitete, war es der bis dato höchste Sieg in der Bundesliga. Eine Woche später hatten die Bayern die Möglichkeit, die früheste Meisterschaft in der Ligageschichte zu gewinnen. Und durch ein 1:0 bei Eintracht Frankfurt gelang ihnen dies auch: Nach 28 Spieltagen war München der Titel nicht mehr zu nehmen. Das Siegtor gegen die Hessen erzielte Schweinsteiger – und zwar besonders schön. Nach einem Pass von Philipp Lahm in den Strafraum machte er in der 52. Minute den Ball mit der rechten Hacke rein. Ende April 2013 wurde der Treffer von den Zuschauern der ARD zum Tor des Monats gewählt.

Mit Juventus Turin, dem Gegner im Viertelfinale der Champions League, hatten die Bayern keine Sorgen, die beiden Spiele am 2. und am 10. April 2013 gewannen sie mit 2:0. Auch der VfL Wolfsburg, Münchens Kontrahent um den Einzug ins DFB-Pokalfinale, hatte am 16. April keine Chance, den FCB aufzuhalten, der mit 6:1 siegte. Wegen Problemen mit dem Knöchel pausierte Schweinsteiger in einigen Bundesligaspielen, die aber wegen der bereits gewonnenen Meisterschaft unbedeutend geworden waren. Als das Champions-League-Halbfinale anstand, war er jedoch wieder dabei. Und das war dringend nötig, ging es doch gegen den FC Barcelona, die beste europäische Mannschaft der vergangenen Jahre.

Zum sechsten Mal in Folge stand Barça unter den besten vier Teams des Kontinents, in den Jahren 2009 und 2011 hatte der Club gar die Champions League gewonnen. Allerdings hatte Bastian Schweinsteiger schon vor der Saison das Ziel ausgegeben, zur »Übermannschaft« Barcelona aufschließen zu wollen. »Ich möchte, dass wir ähnlich dominant werden. Die Qualität dafür haben wir«[135], hatte der Bayern-Spieler der »Süddeutschen

Zeitung« erklärt. Die beste Gelegenheit dafür waren die direkten Duelle um den Einzug ins Endspiel der Königsklasse. Und zum ersten Match trat Barcelona am 23. April 2013 in der Münchner Allianz Arena an.

Nachdem die Spanier eine knappe halbe Stunde lang das Spiel in der Hand hatten, aber keine Torgefahr entwickeln konnten, köpfte Thomas Müller in der 25. Minute die Bayern in Führung. Beim 1:0 blieb es auch bis zur Pause. Vier Minuten nach dem Seitenwechsel legte Mario Gomez nach einem Eckball nach, und in der 73. Minute bewies Bastian Schweinsteiger Übersicht und bediente Arjen Robben vor Barcelonas Strafraum. Der Niederländer dribbelte sich vors Tor und machte das 3:0. Den Schlusspunkt setzte acht Minuten vor dem Abpfiff erneut Thomas Müller. Obwohl Barça weit mehr erfolgreiche Pässe spielte und häufiger in Ballbesitz war als die Bayern, verloren die Katalanen deutlich mit 0:4.

Für das Rückspiel am 1. Mai 2013 hatte sich der FC Barcelona eine Aufholjagd auf die Fahnen geschrieben – davon war allerdings nichts zu sehen. Torlos ging es in die Halbzeitpause, drei Minuten danach schoss Robben die Bayern in Führung. Ein Eigentor von Gerard Piqué in der 72. und ein Kopfball von Thomas Müller vier Minuten später sorgten für einen 3:0-Sieg der Münchner im Camp Nou. Weil am Tag zuvor Borussia Dortmund Real Madrid aus dem Wettbewerb geworfen hatte, sollte es im Endspiel zu einem Novum in der Geschichte der Champions League kommen: Zum ersten Mal duellierten sich zwei deutsche Mannschaft um die europäische Fußballkrone.

Am 4. Mai 2013 standen sich die beiden Finalisten jedoch erst einmal im Bundesliga-Alltag gegenüber. Das 1:1, in dem neben Bastian Schweinsteiger auch andere Stammspieler der Bayern geschont wurden, war das erste Ligaspiel des Jahres, das München nicht gewann – die Rekordserie von 14 Siegen hintereinander war somit gebrochen. Doch am 25. Mai, drei Wochen nach dem unwichtigen Vorgeplänkel, folgte der Showdown zwischen den beiden bestimmenden Teams des deutschen Fußballs der vergangenen drei Jahre. Und für die Bayern startete das Finale im Wembley-Stadion in London mit einer Schrecksekunde, obwohl noch gar nicht angepfiffen wurde. Beim Aufwärmen stieß Bastian Schweinsteiger mit Mario Mandžukić zusammen, woraufhin sein Knöchel mit Eis behandelt werden musste. Dennoch konnte der Mittelfeldspieler seinen gewohnten Platz in der Doppelsechs neben Javi Martínez einnehmen.

Die Dortmunder begannen stark und erarbeiteten sich gute Torchancen, scheiterten dabei allerdings stets an Bayerns Torwart Manuel Neuer. In dieser Phase zog sich Schweinsteiger in die Defensive zurück und stärkte dadurch die Innenverteidigung der Bayern. Mitte der ersten Hälfte drehte sich allerdings das Geschehen, und Dortmunds Torhüter Roman Weidenfeller bekam Gelegenheit, sich bei Münchens Torschüssen auszuzeichnen. So blieb es zur Pause beim 0:0. Nach einer Viertelstunde Leerlauf bediente Franck Ribéry in der 60. Minute Arjen Robben im Dortmunder Strafraum. Der Niederländer lief mit dem Ball zur Grundlinie und passte auf Mandžukić, der nur noch den Fuß zum 1:0 hinhalten musste.

Der Ausgleich ließ jedoch nicht lange auf sich warten. In der 68. Minute foulte Bayerns Dante den Dortmunder Marco Reus im Strafraum, den fälligen Strafstoß verwandelte İlkay Gündoğan souverän. Drei Minuten vor Schluss hatte Bastian Schweinsteiger die Chance, das Spiel zu entscheiden, fand bei seinem Fernschuss jedoch in Weidenfeller seinen Meister. Dennoch wurde die Partie noch in der regulären Spielzeit entschieden: In der 89. Minute spielte Ribéry per Hacke Robben frei, der zwei Dortmunder stehen ließ und den Ball überlegt einschob. Kurz darauf war das Spiel zu Ende und Bayern Champions-League-Sieger.

Nach drei Anläufen in vier Jahren hielt Bastian Schweinsteiger endlich den ersehnten Europapokal in Händen. Und weil die Bayern eine Woche später auch das DFB-Pokalfinale mit 3:2 gegen den VfB Stuttgart gewannen, waren sie das sechste Team überhaupt, welches sich das Triple holte. Die Mannschaft hatte eine nahezu perfekte Saison abgeliefert, und Bastian Schweinsteiger hatte daran entscheidenden Anteil. Nicht umsonst bekam er von seinem Trainer Jupp Heynckes ein ganz besonderes Prädikat verliehen: »bester Mittelfeldspieler der Welt«[136].

17. Verletzungssorgen unter Pep Guardiola

Zwischen den Feierlichkeiten, die auf den Triple-Gewinn folgten, und der Vorbereitung auf die neue Saison musste sich Bastian Schweinsteiger in Zürich einer Operation unterziehen, bei der ein freier Gelenkkörper an seinem rechten Sprunggelenk entfernt wurde. Weil der Skifahrer Felix Neureuther zur gleichen Zeit im gleichen Krankenhaus weilte und sich einem ähnlichen Eingriff unterziehen musste, teilten sich die beiden Freunde aus Kindheitstagen ein Zimmer. Und als die Bayern am 26. Juni 2013 mit dem Training begannen, stand Schweinsteiger wieder auf dem Platz. Dort gab es – wie immer zum Saisonbeginn – ein paar neue Gesichter zu sehen. Das für die Öffentlichkeit interessanteste besaß ohne Zweifel der neue Übungsleiter.

Bereits im Januar 2013 hatte der FC Bayern München verkündet, welcher Trainer die Nachfolge von Jupp Heynckes antreten würde. Und der Name versetzte Fans und Presse gleichermaßen in Aufruhr: Josep Guardiola, genannt Pep, stand ab Sommer 2013 an der Seitenlinie des Triple-Gewinners. Guardiola, der bereits als Spieler des FC Barcelona in den 1990er-Jahren zwei Europapokale und sechs spanische Meisterschaften gewonnen hatte, war zwischen 2008 und 2012 als Trainer der Katalanen tätig. In seiner dreijährigen Amtszeit gewann Guardiola 14 Titel mit dem FC Barcelona, darunter 2009 und 2011 die Champions League. Im Anschluss an eine einjährige Auszeit unterschrieb er Anfang 2013 einen Vertrag über drei Jahre bei den Bayern.

Angesichts der Erfolge von Guardiolas Vorgänger Jupp Heynckes prophezeite Bastian Schweinsteiger jedoch vorab: »Es wird im nächsten Jahr nicht einfach werden für unseren Trainer.«[137] Dabei musste sich der Spieler selbst Sorgen machen, ob er überhaupt einen Platz im System des neuen Coachs fand. Für 25 Millionen Euro holten die Bayern nämlich Guardiolas Wunschspieler vom FC Barcelona: Thiago Alcántara, der wie Schweinsteiger im zentralen defensiven Mittelfeld einsetzbar war. Und von seiner Zeit bei den Katalanen wusste man, dass es Guardiola bevorzugte, mit nur einem Sechser zu spielen.

Nach den ersten Vorbereitungsspielen beeilte sich der Trainer allerdings, Schweinsteiger in den höchsten Tönen zu loben. »Er ist sehr wichtig für uns, ein super, super Spieler, eine große Persönlichkeit«, meinte der Spanier. Und Sportvorstand Matthias Sammer bestätigte das, was Ex-Coach Heynckes schon gesagt hatte: »Bastian ist für mich der beste Mittelfeldspieler der Welt. Wer ihn nur ansatzweise infrage stellt, ist respektlos.«[138]

Und auch die Fachpresse zollte Schweinsteigers Leistungen Respekt: Ende Juli kürte ihn der Verband Deutscher Sportjournalisten zum Fußballer des Jahres 2013 – mit denkbar knappem Vorsprung vor seinen Bayern-Teamkollegen Franck Ribéry und Thomas Müller. Dass Schweinsteiger nicht unbedingt mit dem Preis gerechnet hatte, zeigte das Statement, das er anschließend dem »Kicker« gab: »Das wundert mich schon ein wenig. Denn es gab Phasen, in denen relativ kritisch über mich berichtet wurde.«[139]

Als die Bayern zum Auftakt der Saison am 5. August 2013 in der ersten DFB-Pokalrunde beim BSV Schwarz-Weiß Rehden antraten, ließ Pep Guardiola tatsächlich nur einen Mann im defensiven Mittelfeld auflaufen – nämlich Bastian Schweinsteiger. Mit der gleichen taktischen Ausrichtung gingen die Münchner auch in die Bundesliga, wo sie am 9. August Borussia Mönchengladbach mit 3:1 besiegten. Zu einem besonderen Testspiel kam es drei Tage später: Die Bayern traten beim ungarischen Meister Győri ETO FC an und verstärkten ihren Kader mit einigen Amateurspielern. Unter denen befand sich auch Tobias Schweinsteiger, der seit dem Sommer wieder bei der zweiten Mannschaft der Bayern spielte. So standen die Schweinsteiger-Brüder erstmals als Profis in der gleichen Mannschaft. Während Tobias in der 74. Minute eingewechselt wurde, verbrachte Bastian allerdings das komplette Spiel auf der Bank.

Die Bayern gewannen am 17. August 2013 bei Eintracht Frankfurt und eine Woche später gegen den 1. FC Nürnberg. Erneut sah es nach einem Bayern-Durchmarsch wie in der vorangegangenen Saison aus. Am 27. August gelang es dem SC Freiburg allerdings, in seinem Heimspiel gegen die Münchner einen Punkt zu holen, als er vier Minuten vor Schluss zum 1:1 ausglich. Schwerer als das Unentschieden wog für die Bayern jedoch, dass sich Bastian Schweinsteiger im Spiel verletzt hatte.

Wegen einer Stauchung seines gerade erst operierten Sprunggelenks verpasste Schweinsteiger den UEFA Super Cup am 30. August 2013, den seine Bayern-Kollegen mit 7:6 nach Elfmeterschießen gewannen. Nach einer zweiwöchigen Länderspielpause stand der angeschlagene Mittelfeldspieler am 14. September gegen Hannover 96 wieder im Kader, kam allerdings nicht zum Einsatz. Erst beim Auftakt in die Champions League gegen ZSKA Moskau drei Tage später wurde er knapp 20 Minuten vor Schluss für Toni Kroos eingewechselt.

Schweinsteigers Probleme schienen überwunden, als ihn Guardiola am 21. September 2013 beim FC Schalke 04 wieder von Beginn an spielen ließ. Und er lieferte eine überzeugende Leistung ab: Nach 21 Minuten verwertete er per Kopf eine Ecke von Arjen Robben zum 1:0-Führungstreffer der Bayern und zu seinem ersten Saisontor. Mit viel Umsicht lenkte Schweinsteiger das Spiel seines Teams, das letztlich ungefährdet mit 4:0 gewann.

Im Schalke-Spiel übernahm Schweinsteiger erstmals in der Saison die Position als einer der beiden offensiven Mittelfeldspieler, während der eigentlich als linker Außenverteidiger gesetzte Philipp Lahm ins defensive Mittelfeld verschoben wurde. Schweinsteiger war's egal, denn bereits vor der Saison hatte er verkündet: »Ich kann auf allen drei zentralen Positionen im Mittelfeld spielen.«[140] So absolvierte er sowohl das Pokalspiel gegen Hannover 96 am 25. September als auch die folgenden Bundesligapartien direkt hinter den Spitzen – meist neben Toni Kroos, zuweilen auch an der Seite von Thomas Müller oder Mario Götze, der vor der Saison für 37 Millionen Euro von Borussia Dortmund gekommen war.

In der Nationalmannschaft war Schweinsteiger seit März 2013 nicht zum Einsatz gekommen, als jedoch in der Qualifikation für die kommende Weltmeisterschaft die entscheidenden Spiele anstanden, war der Vize-Kapitän wieder zur Stelle. Am 11. Oktober löste das deutsche Team mit einem lockeren 3:0 im RheinEnergieStadion von Köln gegen Irland das Ticket für die Weltmeisterschaft 2014. Somit wurde das vier Tage später ausgetragene Spiel gegen Schweden bedeutungslos. Für Schweinsteiger jedoch hatte die Partie in Solna, die Deutschland mit 5:3 gewann, eine große persönliche Relevanz. Schließlich handelte es sich dabei um das 100. Länderspiel seiner Karriere. Aus diesem Grund übergab DFB-Präsident Wolfgang Niersbach dem Jubilar vor dem Anpfiff einen Blumenstrauß und eine Medaille. Schweinsteiger stieg damit als neunter deutscher Nationalspieler in den elitären »Club der Hunderter« auf, mit 29 Jahren tat er dies zudem als zweitjüngster aller Zeiten – nach Lukas Podolski, der erst 27 Jahre alt war, als er während der Vorrunde der EM 2012 sein 100. Länderspiel bestritt.

Auch in der Champions League spielte Schweinsteiger auf seiner neuen Position im offensiven Mittelfeld, beim 5:0-Sieg gegen Viktoria Pilsen am 23. Oktober 2013 erzielte er das zwischenzeitliche 4:0. Das Rückspiel bei den Tschechen zwei Wochen später, in dem die Bayern durch ein umkämpftes 1:0 ihre Teilnahme am Achtelfinale sicherten, sollte allerdings Schweinsteigers letztes Pflichtspiel des Jahres bleiben. Nach der Operation, die er vor der Saison hat vornehmen lassen, musste er sich nämlich Anfang November erneut unters Messer legen.

Seit Wochen klagte er über Schmerzen, die die medizinische Abteilung der Bayern zunächst durch konservative Behandlungsmethoden in den Griff bekommen wollte. Als sich trotzdem keine Besserung ergab, war eine weitere Operation unumgänglich. Auf der Homepage der Bayern erklärte Vereinsarzt Hans-Wilhelm Müller-Wohlfahrt die Notwendigkeit des Eingriffs: »Im Verlauf der Kontrolluntersuchungen in den zurückliegenden Wochen wurde bei Bastian Schweinsteiger eine postoperativ zunehmende Verknöcherung im Bereich des rechten Sprunggelenkes festgestellt.« Dies hatte zu einer mechanischen Sehnenreizung geführt, die die Schmerzen verursachte.[141]

Auch ohne Schweinsteiger holte die deutsche Nationalmannschaft Mitte November 2013 ein Unentschieden in Mailand gegen Italien und besiegte England in London mit 1:0. Damit hatte Schweinsteiger bereits 14 Freundschaftsspiele der DFB-Elf in Folge verpasst. In seiner Abwesenheit gewannen die Bayern die ausstehenden sechs Bundesligaspiele der Hinrunde und gingen mit sieben Punkten Vorsprung vor Bayer 04 Leverkusen als souveräner Herbstmeister in die Winterpause. Ende Dezember holten sie außerdem durch Siege gegen den Guangzhou Evergrande FC aus China und Raja Casablanca aus Marokko die FIFA-Klub-Weltmeisterschaft.

Bei der Wahl der Sportler des Jahres 2013 wurden die Bayern von Fachjournalisten mit weitem Abstand vor dem Frauen-Fußballnationalteam zur Mannschaft des Jahres gewählt. Sechs Bayern-Spieler konnten sich zudem Hoffnungen machen, zum Weltfußballer des Jahres gewählt zu werden – zum dritten Mal nach 2010 und 2011 stand auch Bastian Schweinsteiger auf der Liste. Im Dezember 2013 machte die FIFA die Namen der drei Spieler öffentlich, die die meisten Stimmen erhalten hatten. Neben Cristiano Ronaldo und Lionel Messi war dies auch Schweinsteigers Teamkollege Franck Ribéry, der letztlich gegen Ronaldo das Nachsehen hatte. Schweinsteiger selbst landete punktgleich mit Thomas Müller auf Rang 17.

Als die Bayern Anfang Januar 2014 ins Trainingslager nach Katar aufbrachen, war Schweinsteiger mit dabei, absolvierte allerdings nur ein Reha-Programm und konnte ansonsten nur sporadisch an den Mannschaftsübungen teilnehmen. Somit kam auch das erste Pflichtspiel des Jahres, die Auswärtspartie gegen Borussia Mönchengladbach am 24. Januar 2014, zu früh für ihn. Es dauerte noch drei Wochen, bis Schweinsteiger wieder im Bayern-Kader stand. Am 15. Februar nahm er im Bundesligaspiel gegen den SC Freiburg auf der Bank Platz und feierte nach einer Stunde sein Comeback, als er für Xherdan Shaqiri eingewechselt wurde.

Vier Tage später, als die Bayern im Achtelfinal-Hinspiel der Champions League beim FC Arsenal mit 2:0 gewannen, kam Schweinsteiger nicht zum Einsatz, in der anschließenden Bundesligapartie bei Hannover 96 stand er jedoch in der Startaufstellung. Seine solide Leistung krönte er beim 4:0 mit der Vorbereitung des zweiten Treffers seines Teams durch Thiago Alcántara. Dass Schweinsteiger zu seiner gewohnten Form zurückgefunden hatte, bewies er spätestens beim Champions-League-Rückspiel gegen den FC Arsenal am 11. März 2014. Nach torloser erster Halbzeit wurde er in der 54. Minute von Franck Ribéry bedient und hatte keine Probleme, den Ball aus kurzer Distanz in den Kasten der Londoner zu bugsieren. Zwar traf Lukas Podolski, der seit knapp zwei Jahren bei Arsenal spielte, drei Minuten später zum Ausgleich, das 1:1 genügte den Bayern aber zum Einzug ins Viertelfinale der Königsklasse.

Und auch vier Tage später präsentierte sich Schweinsteiger in Hochform: Gegen Bayer 04 Leverkusen bereitete er kurz vor der Pause per Flanke das 1:0 durch Mario Mandžukić vor. Sechs Minuten nach dem Seitenwechsel verwandelte Schweinsteiger einen Freistoß zum 2:0, dem Leverkusen nur noch den Anschlusstreffer kurz vor dem Abpfiff folgen lassen konnten. Auch in der darauffolgenden Bundesligapartie beim FSV Mainz 05 am 22. März erzielte Schweinsteiger einen Treffer – diesmal per Kopf –, wodurch er in drei Pflichtspielen hintereinander einnetzte.

Drei Tage später, nach einem 3:1 bei Hertha BSC Berlin und einer Saison mit bis dahin 27 ungeschlagenen Bundesligaspielen, standen die Bayern bereits als Deutscher Meister fest – noch früher als in der vorangegangenen Saison und früher als jedes andere Team in der Geschichte der Liga. Nun galt es allerdings, die Spannung für die beiden Pokalwettbewerbe zu halten. Vor allem die Champions League stellte für die Bayern ein reizvolles Ziel dar, weil es in den 21 Jahren, in denen es die europäische Königsklasse gab, noch keinem Team gelungen war, seinen Titel zu verteidigen.

Münchens Gegner im Viertelfinale war Manchester United, im Hinspiel am 1. April 2014 traten die Bayern zunächst in England an. Und erneut konnte sich Schweinsteiger in die Torschützenliste eintragen: Nachdem ManUniteds Verteidiger Nemanja Vidić nach einer Stunde zur Führung seiner Mannschaft traf, glich der Münchner, der diesmal neben Philipp Lahm im defensiven Mittelfeld auflief, sechs Minuten später aus. Kurz vor Schluss wurde Schweinsteiger zum tragischen Helden: Bereits mit Gelb vorbelastet, foulte er Manchesters Stürmer Wayne Rooney und kassierte die gelb-rote Karte. Wegen seines zweiten Platzverweises als Bayern-Profi war Schweinsteiger für das Rückspiel gesperrt.

Zunächst sorgten allerdings zwei englische Zeitungen für Missmut in München. Die »Sun« hatte nämlich den Spielbericht zur Manchester-Partie mit »You Schwein!« überschrieben, der »Daily Mirror« setzte mit dem Titel »You Dirty Schwein« noch einen drauf. Auf seiner Homepage kündigte der FCB an, dass er den Vertretern der beiden Publikationen wegen der »respektlosen, diskriminierenden und persönlich beleidigenden«[142] Berichterstattung keine Akkreditierung für das Rückspiel erteilen würde. In dem gewannen die Bayern am 9. April 2014 mit 3:1 und zogen ins Halbfinale ein.

In der Vorschlussrunde trafen die Bayern am 23. April zunächst auswärts auf Real Madrid. Trotz eines Ballbesitzes von 72 Prozent und mehr Torschüssen gelang es den Bayern nicht, Druck auf die Madrilenen auszuüben. Im Gegenteil: Die Spanier gingen in der 19. Minute durch Karim Benzema in Führung und verteidigten diese bis zum Abpfiff. Schweinsteiger wurde nach mäßiger Leistung in der Schlussviertelstunde durch Thomas Müller ersetzt.

Noch schlimmer kam es eine Woche später in der Allianz Arena: Wie die meisten seiner Teamkollegen machte Schweinsteiger ein schlechtes Spiel und konnte nicht verhindern, dass Real ein ums andere Mal erfolgreich konterte. Mit 0:4 verloren die Bayern und kassierten damit die höchste Heimniederlage in ihrer Europapokal-Geschichte. Der Traum vom neuerlichen Triple und von der Titelverteidigung in der Champions League war somit ausgeträumt.

Am letzten Spieltag der Bundesliga bildete die Heimpartie gegen den VfB Stuttgart am 10. Mai 2014 nicht viel mehr als die Vorbereitung auf die Meisterfeier und ein Trainingsspiel für das DFB-Pokalfinale eine Woche später. Die Freude wurde allerdings getrübt, als Bastian Schweinsteiger in der 37. Minute ohne gegnerische Einwirkung umknickte, vom Platz humpelte und von Pierre Emile Højbjerg ersetzt wurde. Nach vergeblichen Versuchen, ein Lauftraining zu absolvieren, musste Schweinsteiger auf seinen Einsatz im letzten Spiel der Saison gegen Borussia Dortmund verzichten. Da seine Bayern den BVB mit 2:0 nach Verlängerung besiegten, erreichte er an diesem 17. Mai 2014 ohne eigenes Zutun Historisches: Keinem Fußballer vor ihm war es gelungen, sieben Mal den DFB-Pokal zu gewinnen.

18. Weltmeisterschaft 2014: »Krieger« Schweinsteiger krönt seine Karriere

Sommer 2014. Die Weltmeisterschaft in Brasilien stand vor der Tür. Am 7. Juni, exakt um 22:07 Uhr, startete vom Flughafen Frankfurt ein Airbus A340-600 der Lufthansa. Sein Ziel: die brasilianische Stadt Salvador de Bahia, die er am nächsten Morgen nach einer Flugzeit von zehn Stunden und 40 Minuten erreichte. An den Seiten des Flugzeugs prangte der Schriftzug »Fanhansa«, der flankiert war vom Bild eines Fußballs und einer deutschen Flagge. Und das hatte seinen Grund: An Bord des Airbus befand sich nämlich das Team, das für Deutschland nach 24 Jahren endlich wieder den WM-Titel einfahren sollte. Unter den 23 Spielern, die Bundestrainer Joachim Löw fünf Tage vor dem Abflug für das Turnier berufen hatte, war auch Bastian Schweinsteiger, der stellvertretende Mannschaftskapitän.

Der musste sich allerdings mit Problemen an der Patellasehne im linken Knie herumschlagen. Zwar war er mit ins Trainingslager der deutschen Mannschaft nach Südtirol gefahren, dort konnte er allerdings zu Beginn nur ein Aufbauprogramm absolvieren. Erst gegen Ende des Aufenthalts in St. Leonhard stieg Schweinsteiger ins Training mit der Mannschaft ein. Beim Freundschaftsspiel am 1. Juni 2014 gegen Kamerun saß Schweinsteiger jedoch nicht einmal auf der Bank, gegen Armenien fünf Tage später kam er zumindest zu einem Kurzeinsatz.

Doch nicht nur Schweinsteigers körperliche Verfassung bereitete den deutschen Fans Sorgen. Auch Torhüter Manuel Neuer und Kapitän Philipp Lahm waren gesundheitlich angeschlagen, und

Sami Khedira, mit dem Schweinsteiger eigentlich die Doppelsechs bilden sollte, war gerade erst von einem Kreuzbandriss genesen. Zudem verletzte sich gegen Armenien der Dortmunder Marco Reus, der sich seit Wochen in bestechender Form befand, so schwer, dass er auf eine Teilnahme an der Weltmeisterschaft verzichten musste. Für Unmut bei den deutschen Fans, die angesichts der überragenden Qualifikation ohne Niederlage sowie der beiden dritten Plätze bei den vergangenen beiden Weltmeisterschaften zunächst zuversichtlich waren, sorgte Joachim Löws Entscheidung, mit Miroslav Klose nur einen gelernten Stürmer zu nominieren. So langsam schlich sich eine gewisse Skepsis ein.

Von sämtlichen Zweifeln unberührt bezog die deutsche Mannschaft am 8. Juni ihr Quartier: das Campo Bahia im Dorf Santo André, rund acht Kilometer nördlich der Küstenstadt Santa Cruz Cabrália. Das Ressort, das nach knapp einem Jahr Bauzeit erst wenige Tage vor Anreise des DFB-Teams komplett fertiggestellt worden war, stellte der Mannschaft und ihren Betreuern 14 Häuser mit insgesamt 65 Suiten, ein Fitnessstudio, einen Trainingsplatz und eine Poolanlage zur Verfügung. Erreichbar war die Anlage nur per Fähre oder auf dem Luftweg.

Der Trainerstab und der Mannschaftsrat, dem Schweinsteiger als stellvertretender Kapitän angehörte, hatten die Aufgabe, die 23 Spieler in vier Häuser zu verteilen. Bei den Wohngemeinschaften, die sich so bildeten, sollte die Vereinszugehörigkeit keine Rolle spielen. Schweinsteiger etwa zog in Haus vier mit seinem Bayern-Teamkollegen Manuel Neuer, den beiden Schalkern Benedikt Höwedes und Julian Draxler, dem Freiburger Matthias Ginter sowie Kevin Großkreutz zusammen. Vor allem zu letzterem baute Schweinsteiger im Laufe des Turniers eine freundschaftliche Beziehung auf – eigentlich erstaunlich, da der BVB-Spieler Großkreutz als gebürtiger Dortmunder und Schweinsteiger als Bayer wichtige Identifikationsfiguren ihrer Vereine waren. Und beide

Clubs lieferten sich bekanntermaßen in den vorangegangenen drei Jahren erbitterte Duelle auf Augenhöhe.

Doch gerade die Freundschaft, die sich zwischen den beiden vermeintlichen Rivalen bildete, zeigte die Harmonie, die innerhalb der deutschen Mannschaft herrschte. An der Bar und am Pool in der Mitte der Anlage konnten die Fußballer ihre freie Zeit genießen. Nach der WM sollte das gesamte Team in den höchsten Tönen vom Campo Bahia schwärmen und das Quartier dafür verantwortlich machen, dass es während des Turniers zu einer Einheit zusammengewachsen war. »Es war einfach fantastisch hier«[143], meinte etwa Bastian Schweinsteiger, nachdem die Mannschaft wieder ausgezogen war.

Als Deutschland am 16. Juni 2014 in Salvador zum ersten Vorrundenspiel gegen Portugal antrat, saßen die WG-Mitbewohner Schweinsteiger und Großkreutz gemeinsam auf der Ersatzbank. Die Position neben Sami Khedira in der Doppelsechs übernahm Philipp Lahm. Thomas Müller erzielte beim 4:0-Sieg gegen die Portugiesen drei Tore, Schweinsteiger kam nicht zum Einsatz. Auch fünf Tage später, am 21. Juni, nahm Schweinsteiger zum Spiel gegen Ghana in Fortaleza zunächst am Spielfeldrand Platz. Von dort aus erlebte er, wie sein Team in der 51. Minute durch Mario Götze mit 1:0 in Führung ging. Nur drei Minuten später kassierte Deutschland jedoch den Ausgleich, in der 63. Minute gar das 1:2. Joachim Löw reagierte und wechselte in der 69. Minute gleichzeitig Bastian Schweinsteiger und Miroslav Klose ein. Zusehends belebten die beiden Joker das deutsche Spiel, und postwendend wirkte sich der Tausch auch auf das Ergebnis aus: In der 71. Minute schlug Toni Kroos eine Ecke auf den Kopf von Benedikt Höwedes, der den Ball Richtung Tor brachte. Dort, am zweiten Pfosten, lauerte Klose und hielt die Fußspitze hin – Deutschland verhinderte gerade noch eine blamable Niederlage gegen die Afrikaner.

Im abschließenden Gruppenspiel am 21. Juni 2014 gegen die USA stand Schweinsteiger erstmals bei der WM in der Startformation. Zwar war er bereits nach wenigen Minuten sichtlich abgekämpft angesichts der fehlenden Spielpraxis und der brütenden Hitze in Recife, dennoch drückte er der Partie als Führungsspieler seinen Stempel auf. In der 55. Minute sorgte Thomas Müller für das 1:0, das auch der Endstand blieb und Deutschland den Einzug ins Achtelfinale sicherte. In der 76. Minute konnte Schweinsteiger, den der »Kicker« anschließend zum Spieler der Partie kürte, Feierabend machen und seinem Bayern-Teamkollegen Mario Götze seinen Platz auf dem Feld überlassen.

In den Tagen nach dem Spiel gegen die USA waren die nach Brasilien mitgereisten Journalisten begierig danach, zu erfahren, ob die Fitness von Bastian Schweinsteiger auch für das erste K.o.-Spiel des Turniers ausreichen würde. Doch der Spieler hüllte sich in Schweigen, gab weder Interviews noch war er bei Pressekonferenzen zugegen. Stattdessen genoss er die Trainingseinheiten mit dem Team und die Späße, die er insbesondere mit Lukas Podolski trieb. So postete er auf Facebook ein Foto seines schlafenden Teamkollegen, nachdem Podolski zuvor bereits ein Bild vom schlafenden Schweinsteiger mit der Öffentlichkeit geteilt hatte. Doch auch ihr Ex-Nationalmannschaftskollege Arne Friedrich wurde Opfer der beiden Spaßvögel, als die ihn kurzerhand ins Meer warfen.

Im Achtelfinale traf Deutschland am 30. Juni 2014 in Porto Alegre auf Algerien. Bastian Schweinsteiger stand von Beginn an auf dem Platz und setzte in der neunten Minute mit einem Distanzschuss eine erste Duftmarke. Auch die letzte Aktion in der regulären Spielzeit gehörte dem deutschen Mittelfeldmotor mit der Rückennummer 7, der in der 90. Minute per Kopf am algerischen Torhüter scheiterte. Da keines der beiden Teams nach der regulären Spielzeit ein Tor erzielte, musste die Verlängerung entscheiden. Nur zwei Minuten nach Wiederanpfiff gelang dem nach der Halbzeit eingewechselten André Schürrle das 1:0. Nach 109 Spielminuten wurde Bastian Schweinsteiger, der von Krämpfen geplagt wurde, für Christoph Kramer ausgewechselt. Von der Bank aus erlebte er, wie Mesut Özil auf deutscher und Abdelmoumene Djabou auf algerischer Seite kurz vor Schluss für den 2:1-Endstand sorgten.

Erste Befürchtungen, dass die lange Einsatzzeit gegen die Nordafrikaner zu viel für Schweinsteiger war oder er sich gar erneut verletzt hätte, wischte Trainer Löw vom Tisch, einem Startplatz im Viertelfinale stand nichts im Weg. In den vier Tagen vor dem Match gegen Frankreich war Schweinsteiger erneut fröhlich und gelöst zu erleben. So baten er und Thomas Müller bei einem Spaziergang einen berittenen Polizisten, sie auf dessen Pferd reiten zu lassen. Beim Abschlusstraining vor dem Spiel gegen Frankreich scherzte Schweinsteiger sogar mit dem FIFA-Funktionär Anthony Baffoe. Mit der Presse wollte der Deutsche dennoch noch immer nicht sprechen.

Das Spiel gegen Frankreich, das am 4. Juli 2014 im Maracanã-Stadion von Rio de Janeiro stattfand, brachte zwei Premieren mit sich: Zum einen erlebte Schweinsteiger erstmals bei der WM sowohl An- als auch Abpfiff, zum anderen feierten er und Sami Khedira ihre Turnierpremiere als Doppelsechs. Die beiden machten ihre Sache gut, im Mittelpunkt standen gegen die Franzosen aber zwei ihrer Teamkollegen: Torhüter Manuel Neuer hielt seinen Kasten sauber, und Mats Hummels sorgte nicht nur durch sein 1:0 in der zwölften Minute dafür, dass Deutschland ins Halbfinale gegen Gastgeber Brasilien einzog.

Im Vergleich zu vielen seiner Amtsvorgänger ging Joachim Löw auch bei der WM 2014 die Frage, ob seine Spieler während des Turniers Besuch von ihren Partnerinnen haben durften, recht liberal an. Immer wieder konnten Sarah Brandner und Co. einige Stunden mit ihren Liebsten verbringen, und nach dem Spiel gegen die Franzosen erlaubte es der Bundestrainer sogar, dass sie eine Nacht im Campo Bahia verbrachten. Und auch für die deutschen Journalisten hatte das Warten schließlich ein Ende: Bastian Schweinsteiger erschien zwei Tage vor dem Halbfinalspiel zusammen mit Hansi Flick, dem Co-Trainer der deutschen Nationalmannschaft, auf einer Pressekonferenz.

Darauf angesprochen, warum er bislang nicht für Interviews zur Verfügung stand, meinte Schweinsteiger:»Ich habe mich darauf konzentriert, gesund zu werden und fit zu sein.« Eines stellte der stellvertretende Kapitän unmissverständlich klar:»Das Kollektiv steht im Vordergrund. Es geht nicht um eine Person, es geht darum, dass Deutschland Weltmeister wird.«[144]

Im Sinne dieses Mannschaftsgefühls trat Deutschland am 8. Juli 2014 im Estadio Mineirao von Belo Horizonte gegen Brasilien an. Der WM-Gastgeber musste auf den verletzten Superstar Neymar sowie den gelbgesperrten Verteidiger Thiago Silva verzichten. Dennoch hatten die Brasilianer Grund zur Zuversicht, schließlich hatten sie in den bisherigen fünf Pflichtspielen gegen Deutschland nicht ein einziges Mal verloren. Zudem waren sie in allen zehn Spielen gegen die DFB-Elf, die nicht in Deutschland stattfanden, ungeschlagen. All das spielte jedoch keine Rolle, als der mexikanische Schiedsrichter Marco Antonio Rodriguez Moreno um 17 Uhr Ortszeit die Partie anpfiff.

Bereits nach elf Minuten eröffnete Thomas Müller mit dem 1:0 den Reigen, allein zwischen der 23. und der 29. schossen Klose, Kroos und Khedira vier weitere Tore. Fünf Treffer in der ersten halben Stunde eines Spiels – das war bei einer Weltmeisterschaft noch keiner Mannschaft gelungen. Dazu schob sich Miroslav Klose, auf dessen Konto das 2:0 ging, mit 16 Treffern an die Spitze der WM-Rekordtorjägerliste – ausgerechnet vorbei am Brasilianer Ronaldo. Und Bastian Schweinsteiger – obwohl er weder mit einem Tor noch mit einer Vorlage am letztlich überdeutlichen 7:1

beteiligt war – lieferte eine grundsolide Leistung in einer furios aufspielenden deutschen Elf.

Um die Welt gingen nicht nur die Szenen vom Spiel, sondern auch die, die sich anschließend auf dem Rasen abspielten: Die deutschen Spieler, die gerade dem Rekordweltmeister im eigenen Land die höchste Niederlage seiner Fußballgeschichte zugefügt hatten, jubelten nicht überschwänglich, geschweige denn, dass sie dem Gegner gegenüber Schadenfreude durchblicken ließen. Vielmehr schien es, als wäre ihnen der Sieg fast ein wenig unangenehm. Viele von ihnen versuchten sogar, den niedergeschlagenen Brasilianern Trost zu spenden. Ein Bild etwa, das mehrere Medienberichte über die Partie begleitete, zeigte Bastian Schweinsteiger und Thomas Müller, wie sie ihren Bayern-Teamkollegen Dante in den Arm nahmen. Auf diese Weise sammelte das deutsche Team weltweit Sympathien – und brachte zudem die brasilianischen Fans für das Finale auf seine Seite.

Es war der 13. Juli 2014, und es war angerichtet: Deutschland stand zum achten Mal in einem WM-Finale und konnte den Pokal zum vierten Mal nach 1954, 1974 und 1990 gewinnen. Wie schon beim letzten Titelgewinn war der Gegner die argentinische Mannschaft, die sich im Halbfinale nach torlosen 120 Minuten erst im Elfmeterschießen gegen die Niederlande durchsetzen konnte.

Die deutschen Spieler, die inzwischen das Campo Bahia verlassen und ins Sheraton-Hotel von Rio de Janeiro umgezogen waren, hielten am Tag des Finales um 13:55 Uhr die abschließende Teamsitzung ab, bevor sie sich wenig später auf den Weg ins Maracanã-Stadion machten. Dort stieg bereits die große WM-Abschlussfeier, als das DFB-Team die Spielstätte erreichte und in der Kabine verschwand. Eine halbe Stunde vor Spielbeginn betraten Schweinsteiger und Co. den Rasen und machte sich vor den Augen von Bundeskanzlerin Angela Merkel, Bundespräsident Joachim Gauck und weiteren 74.736 Zuschauern warm.

Zehn Minuten vor Anpfiff ereilte die deutsche Mannschaft eine bittere Nachricht: Sami Khedira musste wegen Wadenproblemen auf das Spiel verzichten, seinen Platz neben Bastian Schweinsteiger übernahm Christoph Kramer. Um 16 Uhr Orts- und 21 Uhr deutscher Zeit pfiff der italienische Schiedsrichter Nicola Rizzoli schließlich das Endspiel an.

Nicht einmal 20 Minuten waren gespielt, als Kramer mit dem Argentinier Ezequiel Garay zusammenprallte und kurz darauf mit Verdacht auf eine Gehirnerschütterung ausgewechselt werden musste. Da sich Joachim Löw nicht für einen defensiven, sondern mit André Schürrle für einen offensiven Spieler als Ersatz entschied, übernahm Schweinsteiger fortan die gesamte Arbeit im hinteren Mittelfeld – und er machte seine Sache mehr als gut. Geschickt schloss er die Lücken zur Abwehr, widersetzte sich seinem Gegenüber Javier Mascherano und ließ Argentiniens Superstar Lionel Messi nicht zur Entfaltung kommen.

Die reguläre Spielzeit blieb torlos, wie im Achtelfinale gegen Algerien ging es in die Verlängerung. Dort schienen es sich die Argentinier zum Ziel gemacht zu haben, den deutschen Motor einfach auszuschalten, sprich: Bastian Schweinsteiger vom Platz zu treten. Immer wieder musste er Fouls einstecken, in der 107. Minute etwa rutschten Mascherano und Lucas Biglia bei einer Grätsche synchron in die Beine des Deutschen. Kurz darauf hinterließ der überharte Einsatz gegen Schweinsteiger schließlich sichtbare Spuren: Bei einem Kopfballduell traf ihn Sergio Agüero mit der Faust im Gesicht, die daraus resultierende Platzwunde unter Schweinsteigers rechtem Auge musste von Mannschaftsarzt Hans-Wilhelm Müller-Wohlfahrt am Spielfeldrand getackert werden.

Schweinsteiger war gerade wieder auf den Platz zurückgekehrt, als André Schürrle in der 113. Minute zum Sprint ansetzte. Auf der linken Seite überlief er einen Gegenspieler und flankte in die Mitte, wo Mario Götze mit seinen überragenden technischen

Fähigkeiten zum 1:0 vollendete. Deutschland führte im WM-Finale, hatte die Hand am Pokal – doch noch war das Spiel nicht zu Ende. Schweinsteiger, der in den gesamten 120 Minuten mit 15,3 Kilometern so viel lief wie kein anderer seiner Mit- und Gegenspieler, war k.o. Immer wieder setzten ihm Krämpfe zu, und am Spielfeldrand wartete Kevin Großkreutz bereits darauf, ihn zu ersetzen – doch Schweinsteiger kämpfte.

Argentinien lief noch einmal Sturm, warf alles nach vorne. In der zweiten Minute der Nachspielzeit foulte Schweinsteiger Lionel Messi und musste anschließend selbst von den Mannschaftsärzten behandelt werden. Den fälligen Freistoß aus 24 Metern schoss Messi deutlich übers deutsche Tor, eine Minute später – signifikanterweise nach einem weiteren Foul an Bastian Schweinsteiger – pfiff Schiedsrichter Rizzoli das Spiel ab. Deutschland war Weltmeister.

Der Jubel kannte keine Grenzen. Die deutschen Spieler, Trainer und Betreuer lagen sich in den Armen, es flossen Tränen. Auch Bastian Schweinsteiger fasste sich ungläubig an den Kopf, ballte die Fäuste und ließ seinen Gefühlen freien Lauf. Überglücklich fiel er Joachim Löw, dem Weltmeistertrainer, in die Arme, beide waren in Emotionen aufgelöst. In diesem Moment, so erzählte Schweinsteiger Monate später im Interview mit dem »Focus«, erinnerte er sich an das so unglücklich verlorene Champions-League-Finale gegen Chelsea zwei Jahre zuvor: »Als ich nach dem Endspiel gegen Argentinien unserem Bundestrainer weinend in den Armen lag, da habe ich Gerechtigkeit gespürt.«[145]

Nachdem er seiner Freundin Sarah, die mit den anderen Spielerfrauen auf den Platz geeilt war, einen Kuss aufgedrückt hatte und auf die Siegerehrung wartete, kam Schweinsteiger eine weitere Erinnerung an die schmerzvolle Niederlage von 2012 in den Sinn: der Trost, den Chelseas Stürmer Didier Drogba ihm nach der Partie gespendet hatte. »Man hört in diesem Moment zwar nicht wirklich, was der Gegner sagt«, teilte Schweinsteiger dem Magazin »54749014« Tage nach dem WM-Finale mit. »Aber die Geste an sich tut einem gut.«[146] In diesem Sinne nahm er Argentiniens Spielmacher Lionel Messi in den Arm, den lethargisch dreinblickenden vierfachen Weltfußballer, den die FIFA kurz darauf zum Spieler der WM kürte.

Die argentinischen Spieler hatten ihre Silbermedaillen abgeholt, und nun war für die Deutschen die Zeit gekommen, den Pokal in Empfang zu nehmen. Die Mannschaft, angeführt von Bastian Schweinsteiger, erklomm die 48 Stufen hinauf zur Ehrentribüne, vorbei am Spalier aus Sicherheitskräften und Fans. Kurz musste sich Schweinsteiger an einem Geländer abstützen, zu sehr hatte das gerade zu Ende gegangene Spiel an seinen Kräften gezehrt. Er erreichte die wartenden Gratulanten und schüttelte ihnen der Reihe nach die Hand: FIFA-Präsident Sepp Blatter, Brasiliens Präsidentin Dilma Rousseff, Bundespräsident Joachim Gauck. Kanzlerin Angela Merkel umarmte ihn, die beiden tauschten ein paar Worte aus. Wie seine Teamkollegen bekam auch Schweinsteiger eine Goldmedaille umgehängt, sie alle versammelten sich auf einem Podest vor den Gratulanten – und dann war der große Moment gekommen.

Kurz nach Mitternacht deutscher Zeit übergab Dilma Rousseff den gut sechs Kilogramm schweren WM-Pokal an Philipp Lahm. Der deutsche Kapitän riss ihn in die Luft, und erneut brandete der Jubel im Stadion auf. Goldenes Konfetti regnete auf die Weltmeister hinab, Feuerwerk erhellte den Himmel über Rio, und reihum wanderte der Pokal von Spieler zu Spieler. Auch Bastian Schweinsteiger durfte ihm den obligatorischen Kuss aufdrücken und ihn der Welt präsentieren.

Als das Team kurz darauf wieder zurück aufs Feld lief, wurde es erneut von Schweinsteiger angeführt – diesmal mit der Trophäe in der Hand. Nachdem die offiziellen Siegerfotos im Kasten waren, drehten die deutschen Spieler noch ein paar Ehrenrunden, ließen sich von den Zuschauern feiern und zogen sich anschließend in die Katakomben des Stadions zurück. Bevor sich die Berichterstattung in die Nacht von Rio verabschiedete, wurden Schweinsteiger und Lukas Podolski noch vom ARD-Reporter Jürgen Bergener interviewt. Sie bedankten sich bei den deutschen Fans, vor allem in ihren Heimatstädten München und Köln, und machten sich darüber lustig, dass ihr Teamkollege Christoph Kramer nach seiner Gehirnerschütterung Schwierigkeiten hatte, sich an manche Szenen im Endspiel zu erinnern. Zudem schickte Schweinsteiger einen Gruß an »jemanden, ohne den wir alle nicht hier wären«[147]. Die Rede war von Uli Hoeneß, der gerade in der Justizvollzugsanstalt Landsberg eine Haftstrafe wegen Steuerhinterziehung verbüßte. Dass er für die Huldigung des ehemaligen Bayern-Präsidenten nicht nur Zuspruch von Deutschlands Medien und Fußballfans erhielt, dürfte Schweinsteiger eher egal gewesen sein.

Während die deutsche Mannschaft ihren WM-Titel gebührend feierte und die Sängerin Rihanna via Twitter Fotos von sich, Podolski und Schweinsteiger – letzterer in einem Trikot mit Autogrammen ehemaliger deutscher Weltmeister – in die Welt schickte, veröffentlichten immer mehr Online-Medien ihre ausführlichen Berichte vom Spiel. Einig waren sie sich vor allem in einem Punkt:

Die FIFA lag mit der Entscheidung falsch, Mario Götze zum »Man of the Match« gemacht zu haben. Zwar hatte Götze das Siegtor geschossen, aber mit seinem unbändigen Einsatz hatte ein Mann die Auszeichnung viel mehr verdient: Bastian Schweinsteiger. Als »Krieger«, »Gladiator« und »harten Hund« titulierten ihn die Medien, als Weltklassespieler, der endgültig auf dem Olymp des Fußballs angekommen sei.

Es sollte allerdings vier Monate und neun Tage dauern, bis Bastian Schweinsteiger nach seiner Gala im WM-Finale wieder in einem Pflichtspiel den Rasen betrat.

19. Gefeiert, verletzt, geehrt: Kapitän Schweinsteigers Jahresausklang 2014

In Trainingsanzügen und mit dicken Sonnenbrillen über den verquollenen Augen machten sich Bastian Schweinsteiger und die deutschen Weltmeister am 14. Juli 2014, dem Tag nach dem WM-Finale, auf den Rückweg Richtung Heimat. Die beiden Team-Busse mit der Aufschrift »Ein Land, eine Mannschaft, ein Traum« brachten sie vom Hotel zum Flughafen von Rio de Janeiro. Dort wartete bereits eine Boeing 747-8 auf das Team, auf dem Rumpf des Flugzeugs hatte sich zum Wort »Fanhansa« noch ein »Siegerflieger« gesellt. Doch bevor sich die deutschen Nationalspieler auf die Reise nach Berlin begeben konnten, mussten sie sich zunächst in Geduld üben. Ein Transportfahrzeug hatte beim Verladen der letzten Gepäckstücke die Boeing gerammt und einen Kratzer verursacht. Der stellte sich zwar als nicht mehr als ein Lackschaden heraus, dennoch dauerte es zwei Stunden, bis die notwendigen Sicherheitskontrollen durchgeführt waren.

Wie nach den vergangenen Turnieren war auch diesmal ein Empfang auf der Fanmeile in Berlin geplant. Bereits in den frühen Morgenstunden des 15. Juli 2014 hatten sich dort mehrere tausend Fans versammelt, während die deutsche Elf hoch über dem Atlantischen Ozean versuchte, ein wenig Schlaf nachzuholen. Gegen 10 Uhr befand sich die Maschine im Luftraum über Berlin, drehte im Tiefflug eine Runde über der Straße des 17. Juli, wo mittlerweile eine Million Fans auf die Weltmeister warteten, und landete um 10:08 Uhr auf dem Berliner Flughafen Tegel. Als Erster verließ Philipp Lahm das Flugzeug und präsentierte den Fans, die sich auf dem Rollfeld versammelt hatten, den WM-Pokal. Bastian

Schweinsteiger, mit weißem Pflaster unter dem rechten Auge und in eine Deutschland-Flagge gehüllt, folgte dicht hinter seinem Teamkollegen.

Während die gesamte Mannschaft nach und nach durch ein Spalier aus Flugbegleiterinnen die Gangway hinab spazierte, fuhr ein schwarzer Bus auf das Rollfeld. In seinem ersten Interview zurück auf deutschem Boden meinte Bastian Schweinsteiger, dass er den Flug für seinen wohlverdienten Erholungsschlaf genutzt hatte und dass selbst Thomas Müller, der hinter ihm saß und sonst immer etwas zu erzählen hatte, erstaunlich still war. Mit der Verarbeitung dessen, was da in Brasilien überhaupt geschehen war, würde er, so Schweinsteiger, noch ein paar Tage brauchen.

Das Team stieg in den bereitstehenden Bus und wurde nach Berlin-Moabit gefahren, wo es von einem offenen Truck erwartet wurde. Ebenso wie der Bus war dieser schwarz und mit «1954, 1974, 1990, 2014», den Jahreszahlen der vier deutschen Weltmeistertitel, beschriftet. Nur schleppend kam der LKW durch die Straßen zwischen dem Hauptbahnhof und dem Brandenburger Tor voran, überall waren die deutschen Fans begierig darauf, zumindest einen Blick auf ihre Mannschaft zu werfen. Nach zwei Stunden Fahrt erreichte der Truck schließlich die Fanmeile, und die Spieler begaben sich zunächst hinter die Bühne, die vor dem Brandenburger Tor aufgebaut worden war. Dort trugen sie sich in Anwesenheit des Berliner Oberbürgermeisters Klaus Wowereit ins Gästebuch der Stadt ein.

Bei der Gelegenheit fand sich Bastian Schweinsteiger erneut vor Kamera und Mikrofon der ARD wieder, die die gesamten Feierlichkeiten in einer langen Sondersendung begleitete. »Unglaublich, was uns hier die Berliner Menschen für einen Empfang bereitet haben«, zeigte sich Schweinsteiger tief beeindruckt. »So viele Menschen am Straßenrand, das kenn' ich selbst aus München nicht.« Auf die Frage, wie lange die Mannschaft in der

Nacht zuvor gefeiert hat, meinte der Finalheld: »Ich war relativ früh im Bett, weil mir alles wehtat, und bin immer noch sehr, sehr müde.«[148] Auf der Bühne sang inzwischen Andreas Bourani sein Lied »Auf uns«, das die ARD zu ihrem offiziellen WM-Song auserkoren hatte.

Dann war es endlich soweit: Unter dem frenetischen Jubel der Menschenmenge kamen Bundestrainer Joachim Löw, sein Co-Trainer Hansi Flick, Torwarttrainer Andreas Köpke und Team-Manager Oliver Bierhoff auf die mit grünem Teppich ausgelegte Bühne. Kurz standen sie den Moderatoren Alexander Bommes und Sven Voss Rede und Antwort, bis diese damit begannen, die Spieler aufzurufen. Die traten in den Gruppen auf, in denen sie auch im Campo Bahia zusammengewohnt hatten. Nach der Wohngemeinschaft um Per Mertesacker, die eine Art afrikanischen Tanz aufführte, erschienen Miroslav Klose und seine ehemaligen Mitbewohner auf der Bildfläche – und zeigten eine Performance, die später vor allem in Argentinien für Entrüstung sorgte. In gebückter Haltung und mit Mikrofonen in der Hand liefen die sechs Spieler auf die Bühne und sangen: »So geh'n die Gauchos, die Gauchos, die geh'n so.« Dann richteten sie sich auf und skandierten: »So geh'n die Deutschen, die Deutschen, die geh'n so.« Von einer Verhöhnung des Endspielgegners war in den Medien anschließend die Rede.

Die dritte Gruppe war die um Bastian Schweinsteiger, der noch immer die deutsche Flagge um die Schultern geschlungen hatte. Die Spieler, jeder mit der rechten Hand auf der linken Schulter seines Nebenläufers, liefen zum vorderen Rand der Bühne und sangen dort: »Die Nummer eins der Welt sind wir!« Anschließend begab sich Julian Draxler vor seine Kollegen, bat die Menge um Ruhe und stimmte zu einem weiteren Gesang an: »Großkreutz, rück' den Döner raus!« Der Hintergrund war, dass Kevin Großkreutz vor der WM für Schlagzeilen gesorgt hatte, weil er angeblich einen Fan des 1. FC Köln mit einem Döner beworfen hatte.

Aus hunderttausenden Kehlen war das Wort »Fußballgott« zu vernehmen, als Moderator Alexander Bommes Bastian Schweinsteiger ans Mikrofon holte. »Wir haben uns alle schon 2006 hier gesehen«, spielte der Fußballer auf das bereits acht Jahre zurückliegende »Sommermärchen« an. »Da war es auch schon super, aber jetzt haben wir das Scheißding hier endlich«[149] – gemeint war selbstverständlich der WM-Pokal. Den brachten Philipp Lahm und seine Wohngemeinschaft kurz danach auf die Bühne. Ein Auftritt der Schlagersängerin Helene Fischer, die inmitten der deutschen Nationalmannschaft ihren Hit »Atemlos durch die Nacht« mit leicht verändertem Text zum Besten gab, läutete den Teil der Feierlichkeiten ein, in dem sich das gesamte Team ausgiebig von seinen Fans hochleben ließ.

Und dann, nach acht Wochen, die die 23 Spieler und ihre Trainer und Betreuer gemeinsam verbracht hatten, war die große Zeit des Abschieds gekommen: Die Weltmeister begaben sich in ihre Heimatstädte. Bastian Schweinsteiger und seine Bayern-Kollegen Philipp Lahm, Toni Kroos und Thomas Müller sowie Mats Hummels, Miroslav Klose und Oliver Bierhoff wurden in einem vom FC Bayern gecharterten Privatflieger von Berlin nach München gebracht. Nicht nur der Vorstandsvorsitzende Karl-Heinz Rummenigge und Sportvorstand Matthias Sammer erwarteten ihre Spieler am roten Teppich, der auf der Rollbahn des Münchner Flughafens ausgelegt worden war. Auch der bayerische Ministerpräsident Horst Seehofer und Münchens Oberbürgermeister Dieter Reiter ließen es sich nicht nehmen, die WM-Helden in ihrem heimatlichen Bundesland willkommen zu heißen.

Zu traditioneller Blasmusik sank Bastian Schweinsteiger, nachdem er das Flugzeug verlassen hatte, theatralisch auf die Knie, küsste erst seine Hand und drückte sie anschließend auf den Teppich. Konfrontiert mit Seehofers Aussage, dass er »einen Gladiatorenkampf geliefert hat«, gab sich Schweinsteiger im Interview bescheiden: »Ich habe nur versucht, gut Fußball zu spielen und den Pokal zu holen.« Prompt gab er das Kompliment des bayerischen Landesvaters an sein Team weiter: »In so einem Spiel muss man einfach alles geben, und ich glaube, das hat die ganze Mannschaft gemacht. Wir hatten eine Reihe von Gladiatoren.«[150] Seehofer verlieh Schweinsteiger und Lahm noch am Flughafen die Auszeichnung »Bayerischer Löwe«. Und um 18 Uhr, nach einem langen und intensiven Tag, konnten sich die Weltmeister in den Urlaub verabschieden. Tags darauf postete Schweinsteiger ein Foto auf Facebook, auf dem er mit Hut und Sonnenbrille zu sehen war – versehen mit dem Text: »Jetzt geht's mit einem richtig guten Gefühl in den Urlaub. Wir sehen uns in der nächsten Saison.«[151]

Während Bastian Schweinsteiger und seine Freundin Sarah an der kroatischen Adria ihre Ferien genossen, kursierte Ende

Juli ein Video im Internet, das den Nationalspieler beim Feiern in einer Bar im Münchner Glockenbachviertel zeigte. Darin war er zu sehen, wie er auf einem Tresen stand und zusammen mit der Menge den Schmähgesang »BVB-Hurensöhne!« anstimmte. Besondere Brisanz gewann diese Aktion dadurch, dass das Video am Abend nach dem Empfang auf der Fanmeile aufgenommen wurde – also wenige Stunden, nachdem Schweinsteiger mit vier Spielern von Borussia Dortmund den WM-Triumph feierte. Vor allem angesichts der freundschaftlichen Bande, die er mit Kevin Großkreutz in Brasilien geknüpft hatte, sorgte der Clip für gespaltene Reaktionen unter deutschen Fußballfans.

Schon kurze Zeit später stellte Bastian Schweinsteiger eine Videobotschaft auf seine Facebook-Seite. Er entschuldigte sich darin ausdrücklich bei den Fans, Verantwortlichen und Spielern von Borussia Dortmund und betonte, dass er vor allem zu Kevin Großkreutz ein gutes Verhältnis habe. Ihm liege es besonders am Herzen, zum Ausdruck zu bringen, dass er niemanden beleidigen wollte, meinte Schweinsteiger in dem Clip.[152] Die Antwort von Großkreutz ließ nicht lange auf sich warten: Auf Instagram postete der Dortmunder ein Foto von sich und Schweinsteiger, wie sie im Bus auf dem Weg zur Fanmeile mit Bierflaschen anstießen. Das Bild versah er mit dem Text: »Hey Schweini! Die Aktion war nicht cool, aber ich verstehe deine Erklärung zu diesem Thema, und ich werde niemals vergessen, was du alles für mich getan hast!«[153] Ohnehin hatte sich herausgestellt, dass der Besitzer der Bar, in der Schweinsteiger seinen Schmähgesang geschmettert hatte, ein ehemaliger Ultra-Fan von Borussia Dortmund war, den der Bayern-Profi damit lediglich ein wenig ärgern wollte.

Am 1. August 2014 hatte Bastian Schweinsteiger erneut einen Grund zum Feiern: seinen 30. Geburtstag. Inzwischen hielt er sich nicht mehr in Kroatien auf, sondern auf Ibiza. Allerdings war Sarah nicht mitgekommen, sondern wieder in München – was die Boulevardpresse in Alarmbereitschaft versetzte. Seinen Ehrentag feierte Schweinsteiger mit Freunden im »Nassau Beach Club« in Playa d'en Bossa, anschließend besuchte der Party-Tross den »Ushuaia Club«, in dem Star-DJ David Guetta auflegte. Dort war auch der brasilianische Fußballer Neymar zugegen, der dem Geburtstagskind ein Trikot mit der Widmung »The best friend« schenkte.

Bereits während der Weltmeisterschaft hatte der FC Bayern München die ersten Trainingseinheiten für die neue Saison absolviert – die angesichts der 14 Spieler, die der Verein an WM-Teilnehmer abgestellt hatte, nur sehr spärlich besucht waren. Je nachdem, wann ihre jeweiligen Nationalmannschaften aus dem Turnier ausgeschieden waren und wie viel Urlaub ihnen der Verein anschließend zugestand, gesellten sich im Laufe der Vorbereitungszeit immer mehr Spieler zu ihren Teamkollegen. Am 30. Juli 2014 brachen die Bayern zu einer USA-Tour auf, während der sie zwei Freundschaftsspiele bestritten. Pünktlich zur zweiten Partie der Münchner gegen eine Allstar-Elf der US-amerikanischen Profiliga MLS wurden am 6. August die deutschen Weltmeister sowie Arjen Robben und Dante, deren Nationalteams sich im Spiel um den dritten Platz gegenübergestanden hatten, nach Portland eingeflogen.

In das Spiel, das am Tag darauf im mit 22.000 Zuschauern voll besetzten Providence Park stattfand, schickte Trainer Pep Guardiola zunächst keinen seiner WM-Teilnehmer, erst in der zweiten Halbzeit wechselte er nach und nach die deutschen Nationalspieler ein. Bastian Schweinsteiger kam in den letzten zehn Minuten zum Einsatz, wurde aber knapp vor dem Abpfiff vom Kanadier Will Johnson rüde gefoult. Der Deutsche humpelte vom Feld und war nicht in der Lage, weiterzuspielen. Schnell stellte sich heraus, dass es sich bei Schweinsteigers Verletzung lediglich um eine harmlose Knöchelprellung handelte. Dennoch war Guardiola sauer auf die harte Gangart der Allstars und verweigerte deren Trainer Caleb Porter nach Ende des Spiels, das die Bayern mit 1:2 verloren, den Handschlag.

Im Anschluss an die Partie flogen die Bayern wieder zurück nach München – für Schweinsteiger und seine ebenfalls später angereisten Mitspieler war dies der zweite Flug über 9.000 Kilometer binnen kurzer Zeit. »Als Spieler muss man sich auch mal in den Dienst des Vereins stellen«, zeigte Schweinsteiger in einem Interview Verständnis für die Reisestrapazen, auch wenn er zugeben musste: »Es war sicher nicht einfach.«[154]

Obwohl er aus den USA keine ernsthafte Schädigung seines Knöchels mitgebracht hatte, stellte sich kurz vor Beginn der Saison 2014/2015 heraus, dass Schweinsteiger erneut Probleme mit der Patellasehne hatte – die gleiche Verletzung, die ihm bereits in der vorangegangenen Spielzeit zu schaffen machte und wegen der er beinahe die Weltmeisterschaft verpasst hatte. Zeitungsberichten zufolge wurden Schweinsteiger über Monate Schmerzmittel verabreicht, damit er überhaupt spielen konnte.[155] Da er nicht einmal in der Lage war, ein Lauftraining zu absolvieren, verpasste er sowohl die 0:2-Niederlage seiner Bayern im DFL-Supercup am 13. August 2014 gegen Borussia Dortmund als auch den Saisonauftakt in der Bundesliga, bei dem München am 22. August mit 2:1 gegen den VfL Wolfsburg gewann.

Auch beim ersten Länderspiel der deutschen Nationalmannschaft nach dem WM-Triumph, das am 3. September in Düsseldorf gegen den Endspielgegner Argentinien stattfand, konnte Schweinsteiger nicht auf dem Platz stehen. Dennoch hatte die Neuauflage des WM-Finales eine besondere Bedeutung für den verletzten Mittelfeldspieler. Kurz vor Anpfiff wurden drei Kicker aus dem Weltmeisterschaftskader geehrt, die nach dem Turnier in Brasilien ihren Rücktritt erklärt hatten – unter ihnen auch Philipp Lahm. Der Abwehrspieler, der seit 2010 Kapitän der deutschen Elf war, hatte am 18. Juli 2014 verkündet, dass er nicht mehr für die Nationalmannschaft spielen würde. Ein neuer Kapitän musste her – und auf der Pressekonferenz vor dem Argentinien-Spiel ernannte Bundestrainer Löw Bastian Schweinsteiger zu Lahms Nachfolger.

Die Entscheidung für seinen mittlerweile recht verletzungsanfälligen Mittelfeldregisseur begründete Löw so: »Bastian ist ein absoluter Leader, er hat immer für die Nationalmannschaft Verantwortung übernommen, auf und neben dem Platz.« Darauf, wer Schweinsteiger im Falle seiner Abwesenheit als Kapitän vertreten würde, wollte sich Löw nicht definitiv festlegen. »Wir haben einen starken Spielerrat«[156], erklärte der Bundestrainer und machte damit faktisch Sami Khedira, Thomas Müller, Mats Hummels und Manuel Neuer zu Co-Kapitänen. Letzterer trug in der Partie gegen Argentinien sowie beim ersten Qualifikationsspiel für die EM 2016 gegen Schottland vier Tage später die Binde um den Arm.

Spätestens seit Schweinsteigers Geburtstagsfeier auf Ibiza, bei der seine Freundin Sarah nicht anwesend war, wurde über das Ende der Beziehung spekuliert. Viel zu wenig Leidenschaft steckte in dem Kuss, den sich die beiden nach dem WM-Finale auf dem Rasen von Rio gegeben hatten. Und viel zu selten hatte man das Paar zuletzt in der Öffentlichkeit gesehen. Schweinsteiger selbst wollte sich Ende August im Interview mit der »Bild«-Zeitung nicht zu seinem Beziehungsstatus äußern: »Ach, mittlerweile kenne ich das schon. Aber ich bitte zu respektieren, dass mein Privatleben mir gehört.«[157]

Am 11. September 2014 schien jedoch aus der Vermutung, dass es zwischen Schweinsteiger und Brandner zumindest kriselte, Gewissheit zu werden: Die »Bild«-Zeitung hatte auf der Titelseite ein Foto abgedruckt, auf dem Bastian Schweinsteiger zu sehen war, wie er mit einer hübschen jungen Frau Hand in Hand durch New York schlenderte. Auf den ersten Blick war zu erkennen: Die schwarzhaarige Schönheit war nicht Sarah Brandner. Es handelte sich vielmehr um die Tennisspielerin Ana Ivanović.

Die 1987 in Belgrad geborene Serbin gilt als eine der hübschesten Spielerinnen im Profibereich. Allerdings hat sie – im Gegensatz zu anderen Tennis-Beautys wie Anna Kurnikowa – durchaus Erfolge vorzuweisen: Im Jahr 2008 gewann sie die French Open und stand zudem im Finale der Australian Open, wodurch sie für zwölf Wochen auf dem ersten Platz der Weltrangliste stand. Als sie sich im September 2014 mit Schweinsteiger in New York traf, nahm sie gerade an den US Open teil.

Und plötzlich fiel den Medien auf, dass es zwischen dem Fußballer und der Tennisspielerin durchaus schon länger eine Verbindung gab: Am 19. August 2014 stellte Ivanović auf ihrem YouTube-Kanal ein Video online, in dem sie sich von zwei jungen Männern mit einem Eimer Eiswasser begießen ließ. Dies geschah im Rahmen der so genannten Ice Bucket Challenge, die im Sommer 2014 ins Leben gerufen wurde und die auf die Krankheit Amyotrophe Lateralsklerose, kurz ALS, aufmerksam machen wollte. Teil der Ice Bucket Challenge war es auch, drei weitere Personen zu nominieren, die sich ebenfalls kaltes Wasser über den Kopf schütten – und Ana Ivanović benannte Bastian Schweinsteiger. Der stellte vier Tage später ebenfalls ein Ice-Bucket-Video ins Netz und forderte darin Ivanovićs Bruder Miloš zum Begießen mit Eiswasser auf. Und plötzlich glaubten die Medien auch zu wissen, woher sich Schweinsteiger und Ivanović kannten: über die deutsche Tennisspielerin Andrea Petković, mit der beide eine Freundschaft verband.

Ebenso wie Schweinsteiger wollte sich auch Brandner nicht zum Stand ihrer Beziehung äußern. Anfang Oktober meinte sie nicht ohne Ironie im Interview: »Ich habe ja nichts Neues aus der Zeitung erfahren«, und fügte hinzu: »Was wirklich passiert ist, weiß nur ich – und darüber möchte ich nicht sprechen.«[158] In den Medien wurde darüber spekuliert, dass dem Model von seinem Management Verschwiegenheit auferlegt wurde. Stattdessen betätigte sie sich weiter im Showgeschäft: Mitte Oktober feierte der Low-Budget-Kurzfilm »Fuck« von Regisseur Michel Guillaume, in dem Brandner die Hauptrolle spielte, in München Premiere.

Wie als Bestätigung des Gerüchts, das niemand der Beteiligten laut aussprach, überließ Bastian Schweinsteiger Ende November die Fußballschuhe, die er bei seinem hundertsten Länderspiel im Oktober 2013 gegen Schweden getragen hatte, einer Kinderhilfsorganisation zur Versteigerung. Das Besondere an den Tretern war, dass auf ihren Innenseiten der Name »Sarah« und darunter der Schriftzug »The Chosen One« eingestickt waren. Die Auktion, die Ende Dezember beendet war, brachte 1.000 Euro ein.

Nach all den Schlagzeilen außerhalb des Spielfeldes konnte Bastian Schweinsteiger am 22. November 2014 endlich auch wieder auf dem Fußballplatz von sich reden machen. Nach der überstandenen Verletzung an der Patellasehne stand er für das Bundesligaspiel gegen die TSG Hoffenheim wieder im Kader der Bayern. Es war der zwölfte Spieltag, München war ungeschlagen und führte die Tabelle mit vier Punkten Vorsprung an. Gegen die Hoffenheimer lagen sie mit 2:0 in Front, als Schweinsteiger zu Beginn der zweiten Halbzeit damit anfing, sich an der Seitenlinie warmzumachen. Als die Zuschauer bemerkten, dass sich der Weltmeister auf seine Einwechslung vorbereitete, klatschten sie und erhoben sich von ihren Plätzen. Unter stehenden Ovationen und den Sprechchören »Bastian Schweinsteiger Fußballgott« kam Bayerns Nummer 31 schließlich in der 71. Minute für Mario Götze in die Partie.

»Es hat natürlich mein Herz sehr berührt, so empfangen zu werden von den Zuschauern«[159], sagte Schweinsteiger nach der Partie, in der er in der 87. Minute nach einer gekonnten Ballannahme und einem durchdachten Pass sogar noch das 4:0 durch Sebastian Rode vorbereiten konnte. Welch hohen Stellenwert das »Bayern-Urgestein«, wie der »Kicker« Schweinsteiger nannte, innerhalb seiner von Fußballkönnern gespickten Mannschaft genoss, zeigten die Statements seiner Teamkollegen nach dem Spiel. Arjen Robben etwa war mit den Fans im Stadion einer Meinung und meinte: »Der Fußballgott ist wieder da.« Er selbst habe Gänsehaut gehabt, »als Basti reinkam«[160], so der Niederländer. Torwart Manuel Neuer sprach für die ganze Mannschaft, als er sagte: »Jeder hat auf diese Einwechslung gewartet. Alle Spieler haben sich für ihn gefreut, als er auf dem Platz stand.«[161] Und auch auf Trainer Guardiola hatte die Reaktion der Bayern-Fans ihren Einfluss: »Ich habe gemerkt«, so der Spanier, »wie wichtig er für den Verein ist.«[162]

In den letzten Wochen des Jahres 2014 kam Schweinsteiger zunehmend zum Einsatz. Am 10. Dezember stand er im Champions-League-Vorrundenspiel gegen ZSKA Moskau von Beginn an auf dem Platz – zum ersten Mal nach dem WM-Finale, das fast auf den Tag genau ein halbes Jahr zurücklag. Weil Philipp Lahm zu dieser Zeit an einem Knöchelbruch laborierte, trug Schweinsteiger die Kapitänsbinde und bereitete beim 3:0-Sieg ein Tor vor. Auch drei Tage später, beim 4:0 in Augsburg, leistete Schweinsteiger die Vorarbeit für einen Treffer.

Als wäre das Jahr 2014 einem Drehbuch gefolgt, lieferte Bastian Schweinsteiger beim letzten Spiel am 19. Dezember seine beste Leistung der Saison. Die Bayern traten beim FSV Mainz 05 an und gerieten in der 21. Minute mit 0:1 in Rückstand. Sofort nach dem Anstoß bekam München einen Freistoß aus 20 Metern Distanz zum Mainzer Tor zugesprochen. Schweinsteiger, der erneut das Amt als Mannschaftskapitän innehatte, hatte eigenen Angaben zufolge seit der Weltmeisterschaft keine Freistöße mehr trainiert, weshalb er eigentlich nicht für die Ausführung in Frage kam. Dennoch überließ ihm sein Kollege Franck Ribéry den Ball mit den Worten: »Mach auch mal ein Tor.« Schweinsteiger nahm Anlauf und schoss das Spielgerät in den linken oberen Winkel.

Es war Schweinsteigers erstes Tor der Saison, der »Kicker« machte ihn nicht nur deshalb zum Spieler des Spiels und berief ihn als einzigen Bayern in die Elf des Tages. Nach der Partie gegen Mainz, die der FCB dank eines späten Tores von Arjen Robben mit 2:1 gewann und dadurch mit komfortablen elf Punkten in die Winterpause ging, teilte Schweinsteiger dem »Kicker« mit, dass er wieder voll belastbar sei. »Ich kann wieder alles machen, ohne darüber nachzudenken, ob mit meinem Körper alles in Ordnung ist«, sagte der Spieler und fügte an: »Ich fühle mich gut, freue mich aber jetzt auch auf den Urlaub.«[163] Nach einem Jahr, in dem er Weltmeister und Kapitän der Nationalmannschaft wurde, einen neuen Rekord in Sachen DFB-Pokalsiege aufstellte, zum dritten Mal als Weltfußballer des Jahres zur Wahl stand, mit dem DFB-Team das Silberne Lorbeerblatt und mit dem FC Bayern den Laureus World Sports Award gewonnen hatte – nach einem solchen Jahr gab es wohl kaum einen Fußballfan in Deutschland, der Schweinsteiger keine erholsamen Weihnachtsferien gönnte.

Nur vier deutsche Fußballspieler haben mehr Länderspiele absolviert als Bastian Schweinsteiger. Kein aktiver Bundesligaspieler kommt an die 214 Siege heran, die er in den zwölf Jahren bei den Bayern feiern konnte – und das mit gerade einmal 30 Jahren, also in einem Alter, in dem viele große Fußballer ihren Zenit noch vor sich haben. Vor allem aber ist Bastian Schweinsteiger in seiner Karriere zusehends gereift: Der verspielte Jüngling mit von Akne vernarbtem Gesicht hat sich zu einem internationalen Star entwickelt, der sich nicht nur wegen seiner technischen Fähigkeiten, sondern auch wegen seiner Führungsqualitäten abseits des Platzes den Respekt von Fans, Mit- und Gegenspielern verdient hat.

Doch noch hat Schweinsteiger nicht alles erreicht, was er erreichen kann. Oliver Kahn ist mit 16 Meisterschaften und Pokalen der Rekordtitelträger der Bundesliga, Schweinsteiger fehlt noch eine Trophäe, um die Bestmarke seines ehemaligen Mannschaftskollegen zu erreichen. Zudem sind Kahn und Mehmet Scholl einmal mehr Deutscher Meister geworden als Schweinsteiger. Und dann gibt es da noch einen Titel, den der 30-Jährige noch nicht gewonnen hat: die Europameisterschaft. Im Sommer 2016 hat er die vierte Gelegenheit, den leeren Platz in seinem Trophäenschrank zu füllen – vorausgesetzt, dass er von Verletzungen verschont bleibt.

Denn eins ist klar: Vom Siegen kann Bastian Schweinsteiger nicht genug bekommen. Oder wie er selbst es einige Monate nach dem Weltmeisterschaftsfinale 2014 gesagt hat: »Durch den WM-Titel bin ich sogar noch gieriger auf Titel geworden. Gesättigt bin ich noch lange nicht.«[164]

Statistik

Saison	Verein/Mannschaft	Trainer	Spiele	Tore	Erfolge
2001/02	Bayern München II	Hermann Gerland	4	0	
2002/03	Bayern München	Ottmar Hitzfeld	16	2	Deutsche Meisterschaft DFB-Pokal
	Bayern München II	Hermann Gerland	24	2	
2003/04	Bayern München	Ottmar Hitzfeld	33	4	
	Bayern München II	Hermann Gerland	4	0	Meisterschaft Regionalliga Süd
	Deutschland	Rudi Völler	4	0	
	Deutschland U21	Uli Stielike	6	2	
2004/05	Bayern München	Felix Magath	38	4	Deutsche Meisterschaft DFB-Pokal Ligapokal
	Bayern München II	Hermann Gerland	4	0	
	Deutschland	Jürgen Klinsmann	14	4	Dritter Platz Confed Cup
	Deutschland U21	Dieter Eilts	1	0	
2005/06	Bayern München	Felix Magath	42	3	Deutsche Meisterschaft DFB-Pokal
	Deutschland	Jürgen Klinsmann	17	5	Dritter Platz WM 2006

Saison	Verein/Mannschaft	Trainer	Spiele	Tore	Erfolge
2006/07	Bayern München	Felix Magath Ottmar Hitzfeld	40	6	
	Deutschland	Joachim Löw	11	4	
2007/08	Bayern München	Ottmar Hitzfeld	48	2	Deutsche Meisterschaft DFB-Pokal Ligapokal
	Deutschland	Joachim Löw	10	2	Finale EM 2008
2008/09	Bayern München	Jürgen Klinsmann Jupp Heynckes	44	9	
	Deutschland	Joachim Löw	14	4	
2009/10	Bayern München	Louis van Gaal	49	3	Deutsche Meisterschaft DFB-Pokal
	Deutschland	Joachim Löw	11	2	Dritter Platz WM 2010
2010/11	Bayern München	Louis van Gaal Andries Jonker	45	8	DFL-Supercup
	Deutschland	Joachim Löw	8	1	
2011/12	Bayern München	Jupp Heynckes	36	5	
	Deutschland	Joachim Löw	6	1	Halbfinale EM 2012

Saison	Verein/ Mannschaft	Trainer	Spiele	Tore	Erfolge
2012/13	Bayern München	Jupp Heynckes	45	9	Champions League Deutsche Meisterschaft DFB-Pokal DFL-Supercup
	Deutschland	Joachim Löw	5	0	
2013/14	Bayern München	Josep Guardiola	36	8	FIFA-Klub-Weltmeisterschaft UEFA Super Cup Deutsche Meisterschaft DFB-Pokal
	Deutschland	Joachim Löw	8	0	Sieger Weltmeisterschaft 2014
2014/15	Bayern München	Josep Guardiola	8	1	
	Deutschland	Joachim Löw	0	0	
gesamt	Bayern München		480	64	
	Bayern München II		36	2	
	Deutschland		108	23	
	Deutschland U21		7	2	

(Stand: Ende 2014; Quellen: Transfermarkt.de, Dfb.de; Angaben von Spielen und Toren bei Clubs beziehen sich auf folgende Wettbewerbe: Bundesliga, Regionalliga Süd, DFB-Pokal, Ligapokal bzw. DFL-Supercup, Champions League, UEFA Cup bzw. Europa League, UEFA Super Cup, FIFA-Klub-Weltmeisterschaft)

Quellennachweis

1. Dfb.de: »Wiegen der Weltmeister: Geburtstagskind Schweinsteiger aus Oberaudorf«. http://www.dfb.de/news/detail/wiegen-der-weltmeister-geburtstagskind-schweinsteiger-aus-oberaudorf-101958/
2. Gq-magazin.de: »Ich habe das Zeug zum Champion!«, September 2009. http://www.gq-magazin.de/leben-als-mann/sport2/bastian-schweinsteiger-ich-habe-das-zeug-zum-champion/bastian-schweinsteiger-ich-habe-das-zeug-zum-champion!3
3. Gq-magazin.de: »Ich habe das Zeug zum Champion!«, September 2009. http://www.gq-magazin.de/leben-als-mann/sport2/bastian-schweinsteiger-ich-habe-das-zeug-zum-champion/bastian-schweinsteiger-ich-habe-das-zeug-zum-champion!6
4. Bild.de: »Schweini privat - So tickt unser Fußball-Cowboy«, 21. Juni 2008. http://www.bild.de/sport/fussball/deutschland-portugal-frauen-geliebt-maennern-gefeiert-4902022.bild.html
5. Welt.de: »Bastian Schweinsteiger: Liebling der älteren Mädchen«, 28. Mai 2012. http://www.welt.de/sport/article106377714/Bastian-Schweinsteiger-Liebling-der-aelteren-Maedchen.html
6. Gq-magazin.de: »Ich habe das Zeug zum Champion!«, September 2009. http://www.gq-magazin.de/leben-als-mann/sport2/bastian-schweinsteiger-ich-habe-das-zeug-zum-champion/bastian-schweinsteiger-ich-habe-das-zeug-zum-champion!3
7. Spox.com: »Lampard imponiert mir schon«, 7. Januar 2010. http://www.spox.com/de/sport/fussball/bundesliga/1001/Artikel/bastian-schweinsteiger-interview-dubai-uli-hoeness.html
8. Bayern-Magazin vom November 2012. Über TZ Online: »Schweini wäre fast beim HSV gelandet«, 24. November 2012. http://www.tz.de/sport/fc-bayern/bastian-schweinsteiger-waere-fast-hamburger-gegangen-2635853.html
9. Spox.com: »Wir hatten schon Bessere als Schweinsteiger«, 15. Dezember 2011. http://www.spox.com/de/sport/fussball/nachwuchs/1111/Artikel/stefan-beckenbauer-interview-u-17-fc-bayern-trainer-bastian-schweinsteiger-thomas-mueller-hummels-alaba.html
10. Fifa.com: »Gerland: ›Schweinsteiger hat auch Mist gemacht‹«, 21. Oktober 2014. http://de.fifa.com/worldcup/news/y=2014/m=10/news=gerland-schweinsteiger-hat-auch-mist-gemacht-2459788.html
11. 11fFreunde.de: »Er hat auch mal ausgeteilt«, 27. August 2010. http://www.11freunde.de/interview/gerland-ueber-schweinsteiger

12. 11freunde.de: »Er hat auch mal ausgeteilt«, 27. August 2010. http://www.11freunde.de/interview/gerland-ueber-schweinsteiger

13. Süddeutsche Zeitung vom 15. Oktober 2013. Über Bild Online: »Er hatte die Socken so hochgezogen wie Strapse«, 15. Oktober 2013. http://www.bild.de/sport/fussball/hermann-gerland/schweini-hatte-stutzen-hochgezogen-wie-strapse-32979442.bild.html

14. Süddeutsche Zeitung vom 15. Oktober 2013. Über Bild Online: »Er hatte die Socken so hochgezogen wie Strapse«, 15. Oktober 2013. http://www.bild.de/sport/fussball/hermann-gerland/schweini-hatte-stutzen-hochgezogen-wie-strapse-32979442.bild.html

15. 11freunde.de: »Er hat auch mal ausgeteilt«, 27. August 2010. http://www.11freunde.de/interview/gerland-ueber-schweinsteiger

16. Youtube.com: »Bastian Schweinsteiger im Audi Star Talk – TEIL 3«, 24. Februar 2011. https://www.youtube.com/watch?v=rs-8p7rsOzs

17. Youtube.com: »Bastian Schweinsteiger im Audi Start Talk – TEIL 3«, 24. Februar 2011. https://www.youtube.com/watch?v=rs-8p7rsOzs

18. Kicker.de: »Ballack ist nicht zu ersetzen«, 1. Februar 2003. http://www.kicker.de/news/fussball/bundesliga/spieltag/1-bundesliga/2002-03/19/572320/spielanalyse_arminia-bielefeld-10_bayern-muenchen-14.html

19. Faz.net: »8:0 – Bayern zaubert, Köln schaut zu«, 4. Februar 2003. http://www.faz.net/aktuell/sport/dfb-pokal-8-0-bayern-zaubert-koeln-schaut-zu-190231.html

20. Spiegel.de: »Bayern-Talent Schweinsteiger: Bis 3.30 Uhr in der Disco«, 24. April 2003. http://www.spiegel.de/panorama/bayern-talent-schweinsteiger-bis-3-30-uhr-in-der-disco-a-245975.html

21. Spiegel.de: »Schwermütiger Deisler: Gesprächstherapie zeigt erste Erfolge«, 21. November 2003. http://www.spiegel.de/sport/fussball/schwermuetiger-deisler-gespraechstherapie-zeigt-erste-erfolge-a-275169.html

22. Zeit.de: »Man muss härter sein als ich«, 5. Oktober 2009. http://www.zeit.de/2009/41/DOS-Deisler/komplettansicht

23. Bunte.de: »Längst nicht zurück im Leben«, 8. Oktober 2009. http://www.bunte.de/sport/sebastian-deisler-laengst-nicht-zurueck-im-leben-37065.html

24. RP-Online.de: »FC Schweinsteiger-Müller-Lahm 2033«, 29. Oktober 2013. http://www.rp-online.de/sport/fussball/bundesliga/fc-schweinsteiger-mueller-lahm-2033-aid-1.3781556

25. Welt.de: »Mein Ziel ist es, wie Zidane zu sein«, 11. September 2007. http://www.welt.de/sport/article1168533/Mein-Ziel-ist-es-wie-Zidane-zu-spielen.html

26. 11freunde.de: »Schweini passt nicht mehr«, 19. November 2008. http://www.11freunde.de/interview/bastian-schweinsteiger-im-interview

27. Fcbayern.de: »Schweinsteiger verlängert bis 2007«, 1. April 2004. http://www.fcbayern.de/de/news/news/2004/i13417.php

28. Spiegel.de: »Bayern München: ‚Schweini will nicht mehr Schweini sein'«, 28. März 2003. http://www.spiegel.de/sport/fussball/bayern-muenchen-schweini-will-nicht-mehr-schweini-sein-a-292878.html

29. Kicker.de: »Klasnic nutzt Kahns bösen Fehler«, 8. Mai 2004. http://www.kicker.de/news/fussball/bundesliga/spieltag/1-bundesliga/2003-04/32/635345/spielanalyse_bayern-muenchen-14_werder-bremen-4.html

30. Kicker.de: »Torghelle düpiert die Völler-Elf«, 6. Juni 2004. http://www.kicker.de/news/fussball/nationalelf/startseite/fussball-nationalteams-freundschaftsspiele/2004/1/655265/spielanalyse_deutschland_ungarn.html

31. Fcbayern.de: »Lichtblick Schweinsteiger«, 7. Juni 2004. http://www.fcbayern.de/de/news/news/2004/i13965.php

32. Faz.net: »Früh reif«, 18. Juni 2004. http://www.faz.net/aktuell/sport/fussball/nationalmannschaft-frueh-reif-1162494.html?printPagedArticle=true#pageIndex_2

33. Faz.net: »Völler setzt auf Holland-Taktik – und Talent Schweinsteiger«, 22. Juni 2004. http://www.faz.net/aktuell/sport/nationalmannschaft-voeller-setzt-auf-holland-taktik-und-talent-schweinsteiger-1160314.html

34. Manager-Magazin.de: »Deutschland ist draußen«, 24. Juni 2004. http://www.manager-magazin.de/lifestyle/freizeit/a-305573.html

35. Sport1.de: »Ich hatte keine Kraft mehr«, 26. September 2011. http://www.sport1.de/de/fussball/fussball_bundesliga/artikel_460287.html

36. Focus.de: »Für Hitzfeld war Trennung von Bayern eine Erlösung«, 29. November 2011. http://www.focus.de/sport/fussball/bundesliga1/bundesliga-fuer-hitzfeld-war-trennung-von-bayern-eine-erloesung_aid_688903.html

37. 11freunde.de: »Angst habe ich nie«, 27. August 2010. http://www.11freunde.de/interview/bastian-schweinsteiger-ueber-seine-karriere-2

38. 11freunde.de: »Angst habe ich nie«, 27. August 2010. http://www.11freunde.de/interview/bastian-schweinsteiger-ueber-seine-karriere-2

39. Merkur-online.de: »Verlust ja, Sorgen nein«, 12. April 2009 (aktualisiert). http://www.merkur-online.de/sport/fc-bayern/verlust-sorgen-nein-178144.html

40. Faz.net: »Schweinsteiger fühlt sich fit und leidet«, 8. September 2004. http://www.faz.net/aktuell/sport/fussball/u-21-nationalmannschaft-schweinsteiger-fuehlt-sich-fit-und-leidet-1178690.html

41. Focus.de: »Magath kritisiert das System Kuschel-Jogi«, 19. August 2012. http://www.focus.de/sport/fussball/bundesliga1/focus-interview-mit-wolfsburg-trainer-magath-kritisiert-das-system-kuschel-jogi_aid_802551.html

42. Fcbayern.de: »DFB-Pendler Schweinsteiger tankt Selbstvertrauen«, 8. September 2004. Abgerufen am: http://www.fcbayern.de/de/news/news/2004/01274.php

43. Fcbayern.de: »DFB-Pendler Schweinsteiger tankt Selbstvertrauen«, 8. September 2004. Abgerufen am: http://www.fcbayern.de/de/news/news/2004/01274.php

44. Faz.net: »Schweinsteiger fühlt sich fit und leidet«, 8. September 2004. http://www.faz.net/aktuell/sport/fussball/u-21-nationalmannschaft-schweinsteiger-fuehlt-sich-fit-und-leidet-1178690.html

45. Focus.de: »Schweinsteiger: Ribéry legt uns Fische in die Koffer«, 22. Januar 2013. http://www.focus.de/sport/fussball/tid-29148/best-of-playboy-schweinsteiger-ribery-legt-uns-fische-in-die-koffer_aid_903247.html

46. Kicker.de: »Lucio lässt Kahn wieder keine Chance«, 12. April 2005. http://www.kicker.de/news/fussball/chleague/spielrunde/championsleague/2004-05/8/716259/spielanalyse_bayern-muenchen-14_fc-chelsea-505.html

47. Kicker.de: »Schweinsteiger trifft doppelt«, 8. Juni 2005. http://www.kicker.de/news/fussball/nationalelf/startseite/fussball-nationalteams-freundschaftsspiele/2005/4/672755/spielanalyse_deutschland_russland.html

48. Faz.net: »Aufsteiger mit Lederhosen-Charme – Schweinsteiger wie ein kleiner Scholl«, 9. Juni 2005. http://www.faz.net/aktuell/sport/fussball/fussball-aufsteiger-mit-lederhosen-charme-schweinsteiger-wie-ein-kleiner-scholl-1230694.html

49. Youtube.com: »Chickendance«, 8. September 2006. https://www.youtube.com/watch?v=TBtaqxNlfkg

50. Spiegel.de: »Fall Schweinsteiger: Hoeneß knöpft sich ›tz‹ vor«, 17. März 2006. http://www.spiegel.de/sport/fussball/fall-schweinsteiger-hoeness-knoepft-sich-tz-vor-a-406579.html

51. Spiegel.de: »Fall Schweinsteiger: Hoeneß knöpft sich ›tz‹ vor«, 17. März 2006. http://www.spiegel.de/sport/fussball/fall-schweinsteiger-hoeness-knoepft-sich-tz-vor-a-406579.html

52. Spiegel.de: »Nach ›tz‹-Bericht: Schweinsteiger stellt Strafanzeige«, 20. März 2006. http://www.spiegel.de/sport/fussball/nach-tz-bericht-schweinsteiger-stellt-strafanzeige-a-406958.html

53. Sueddeutsche.de: »Üble Gerüchte um Münchner Fußballprofis«, 10. Dezember 2008 (aktualisiert). http://www.sueddeutsche.de/sport/wettskandal-ueble-geruechte-um-muenchner-fussballprofis-1.861492

54. Faz.net: »Zwei Trainingslager, ein Gewinner«, 30. Mai 2006. http://www.faz.net/aktuell/sport/fussball-wm-2006/stars-stories/portraet-zwei-trainingslager-ein-gewinner-bastian-schweinsteiger-1328494.html

55. Dfb.de: »Schlüsselspieler Schweinsteiger ist ›der Druck egal‹«, 6. Juni 2006. http://www.dfb.de/news/detail/schluesselspieler-schweinsteiger-ist-der-druck-egal-7309/

56. Kicker.de: »Keine Probleme mit Kolumbien«, 2. Juni 2006. http://www.kicker.de/news/fussball/nationalelf/startseite/fussball-nationalteams-freundschaftsspiele/2006/5/707246/spielanalyse_deutschland_kolumbien-945.html

57. Dfb.de: »Schlüsselspieler Schweinsteiger ist ›der Druck egal‹«, 6. Juni 2006. http://www.dfb.de/news/detail/schluesselspieler-schweinsteiger-ist-der-druck-egal-7309/

58. Bravo.de: »Für Schweini sind Tore wichtiger als Sex!«, 9. Juli 2010 (aktualisiert). http://www.bravo.de/fuer-schweini-sind-tore-wichtiger-als-sex-255497.html

59. Bild.de: »Schweini wurde zu viel Puderzucker in den Hintern geblasen«, 13. Januar 2007. http://www.bild.de/sport/bundesliga/hoeness-schweinsteiger-bayern-1259050.bild.html

60. Welt.de: »Kritik setzt Kräfte frei«, 10. April 2007. http://www.welt.de/welt_print/article801231/Kritik-setzt-Kraefte-frei.html

61. Zeit.de: »Die Leiden des jungen S.«, 1. Juni 2008. http://www.zeit.de/2008/23/EM-Schweinsteiger-23

62. Gq-magazin.de: »Sarah Brandner im Interview«, Juni 2010. http://www.gq-magazin.de/unterhaltung/gq-frauen/sarah-brandner-sarah-brandner-im-interview

63. Mopo.de: »Schweinsteiger weiter gereift - ›Mann geworden‹«, 30. März 2010. http://www.mopo.de/news/fussball-schweinsteiger-weiter-gereift----mann-geworden-,5066732,5132624.html

64. Gala.de: »Zwei, die sich beflügeln«, 12. Juni 2012. http://www.gala.de/stars/story/bastian-schweinsteiger-sarah-brandner-zwei-die-sich-befluegeln_29317.html

65. Bild.de: »Er findet es selbst krass«, 5. September 2007. http://www.bild.de/sport/bundesliga/haare-silbern-2438872.bild.html

66. Bild.de: »Wenn einer nicht gut spielt...«, 24. September 2007. http://www.bild.de/sport/bundesliga/hoeness-schweinsteiger-2550980.bild.html

67. Sueddeutsche.de: »Die Ehe mit Schweini hat es doch nie gegeben«, 19. Dezember 2007 (aktualisiert am 17. Mai 2010). http://www.sueddeutsche.de/sport/interview-mit-lukas-podolski-die-ehe-mit-schweini-hat-es-doch-nie-gegeben-1.319722

68. Sueddeutsche.de: »Die Ehe mit Schweini hat es doch nie gegeben«, 19. Dezember 2007 (aktualisiert am 17. Mai 2010). http://www.sueddeutsche.de/sport/interview-mit-lukas-podolski-die-ehe-mit-schweini-hat-es-doch-nie-gegeben-1.319722

69. Welt.de: »Schweinsteiger sollte die Bayern verlassen«, 11. Februar 2008. http://www.welt.de/sport/article1659882/Schweinsteiger-sollte-die-Bayern-verlassen.html

70. Kicker.de: »Riesenlob für Schweinsteiger«, 19. Februar 2008. http://www.kicker.de/news/fussball/nationalelf/startseite/artikel/375318

71. Spox.com: »Effenberg kritisiert Schweinsteiger«, 16. März 2008. http://www.spox.com/de/sport/fussball/bundesliga/0803/News/effenberg-kritisiert-schweinsteiger.html

72. Faz.net: »Kein Respekt vor dem Typen Effenberg«, 17. März 2008. http://www.faz.net/aktuell/sport/fussball/bundesliga/schweinsteiger-wehrt-sich-kein-respekt-vor-dem-typen-effenberg-1514936.html

73. Welt.de: »Podolski drängt Schweinsteiger aus Startelf«, 5. Juni 2008. http://www.welt.de/sport/em2008/article2070627/Podolski-draengt-Schweinsteiger-aus-Startelf.html

74. Kicker.de: »Schweinsteiger bleibt Portugals Albtraum«, 19. Juni 2008. http://www.kicker.de/news/fussball/em/startseite/europameisterschaft/2008/4/747166/spielanalyse_portugal_deutschland.html

75. Kicker.de: »Schweinsteiger: ›Beste Mannschaft rausgekegelt‹«, 19. Juni 2008. http://www.kicker.de/news/fussball/em/startseite/379952/artikel_schweinsteiger_beste-mannschaft-rausgekegelt.html

76. Spiegel.de: »Empfang für den Vizemeister: Fans feiern Löws Team in Berlin«, 30. Juni 2008. http://www.spiegel.de/panorama/empfang-fuer-die-vizemeister-fans-feiern-loews-team-in-berlin-a-562994.html

77. Welt.de: »So sieht Klinsmanns neue Bayern-Welt aus«, 5. Juli 2008. http://www.welt.de/sport/article2181884/So-sieht-Klinsmanns-neue-Bayern-Welt-aus.html

78. Abendzeitung-muenchen.de: »Schweinsteiger gewinnt vor Gericht«, 1. Dezember 2009. http://www.abendzeitung-muenchen.de/inhalt.fc-bayern-schweinsteiger-gewinnt-vor-gericht.2cfdf7ec-09e1-41fb-b557-d0ff479a3b71.html

79. Welt.de: »Schweinsteiger lernt für seine Freundin kochen«. http://www.welt.de/sport/article2278692/Schweinsteiger-lernt-fuer-seine-Freundin-kochen.html

80. Tagespiegel.de: »Schweinsteiger bleibt beim FC Bayern«, 10. Dezember 2008. http://www.tagesspiegel.de/vertragsverlaengerung-schweinsteiger-bleibt-beim-fc-bayern/1393168.html

81. Fifa.com: »Bayern bestätigt Vertragsverlängerung von Schweinsteiger«, 15. Dezember 2008. http://de.fifa.com/ballon-dor/news/y=2008/m=12/news=bayern-bestatigt-vertragsverlangerung-von-schweinsteiger-979337.html

82. Tagesspiegel.de: »Hoeneß warnt Schweinsteiger und Co.«, 27. Mai 2009. http://www.tagesspiegel.de/2009-05-27-neuss-hoeness-warnt-schweinsteiger-und-co-/1523438.html

83. Rp-online.de: »Schweinsteiger wehrt sich«, 28. Mai 2009. http://www.rp-online.de/sport/fussball/bayern-muenchen/schweinsteiger-wehrt-sich-aid-1.1634287

84. T-online.de: »Das ›Mia san mia‹ hat van Gaal schon verinnerlicht«, 2. Juli 2009. http://www.t-online.de/sport/id_19278072/fc-bayern-muenchen-das-mia-san-mia-hat-louis-van-gaal-schon-verinnerlicht.html

85. Spox.com: »Alle Macht für Ribery«, 16. Juli 2009. http://www.spox.com/de/sport/fussball/bundesliga/0907/Artikel/bayern-muenchen-louis-van-gaal-lucio-inter-mailand-franck-ribery-uli-hoeness-bastian-schweinsteiger.html

86. Faz.net: »Reif für die Rolle als Ballverteiler«, 19. März 2008«. http://www.faz.net/aktuell/sport/fussball/bundesliga/bastian-schweinsteiger-reif-fuer-die-rolle-des-ballverteilers-1513627.html

87. 11freunde.de: »Er hat auch mal ausgeteilt«, 27. August 2010. http://www.11freunde.de/interview/gerland-ueber-schweinsteiger

88. 11freunde.de: »Es kann schnell bergab gehen«, 26. August 2010. http://www.11freunde.de/interview/bastian-schweinsteiger-ueber-seine-karriere-1

89. Rp-online.de: »Den Schweini gibt es nicht mehr«, 8. Februar 2010. http://www.rp-online.de/sport/fussball/bundesliga/den-schweini-gibt-es-nicht-mehr-aid-1.1714340

90. Rp-online.de: »Den Schweini gibt es nicht mehr«, 8. Februar 2010. http://www.rp-online.de/sport/fussball/bundesliga/den-schweini-gibt-es-nicht-mehr-aid-1.1714340

91. Welt.de: »Michael Ballack fällt für die WM in Südafrika aus«, 17. Mai 2010. http://www.welt.de/sport/fussball/article7664663/Michael-Ballack-faellt-fuer-die-WM-in-Suedafrika-aus.html

92. Focus.de: »Nach Ballack-Aus: Schweinsteiger wird neuer Chef«, 17. Mai 2010. http://www.focus.de/sport/fussball/wm-2010/wm-nach-ballack-aus-schweinsteiger-wird-neuer-chef_aid_509029.html

93. Tagesspiegel.de: »Schweinsteiger: ›So macht Fußball keinen Spaß mehr‹«, 18. Juni 2010. http://www.tagesspiegel.de/sport/fussball-wm2010/nachgefragt-schweinsteiger-so-macht-fussball-keinen-spass-mehr/1863234.html

94. Zeit.de: »Schweinsteiger und Boateng: ›Es wird kritisch‹«, 24. Juni 2010. http://www.zeit.de/sport-newsticker/2010/6/24/251650xml

95. Haz.de: »Bastian Schweinsteiger provoziert Argentinier vor dem Viertelfinale«, 30. Juni 2010. http://www.haz.de/Nachrichten/Sport/Themen/WM-2010/Uebersicht/Bastian-Schweinsteiger-provoziert-Argentinier-vor-dem-Viertelfinale

96. Welt.de: »›Nervös?‹ – Maradona verspottet Schweinsteiger«, 1. Juli 2010. http://www.welt.de/sport/wm2010/article8260275/Nervoes-Maradona-verspottet-Schweinsteiger.html

97. 11freunde.de: »Angst habe ich nie«, 27. August 2010. http://www.11freunde.de/interview/bastian-schweinsteiger-ueber-seine-karriere-2

98. n-tv.de: »›Kaiser‹: Löw muss bleiben«, 5. Juli 2010. http://www.n-tv.de/sport/FussballWM/Kaiser-Loew-muss-bleiben-article986416.html

99. Focus.de: »Zeitung vergleicht Schweinsteiger mit Hitler«, 7. Juli 2010. http://www.focus.de/sport/fussball/wm-2010/deutsches-team/nationalmannschaft-zeitung-vergleicht-schweinsteiger-mit-hitler_aid_527824.html

100. Dfb.de: »Löw: ›Spanien hat uns an die Grenzen gebracht‹«, 7. Juli 2010. http://www.dfb.de/news/detail/loew-spanien-hat-uns-an-die-grenzen-gebracht-23960

101. Rp-online.de: »Mourinho will auch Schweinsteiger holen«, 7. September 2010. http://www.rp-online.de/sport/fussball/bundesliga/mourinho-will-auch-schweinsteiger-holen-aid-1.1705746

102. Sueddeutsche.de: »Lahm und Schweinsteiger ›unverkäuflich‹«, 8. September 2010. http://www.sueddeutsche.de/sport/sport-kompakt-lahm-und-schweinsteiger-unverkaeuflich-1.997266

103. Sport1.de: »Wir kämpfen bis zum letzten Blutstropfen«, 30. November 2010. http://www.sport1.de/de/fussball/fussball_bundesliga/artikel_319286.html

104. Youtube.com: »Schweinsteiger verlängert bis 2016«, 13. Dezember 2010. https://www.youtube.com/watch?v=BwglsydhkSc

105. Welt.de: »Schweinsteigers teure Liebe zum FC Bayern«, 13. Dezember 2010. http://www.welt.de/sport/fussball/bundesliga/fc-bayern-muenchen/article11594866/Schweinsteigers-teure-Liebe-zum-FC-Bayern.html

106. Marktwertverlauf von Bastian Schweinsteiger auf Transfermarkt.de: http://www.transfermarkt.de/bastian-schweinsteiger/marktwertverlauf/spieler/2514

107. Youtube.com: »Bastian Schweinsteiger Khalid Boulahrouz Fair Play HD«, 10. Dezember 2012. https://www.youtube.com/watch?v=_qdB1xq8CbY

108. Spox.com: »Taktik: Van Gaal schickt Schweinsteiger zurück«, 6. Januar 2011. http://www.spox.com/de/sport/fussball/bundesliga/1101/Artikel/bayern-muenchen-rueckrunde-taktik-bastian-schweinsteiger-als-achter-plaedoyer-fuer-markvan-bommel.html

109. Bild.de: »Schweini trauert van Gaal schon nach«, 10. März 2011. http://www.bild.de/sport/fussball/bastian-schweinsteiger/trauert-van-gaal-schon-nach-16702208.bild.html

110. Welt.de: »Nach dem K.o. ging Schweinsteiger auf Materazzi los«, 16. März 2011. http://www.welt.de/sport/fussball/bundesliga/fc-bayern-muenchen/article12845535/Nach-dem-K-o-ging-Schweinsteiger-auf-Materazzi-los.html

111. Dirk Bauermann: »Mission Erfolg: Meine Vission, mein Plan, mein Weg«, 2012. Über Welt.de: »Bayern plante Schweinsteiger-Einsatz als Basketballer«., 21. Dezember 2012. http://www.welt.de/sport/fussball/bundesliga/fc-bayern-muenchen/article13878964/Bayern-plante-Schweinsteiger-Einsatz-als-Basketballer.html

112. Sueddeutsche.de: »Pfiffe statt Spektakel«, 28. März 2011. http://www.sueddeutsche.de/sport/em-dfb-kasachstan-pfiffe-statt-spektakel-1.1077791

113. Meedia.de: »Schweinsteiger nennt Journalist ›Pisser‹«, 29. April 2011. http://meedia.de/2011/04/29/schweinsteiger-nennt-journalist-pisser

114. Meedia.de: »Schweinsteiger nennt Journalist ›Pisser‹«, 29. April 2011. http://meedia.de/2011/04/29/schweinsteiger-nennt-journalist-pisser

115. Spiegel.de: »Ausraster bei Pressekonferenz: FC Bayern steht zu Schweinsteiger«, 29. April 2011. http://www.spiegel.de/sport/fussball/ausraster-bei-pressekonferenz-fc-bayern-steht-zu-schweinsteiger-a-759742.html

116. Focus.de: »Schweinsteiger droht für EM-Quali auszufallen, 18. Mai 2011. http://www.focus.de/sport/fussball/em-2012/nationalmannschaft-schweinsteiger-droht-fuer-em-quali-auszufallen_aid_628695.html

117. Youtube.com: »Bastian and Tobias Schweinsteiger«, 16. November 2011. https://www.youtube.com/watch?v=O-AgtZi2pGE

118. Youtube.com: »Bastian and Tobias Schweinsteiger«, 16. November 2011. https://www.youtube.com/watch?v=O-AgtZi2pGE

119. Kicker.de: »Lewandowski macht das Double perfekt«, 12. Mai 2012. http://www.kicker.de/news/fussball/dfbpokal/spielrunde/dfb-pokal/2011-12/6/1430296/spielanalyse_borussia-dortmund-17_bayern-muenchen-14.html

120. Sport1.de: »Wir müssen jetzt zusammenhalten«, 13. Mai 2012. http://www.sport1.de/de/fussball/fussball_dfbpokal/artikel_558378.html

121. Abendzeitung-muenchen.de: »Der Liveticker vom Freitag zum Nachlesen«, 18. Mai 2012. http://www.abendzeitung-muenchen.de/inhalt.finale-dahoam-der-liveticker-vom-freitag-zum-nachlesen.cd0aadf0-ef03-47f2-826a-476159de77d5.html

122. Goal.com: »Philipp Lahm vor dem Finale: ›Der Glaube ist viel größer als 2010‹«, 18. Mai 2012. http://www.goal.com/de/news/955/champions-league/2012/05/18/3111379/philipp-lahm-vor-dem-finale-der-glaube-ist-viel-größer-als

123. Yahoo.com: »Champions League – Schweinsteiger: ›... und ab in den See‹«, 18. Mai 2012. https://de.eurosport.yahoo.com/18052012/73/champions-league-schweinsteiger-see.html

124. Zeit.de: »Löw: ‚Fußball ist manchmal brutal«, 20. Mai 2012 (aktualisiert). http://www.zeit.de/news/2012-05/20/fussball-loew-fussball-ist-manchmal-brutal-20010402

125. Zeit.de: »Löw: ‚Fußball ist manchmal brutal«, 20. Mai 2012 (aktualisiert). http://www.zeit.de/news/2012-05/20/fussball-loew-fussball-ist-manchmal-brutal-20010402

126. Kicker.de: »Schweinsteiger besiegt den Schweinehund«, 14. Juni 2012. http://www.kicker.de/news/fussball/em/startseite/570514/artikel_schweinsteiger-besiegt-den-schweinehund.html

127. Welt.de: »Warum es in Bastian Schweinsteiger ›brodelt‹«, 24. Juni 2012. http://www.welt.de/sport/fussball/em-2012/article107254639/Warum-es-in-Bastian-Schweinsteiger-brodelt.html

128. Kicker.de: »Deutschland scheidet gegen Angstgegner aus – Balotelli ist Italiens Matchwinner«, 28. Juni 2012. http://www.kicker.de/news/fussball/em/startseite/europameisterschaft/2012/5/1122685/spielanalyse_deutschland_italien-924.html

129. Welt.de: »Warum es in Bastian Schweinsteiger ›brodelt‹«, 24. Juni 2012. http://www.welt.de/sport/fussball/em-2012/article107254639/Warum-es-in-Bastian-Schweinsteiger-brodelt.html

130. Sportbild.bild.de.: »Schweinsteiger versucht, mit mir Spanisch zu sprechen«, 6. September 2012. http://sportbild.bild.de/bundesliga/vereine/er-versucht-mit-mir-spanisch-zu-sprechen-26072982.sport.html

131. Sueddeutsche.de: »Dortmund war ein großer Antrieb«, 29. September 2012. http://www.sueddeutsche.de/sport/bayern-profi-bastian-schweinsteiger-dortmund-war-ein-grosser-antrieb-1.1482130

132. Kicker.de: »Bierhoff widerspricht Kritiker Schweinsteiger«, 1. Oktober 2012. http://www.kicker.de/news/fussball/nationalelf/startseite/575631/artikel_bierhoff-widerspricht-kritiker-schweinsteiger.html

133. Kicker.de: »Robben nutzt Schmelzers Tiefschlaf zum Sieg«, 27. Februar 2013. http://www.kicker.de/news/fussball/dfbpokal/spielrunde/dfb-pokal/2012-13/4/1877174/spielanalyse_bayern-muenchen-14_borussia-dortmund-17.html

134. Focus.de: »Schweinsteiger: Ribéry legt uns Fische in die Koffer«, 22. Januar 2013. http://www.focus.de/sport/fussball/tid-29148/best-of-playboy-schweinsteiger-ribery-legt-uns-fische-in-die-koffer_aid_903247.html

135. Augsburger-allgemeine.de: »Schweinsteiger sicher: Können das Maximale erreichen«, 29. September 2012. http://www.augsburger-allgemeine.de/sport/fussball/bundesliga/Schweinsteiger-sicher-Koennen-das-Maximale-erreichen-id22118396.html

136. Faz.net: »Unscheinbarer Regisseur«, 17. September 2013. http://www.faz.net/aktuell/sport/fussball/bastian-schweinsteiger-unscheinbarer-regisseur-12574417.html

137. Focus.de: »Schweinsteiger zu Guardiola: ›Es wird nicht leicht‹«, 2. Juni 2013. http://www.focus.de/sport/fussball/dfbpokal/knifflige-aufgabe-fuer-heynckes-erbe-schweinsteiger-zu-guardiola-es-wird-nicht-leicht_aid_1003544.html

138. Welt.de: »Schweinsteiger rätselt, wo für ihn noch Platz ist«, 1. August 2013. http://www.welt.de/sport/fussball/bundesliga/fc-bayern-muenchen/article118590427/Schweinsteiger-raetselt-wo-fuer-ihn-noch-Platz-ist.html

139. Dfb.de: »Triplegewinner Bastian Schweinsteiger ist Fußballer des Jahres 2013«, 28. Juli 2013. http://www.dfb.de/news/detail/triplegewinner-bastian-schweinsteiger-ist-fussballer-des-jahres-2013-45311

140. Welt.de: »Schweinsteiger rätselt, wo für ihn noch Platz ist«, 1. August 2013. http://www.welt.de/sport/fussball/bundesliga/fc-bayern-muenchen/article118590427/Schweinsteiger-raetselt-wo-fuer-ihn-noch-Platz-ist.html

141. Fcbayern.de: »Bastian Schweinsteiger wird operiert«, 8. November 2013. http://www.fcbayern.de/de/news/news/2013/presseerkl-rung-081113--bastian-schweinsteiger-wird-operiert.php

142. Fcbayern.de: »FCB verurteilt Berichterstattung in zwei englischen Medien«, 3. April. http://www.fcbayern.de/de/news/news/2014/030414-pressemitteilung-fcb-verurteilt-berichterstattung-in-zwei-englischen-medien.php

143. Welt Online: »Campo Bahia war das beste deutsche WM-Quartier«, 11. Juli 2014. http://www.welt.de/sport/fussball/wm-2014/article130027426/Campo-Bahia-war-das-beste-deutsche-WM-Quartier.html

144. T-Online.de: »Schweinsteiger: Darum habe ich geschwiegen«, 7. Juli 2014. http://www.t-online.de/sport/fussball/wm/id_70133130/schweinsteiger-vor-brasilien-spiel-darum-habe-ich-geschwiegen.html

145. Focus.de: »Als ich weinend in Jogis Armen lag, spürte ich Gerechtigkeit«, 7. Dezember 2014. http://www.focus.de/sport/fussball/em-2016/wm-sieger-bastian-schweinsteiger-als-ich-weinend-in-jogis-armen-lag-spuerte-ich-gerechtigkeit_id_4327147.html

146. 54749014: »Bastian Schweinsteiger«, WM-Sommer 2014, Seite 72

147. Mdr.de: »Löw: ‚Eine Sache für die Ewigkeit‚, 14. Juli 2014. http://www.mdr.de/nachrichten/zitate-kommentare-wm-titel-brasilien100.html

148. Liveübertragung der ARD vom 15. Juli 2014. Über Welt.de: »Wir sind alle Weltmeister«, 15. Juli 2014. http://www.welt.de/newsticker/dpa_nt/infoline_nt/sport_nt/article130174413/Wir-sind-alle-Weltmeister.html

149. Liveübertragung der ARD vom 15. Juli 2014. Über Welt.de: »Wir sind alle Weltmeister«, 15. Juli 2014. http://www.welt.de/newsticker/dpa_nt/infoline_nt/sport_nt/article130174413/Wir-sind-alle-Weltmeister.html

150. Dfb.de: »Bei Heimkehr: Schweinsteiger küsst Münchner Boden«, 15. Juli 2014. http://live.dfb.de/news/detail/bei-heimkehr-schweinsteiger-kuesst-muenchner-boden-60844

151. Facebook-Seite von Bastian Schweinsteiger, 16. Juli 2014. https://www.facebook.com/BastianSchweinsteiger/photos/a.10152125831954723.1073741825.7991759722/10152533048649723

152. Facebook-Seite von Bastian Schweinsteiger, 27. Juli 2014. https://www.facebook.com/photo.php?v=10152559482874723

153. Instagram-Seite von Kevin Großkreutz: http://instagram.com/p/q-FV0Pr8Oc

154. Welt.de: »Schweinsteiger verletzt sich, Guardiola wütend«, 7. August 2014. http://www.welt.de/sport/fussball/bundesliga/fc-bayern-muenchen/article130968805/Schweinsteiger-verletzt-sich-Guardiola-wuetend.html

155. Focus.de: »Ärzte spritzen Bastian Schweinsteiger seit Monaten Schmerzmittel«, 18. August 2014. http://www.focus.de/sport/fussball/bundesliga1/wegen-seiner-patellasehne-aerzte-spritzen-schweinsteiger-seit-monaten-schmerzmittel_id_4066227.html

156. Dfb.de: »Bastian Schweinsteiger neuer Kapitän der Nationalmannschaft«, 2. September 2014. http://www.dfb.de/news/detail/bastian-schweinsteiger-neuer-kapitaen-der-nationalmannschaft-104823

157. Sport1.de: »Bastian Schweinsteiger: ›Mein Privatleben gehört mir!‹«, 21. August 2014. http://www.sport1.de/de/blitzlicht/artikel_939701.html

158. Bild.de: »Ich habe ja nichts Neues aus der Zeitung erfahren...«, 4. Oktober 2014. http://www.bild.de/unterhaltung/leute/sarah-brandner/ich-habe-nichts-neues-aus-der-zeitung-erfahren-38002774.bild.html

159. T-Online.de: »Bastian Schweinsteiger feiert umjubeltes Comeback«, 23. November 2014. http://www.t-online.de/sport/fussball/bundesliga/id_71890128/bastian-schweinsteiger-comeback-beim-fc-bayern-nach-verletzung.html

160. Transfermarkt.de: »Robben über Schweinsteiger: ›Fußballgott wieder da‹«, 23. November 2014. http://www.transfermarkt.de/robben-uber-schweinsteiger-bdquo-fussballgott-wieder-da-ldquo-/view/news/179683

161. Goal.com: »Bastian Schweinsteiger: Comeback unter Gänsehaut-Atmosphäre«, 23. November 2014. http://www.goal.com/de/news/3642/editorial/2014/11/23/6401881/bastian-schweinsteiger-comeback-unter-gänsehaut-atmosphäre

162. Dfb.de: »Schweinsteiger feiert Comeback bei Bayern-Sieg«, 22. November 2014. http://www.dfb.de/news/detail/schweinsteiger-feiert-comeback-bei-bayern-sieg-111385

163. Kicker.de: »Der Meister macht's auch ohne Übung«, 21. Dezember 2014. http://www.kicker.de/news/fussball/bundesliga/startseite/617896/artikel_der-meister-machts-auch-ohne-uebung.html

164. Focus.de: »Als ich weinend in Jogis Armen lag, spürte ich Gerechtigkeit«, 7. Dezember 2014. http://www.focus.de/sport/fussball/em-2016/wm-sieger-bastian-schweinsteiger-als-ich-weinend-in-jogis-armen-lag-spuerte-ich-gerechtigkeit_id_4327147.html

Bildnachweis

Seite 21:   imago / Jan Huebner

Seite 51:   imago / WEREK

Seite 192:   Danilo Borges / Portal da Copa

Seite 198:   imago / Ulmer

Seite 208:   Agência Brasil

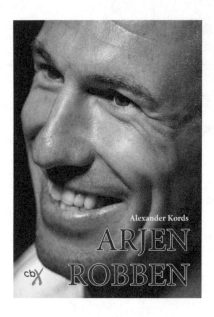

Alexander Kords:
Arjen Robben
ISBN: 978-3-945794-05-0
Erscheint am 01.04.2015

Michael Fiala:
Jürgen Klopp
ISBN: 978-3-945794-01-2
Erscheint am 13.03.2015

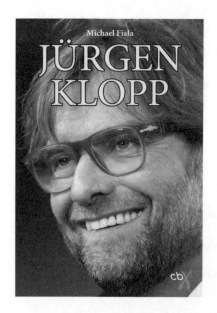